예배드리는 교회: 기독교 역사 속에서 케이스 스터디

시리즈 편집자 : 레스터 룻, 캐리 스틴위크, 존 D. 윗브릿

출판 완료

예수님이 걸으신 곳에서 걷기 : 4세기 예루살렘에서의 예배
   레스터 룻, 캐리 스틴위크, 존 D. 윗브릿

땅에서 하늘을 맛보기 : 6세기 콘스탄틴노플에서의 예배
   월티 D. 레이

예수님을 사모함 : 미시시피 주에서 흑인 성결교회에서의 예배 1895 – 1913
   레스터 룻

주님께 마음을 높이기 : 16세기 제네바에서 존 칼빈과 함께 예배
   카린 마그

애나하임 빈야드와 함께 예배드리기 : 컨템포러리 워십의 출현
   레스터 룻, 앤디 팍 그리고 신디 레트마이어

출판 예정

마음과 음성을 합하여 : 18세기 런던에서 아이삭 왓츠와 함께 예배
   크리스토퍼 J. 엘리스

말씀에 의지하여 : 20세기 중반 아르헨티나 침례교회와 함께 예배
   레스터 룻, 에릭 마티스

애나하임 빈야드와

함께 예배드리기
컨템포러리 워십의 출현

저 자 | 레스터 룻(Lester Ruth)
　　　　앤디 팍(Andy Park)
　　　　신디 레트마이어(Cindy Rethmeier)
옮긴이 | 조병철, 엄정섭

21cmi.com
컨템포러리 목회원 / 하나님나라빌더스

애나하임 빈야드와 함께 예배드리기
(Worshiping with the Anaheim Vineyard)

초판 1쇄 발행 2022년 5월 1일
저　　자 레스터 룻, 앤디 팍, 신디 레트마이어
옮 긴 이 조병철, 엄정섭
편　　집 박은혜
출　　판 하나님나라빌더스 / 컨템포러리 목회원
출판등록 2010년 4월 16일
주　　소 한국: 서울 송파구 신천 7동 장미아파트 19-906
　　　　 미국: 450 S. Grand View St. Apt.1110 Los Angeles, CA 90057
전　　화 미국: 001-1-213-380-3398 (Cell)1-213-598-8114

홈페이지 www.21cmi.com
이 메 일 cbc1419@hanmail.net

ISBN 979-11-977785-0-6 03230

※ 본 자료는 William B. Eerdmans Publishing Co.와의 한국어 번역출판권 계약에 의해 제작되었으며, 판권은 본사가 소유합니다.

※ ⓒ 번역출판권: 본 자료는 국제 저작권법에 보호를 받습니다. 본사나 본원에서 발행하는 모든 자료의 어느 부분을 본사의 사전 서면 동의없이 전자기기나 기타 수단을 통하여 녹음, 저장, 전송, 복사, 재생하는 것을 금합니다. 단, 학술지나 신문에 짧게 인용하는 것은 예외이며, 300자 이상 인용, 전제가 필요한 경우 사전에 서면 동의를 받으십시오.

※ 손상된 자료는 본사에서 교환하여 드립니다.

Contents

시리즈 서론   8
보완 독서를 위한 추천도서 안내   11
감사의 말   13

PART 1 : 예배 공동체의 위치

워십 공동체의 상황:애나하임 빈야드 휄로우쉽, 1977-1983   17
시간표   28
예배 상황   32
지리적 환경   36
애나하임 빈야드의 워십 역사를 연구하는데 주의 사항   37
관찰할 중요한 주제와 실행   39

PART 2 : 예배 공동체를 탐구하기

공동체의 워십을 설명하기:앤디 팍과의 질의 응답   47
공동체의 워십을 기록하기   67
    사람들과 그들이 남긴 문화 유산   67
        1980년대 초 애나하임 빈야드 회중   67
        경배드리고 있는 애나하임 빈야드 회중   68
        워십팀   69
        존 윔버가 회중에게 말한다   70
        빈야드 경배자들 가운데 서로하는 기도 사역   71
        워십을 리드하고 있는 워십팀   72
        워십과 교회생활을 위한 주중 스케줄   73
        빈야드 노래 커버와 광고문   74
        1981년 남 아프리카 전도 여행 스케줄   75
        1982년 영국 전도 여행   76
        1984년 워십 컨퍼런스 일정표   77

워십 환경과 공간   78
   표현의 자유   78
   경배자들의 바다   79
   옆에서 본 음악인들의 플랫폼   80
   이사 후의 공간 배열   81

워십을 설명하기   82
   1. 가정 예배: 애나하임 빈야드 회중의 기원   82
   2. 초기 참석자들의 증언   88
   3. 음악에 대한 초기 참석자들의 회고   91
   4. 경배자들은 워십 중에 성령의 드라마틱한 역사(ministry)를 말한다   97
   5. 초기 교회 개척자들로부터 온 워십에 관한 보고   102

찬양 순서와 가사 주제   106
   대표적 찬송   106
   존 윔버가 쓴 여러 노래들   107
   애나하임 빈야드 송 레퍼터리(86곡)   109
   1982년 앨범에 있는 노래들   111

설교   112
   "하나님을 사랑하기"에 관한 존 윔버의 설교   112
   "왜 우리는 경배하는가?"에서 발췌   129
   "당신의 첫 사랑을 잃지마라"에서 발췌   132
   "경배의 본질"에서 발췌   134

예배 신학 기록물   137
   빈야드 가르침의 개요   137
   윔버는 워십을 하나님이 주신 뜻(혹은 운명)이라고 이해한다   141
   윔버는 워십을 하나님 앞에 내려놓음이라고 가르친다   141
   공동체 워십의 성격에 대한 가르침   143
   교회의 실용주의가 계획을 형성한다   144
   경배의 단계   146
   음악인들과 그들의 역할의 어려움에 대한 고찰   149
   기적에 대한 외부의 우려   150

PART 3 : 조사하는 것을 돕기

**왜 애나하임 빈야드의 워십을 연구하는가?
- 기도생활에 사용하기 위한 제언**   155
   애나하임 빈야드의 워십을 설명하기   155

사람들과 문화유산　155
　　　워십 환경과 공간　156
　　　워십의 설명　156
　　　찬양 순서와 가사 주제　156
　　　설교　157
　　　경배의 신학 기록물 157

왜 애나하임 빈야드의 워십을 연구하는가?
- 소그룹 토의를 위한 질문들　158
　　　전체 서론과 시간표 158
　　　공동체의 워십을 설명하기　158
　　　사람들과 문화 유산 159
　　　워십 환경과 공간　159
　　　워십의 설명　160
　　　찬양 순서와 가사 주제　160
　　　설교　160
　　　경배의 신학　161

왜 애나하임 빈야드의 워십을 연구하는가?
- 다른 학문과 관심 분야를 위한 가이드　162
　　　기독교　162
　　　크리스천 워십　163
　　　전도와 제자도　164
　　　영성　164
　　　설교하기 165
　　　교회사　166
　　　종교사회학　166

용어 해설　168
추가 연구를 위한 도서 추천　171
인용 도서　176
색인(Index)　183
역자 후기　184

* (본서에서는 worship을 한국교회의 상황과 어감의 편이에 따라 워십.경배 혹은 예배 등으로 번역했습니다. 의미는 같습니다. 참고로 전통교회에서는 예배는 worship service라고 합니다. - 역자 주)

시리즈 서론

본 시리즈, 예배드리는 교회는 크리스천 예배사에서 오늘날 교회에서 누구나 적용하기 쉽게 쓴 케이스 스터디를 책으로 소개한다. 본 시리즈는 수 세기에 걸쳐 여러 대륙에서, 그리고 여러 크리스천 전통으로부터 뚜렷하거나 세상에 잘 알려지지 않은 넓고 다양한 여러 실례를 제시한다. 예배에 관한 역사적 연구가 오랜 시간에 걸쳐 그 발전을 조사하고, 날아가는 비행기 창문으로부터 보는 것 같이 변하는 파노라마를 독자들에게 제공하는 반면에, 본 시리즈, 예배드리는 교회에서 마련한 각 책은 경배드리는 모습의 외관을 가까이서 확대해 보며, 한편으로 어느 때, 어느 장소에 머물며 예배를 관찰하고, 독자들이 어느 독특한 크리스천 공동체에서 일어나는 특별한 예배 실행의 성격을 쉽게 이해할 수 있도록 한다. 거대한 예배 역사의 "숲"을 연구하는 여러 도서를 보완하기 위해, 본서는 "숲속에 있는 나무"를 하나하나 자세히 고찰한다.

각 책은 지도와 사건 시간표, 그리고 예배가 드려졌던 시기와 지역에서 예배의 중요한 면을 요약해서 제공함으로 독자들을 각 예배가 위치한 큰 환경으로 안내한다. 이 섹션은, 이 책을 읽는 동안 유의해야 할 중요한 주제와 실행과 함께, 특별한 교회 케이스를 연구하는데 필요한 주의사항을 제공한다.

각 책은 계속해서 어느 특별한 예배 공동체의 케이스에서 예배의 실행에 초점을 맞춘다. 이 섹션은 통상적 예배를 위해 예배에 참여하는 성격을 설명하는 서론으로 시작한다. 예배에 대한 많은 조사는 거의 절대적으로 목회자가 행하고, 말하고, 그리고 생각하는 것에 초점을 맞추었다. 반대로, 역사적 자료가 허락하는 한, 본 시리즈는 전체 공동체 참여의 성격에 초점을 맞춘다.

다음으로, 각 책은 중요한 자료의 모음을 제시하고, 다음의 카테고리에 따라 자료들을 제공한다: 각 사람과 그들의 성취, 예배 환경과 공간, 워십 설명, 예배 순서와 본문, 설교, 정책 문서자료, 그리고 예배의 신학문서 자료 등이다. 각 자료는 짧게 소개되고, 그를 설명하는 주해 시리즈가 따라온다. 초기 자료를 포함시킨 것은 독자로 하여금 역사가들이 그들의 요약된 기술과 실행을 비교하기 위해 사용했던 초기 기초자료에 직접 접근할 수 있도록 하기 위함이다. 이 자료들은 학문적 정확성과 접근을 존중하는 방법으로 제시된다. 우리의 목적은 연구자들이 가능한 한 최고의 학문적 자료를 신속하게 발견하도록 완벽한 인용 도서목록과 함께 영어로 된 최고의 자료를 제공하는 동시에, 서론적 코멘트, 설명하는 측면 해설, 상세한 용어 해설 그리고 개인의 신앙생활과 소그룹 공부용 질문 등은 이 책들이 학자와 학생들뿐만 아니라, 또한 교인들의 그룹 스터디와 관심있는 다양한 독자들에게 큰 도움을 줄 것이다.

가능한 한 자료 제시는 예배에 관련된 다양한 학문 분야를 고려해서 포함시켰다. 예배는 필연적으로 복합적으로 느끼는(Multi-sensory) 경험이다. 말과 음악 소리, 상징과 공간을 바라봄, 떡과 포도주의

맛 그리고 특별한 장소와 물건의 향기 등에 형성되는 복합적 느낌의 경험이다. 또한, 예배는 예배드리는 행위, 예배 행사 자체는 절대로 드러나지 않는 다양한 자료에 의해 형성된다: 즉, 성경의 명령, 신학적 논제 그리고 교회정치 규정과 가이드 라인 등이다. 독자들이 이런 복합적 상호작용을 인식할 수 있도록, 이 시리즈에 포함한 책들은 넓고 다양한 주제(text)와 이미지를 제공한다. 우리가 특별히 바라기는 이런 접근이 설교, 교회 건축 그리고 교회음악 역사를 공부하는 학생들이 다른 학문 가운데 그들의 연구 분야가 어떻게 다른 학문과 서로 만나 작용하는가를 더 깊이 이해하기를 바라는 것이다.

각 책은 개인기도 생활에 활용을 위한 제안, 교인들의 그룹 스터디, 다른 보충적 학문을 연구하는 학생들을 위한 제안과 용어 해설, 추가 연구를 위한 도서 추천, 인용 도서목록 그리고 색인을 포함한다.

크리스천 예배, 교회사, 종교 연구 그리고 사회역사 혹은 문화사를 공부하는 학생들은 전통적인 교과서 조사 자료들이 제공하는 개략적인 내용에 좀더 보완하기 위하여 본 케이스 스터디 자료들을 사용할 수 있을 것이다.

좀 더 전문화된 학문을 연구하는 학생들은 교양과정의 인문학(예를 들면 건축사 혹은 음악사)과 실천신학에 종속되는 학문(예를 들면 전도학, 설교학, 교육학과 목회적 돌봄 등)을 포함하여 – 어떻게 – 그들 자신이 관심을 갖는 토픽이 예배 실행과 상호작용하는가를 이해하기 위하여 이 자료들을 사용할 수 있다. 예를 들면, 교회 의전(예배) 음악, 교회 건축 그리고 설교 등도 예배 실행과 관련된 더 광범위한 맥락을 떠나서는 충분히 이해될 수 없다. 이와같이 한 예배 실행을 이해하기 위하여 우리는 그것에 관련된 다양한 분야의 학문에 조예가 필요하므로, 이를 위해 본 자료에서는 폭넓은 추천도서와 위의 사항을 제시했다.

또한 본 시리즈는 교인들의 그룹 스터디, 성인 교육반 그리고 개인적 연구를 위하여 쓰여졌다. 최초의 역사적 자료를 중심으로 교인들이 그룹 스터디를 계획하는 것은 어떤 면에서는 통상적인 관습을 따라가지 않는 것이다. 그러나 이런 방법은 크게 권장할만하다. 다른 장소와 시간에 있는 모범적인 어느 개 교회의 예배 실행의 본질과의 사려깊은 만남은 제자의 충성된 행위가 될 수 있기 때문이다. 앤드류 월스(Andrew Walls)는 다음과 같이 말한다. "어느 누구도 모든 민족과 종족과 백성들의 방언으로 다 헤아릴 수 없는 거대한 무리처럼 무리지어 모이는 교회는 전에는 절대로 존재하지 않았다. 하나님께서 그의 말씀으로부터 더 많은 빛과 진리가 별안간 쏟아져 나오게 하심에 따라, 그래서 서로를 풍성하게 하고 자기 성찰을 위한 수 많은 가능성이 존재한 적이 전에는 결코 없었다."[1]

이 풍성함과 자기 성찰은 우리 자신의 교회 공동체와 다른 교회 공동체의 실행을 비교하거나 대비시킴에 때문에 상당 부분 발생한다. 로윈 윌리암스(Rowan Williams)가 말한 것처럼 "좋은 역사는 그동안 우리가 잘 이해했다고 생각한 사건/사물/일들의 정의에 대해서 우리가 다시 생각하도록 만든다. 왜냐하면, 좋은 역사는 친숙한 것에만 영향을 미치는 것이 아니라, 생소한 것에도 영향을 미치기 때문이다. 그런 과거는 우리의 과거가 되는 것뿐만 아니라 외국의 과거인 것을 알게 한다.[2] 이것

---

1) Andrew Walls, *The Missionary Movement in Christian History: Studies in the Transmission of Faith*(크리스천 역사에서 선교 운동: 신앙 전달에 관한 연구)(Mary Knoll, NY: Orbis Books, 1966), p. 15.
2) Rowan Williams, *Why Study the Past? The Quest for the Historical Church*(왜 과거를 공부하는가? 역사적 교회를 탐구의 대상으로 함)(Grand Rapids: Wm. B. Eerdmans, 2005), p. 1.

은 부분적으로 신학적 확신 때문에 가능하다. 윌리암스가 지적한 것처럼". "하나님의 일에는 동일함(sameness)이 있다. … 우리가 이 길을 걷는 최초의 사람이 아니다: 여러분이 손을 내리고 가보면, 나무와 곡식이 여전히 같은 것을 발견한다."[3] 이런 접근은 과거를 기억할 수 없는 사람들에겐 불행하게도 그 과거를 반복하게 마련이다. 라는 작은 견해에 관심을 갖게 한다.[4] 자주 반복되는 이 진부한 문구는 역사를 공부하는 목적이 단순히 역사의 잘못을 피하기 위한 것을 의미한다. 그러나 좀 더 확고한 크리스천의 지혜는 과거는 하나의 잘못된 코미디가 아니라, 그런 중에도 하나님께서 은혜롭게 행하신 활동무대라는 확신을 중심에 갖게 한다.

  우리는 여러분이 본 시리즈에 있는 현재 이 케이스 스터디와 다른 케이스 스터디를 읽으면서 매우 커다란 하나님의 가족 중의 한 작은 가족과 만남을 통해 도전받고 축복받게 되기를 기도한다. 찰스 테일러(Charles Taylor)는 그의 훌륭한 책, "세속시대"(A Secular Age)의 마지막에 이르러 결론으로 말한다. "우리는 누구도 혼자서 하나님으로부터 소외된 우리를 다시 돌아오게 하시는 그분의 행위에 들어있는 모든 섭리를 이해할 수 없다. 그러나 역사를 통하여 이 위대한 드라마 일부를 강하게 인식한 많은 사람이 우리 중에 여기저기 흩어져 있다. 우리가 서로 함께 나눌 때 우리 중 한 사람이 할 수 있는 것보다 더 충만한 위대한 드라마의 삶을 살 수 있다." 이 말은 무엇을 의미하는가? 테일러에게 그 말은 다음과 같은 것을 의미한다: "우리가 즉시 남을 공격하는 논쟁의 무기를 얻으려고 힘쓰는 대신에, 우리 자신이 결코 생각할 수 없었던 음성, 만일 우리가 최선을 다해 이해하려고 애쓰지 않으면 영원히 우리에게 알려지지 않을 그 음성에 귀를 기울이는 것이 훨씬 더 유익할 것이다".[5] 우리는 독자들이 시간과 공간을 초월해서 여러 예배 공동체로부터 열심히 배워 진실로 이들 자료에서 여러분이 발견한 것을 힘써 이해하고 적용할 수 있기를 바라며 기도한다.

레스터 룻 (Lester Ruth)
듀크신학교 예배학 교수

캐리 스틴워크 (Carrie Steenwyk)
칼빈 크리스천 예배 인스티튜트, 칼빈대학 및 신학대학

존 D. 윗브릿 (John D. Witvliet)
칼빈 크리스천 예배 인스티튜트, 칼빈대학 및 신학대학

---

3) Williams, *Why Study the Past?(왜 과거를 공부하는가?)*, p. 29.
4) George Santayana, *The Life of Reason(이성의 삶)* (New York: Scribner's, 1905), p. 284.
5) Charles Taylor, *A Secular Age(세속시대)* (Cambridge: Harvard University Press, 2007), p. 754.

보완 독서를 위한 추천도서 안내

더욱 다양한 예배의 모습을 연구하려고 크리스천 워십을 공부하는 학생들을 위해서, 우리는 아래와 같은 다른 도서들과 함께 우리가 제공하는 케이스 스터디의 예를 인용할 것을 추천한다.

Geoffrey Wainwright and Karen B. Westerfield Tucker의 *Oxford History of Christian Worship*(Oxford: Oxford University Press, 2006); Gail Ramshaw의 *Christian Worship: 100,000 Sundays of Simbols and Rituals*(Minneapolis: Fortress Press, 2009); Fank C. Senn의 *The People's Work: A Social History of the Liturgy*(Minneapolis: Fortress Press, 2006); Martin D. Stringer의 *A Sociological History of Christian Worship*(Cambridge University Press, 2005); James F. White의 *A Brief History of Christian Worship*(Nashville: Abingdon Press, 1993); 그리고 Keith Peckler의 *Liturgy: The Illustrated History*(Mahwah, NJ: Paulist Press, 2012). 예배를 둘러싼 수많은 측면을 간략하게 조사한 것을 아래의 책들에서 찾아 볼 수 있다. Julielte Day and Benjamin Gorden-Tayor의 *The Study of Liturgy and Worship*(Collegeville, MN: Liturgical Press, 2013) 혹은, Ruth C. Duck의 *Worship for the Whole People of God: Vital Worship for the 21st Century*(Louisville: Westminster John Knox Press, 2013).

교회사를 공부하는 학생들을 위해 본 시리즈에 나오는 여러 도서를 아래와 같은 도서들과 함께 읽을 것을 권한다.

Mark Noll의 *Turning Points: Decisive Moments in the History of Christianity*, 3rd ed.(Grand Rapids: Baker Academic, 2012); Dale T. Irvin과 Scott W. Sunquist의 *History of the World Christian Movement*, 2 Vols.(Maryknoll, NY: Orbit Books, 2001-1012); 그리고 Robert Bruce Mullin의 *A Short World History of Christianity*, rev. ed.(Louisville: Westminster John Knox Press, 2014).

종교적인(religious) 연구를 하는 학생들은 아래의 도서들과 함께 본 시리즈의 도서를 읽기 바란다.

Robert A. Segal의 *The Blackwell Companion to the study of Religion*(Oxford Blackwell, 2006)과 Robert A. Orsi의 *The Cambridge Companion to Religious Studies*(Cambridge University Press, 2011).

교회음악사 교실에서는 아래의 도서들과 본 시리즈의 케이스 스터디들을 자세히 탐구하기 바란다.

Tim Dowley의 *Christian Music: A Global History*(Minneapolis: Fortress Press, 2011); Andrew Wilson-Dickson의 *The Story of Christian Music: From Gregorian Chant to Black Gospel*(Minneapolis: Augsburg Fortress Press, 2003); 그리고 Suzel Ana Reiley and Jonathan M.

Dueck의 *Oxford Handbook of Music and World Christianities*(Oxford: Oxford University Press, 2016).

<u>설교 역사를 공부하는 학생들</u>은 아래의 도서들과 함께 본 시리즈에서 제공하는 상황적인 예들을 공부하기 바란다.

Hughes Oliphant Old의 도서들 – *The Reading and Preaching of the Scriptures in the Worship of the Christian Church*(Grand Rapids: Eerdmans, 1998-2010) 혹은 O. C. Edward의 *A History of Preaching*(Nashville: Abingdon Press, 2004).

<u>컨템포러리 워십의 역사에 폭넓게 관심을 가진 독자들</u>을 위해 아래의 도서들을 추천한다.

Swee Hong Lim and Lester Ruth의 *Lovin' on Jesus: A Concise History of Contemporary Worship(예수님을 사랑하기: 컨템포러리 워십의 간략한 역사)*(Nashville: Abingdon Press); Bryan D. Spink의 *The Worship Mall: Contemporary Response to Contemporary Culture(워십 상점가: 컨템포러리 문화에 대한 컨템포러리 반응)*(New York: Church Publishing, 2011); 그리고 Robert Redman의 *The Great Worship Awakening: Singing a New Song in the Postmodern Church(워십 대각성: 포스트모던 교회에서 새 노래로 찬양하기)*(San Francisco: Jossey-Bass, 2002).

감사의 말

본 도서의 출판이 있기까지 공헌했던 많은 사람에게 감사드린다. 진실로 이 책은 많은 친구의 연합된 노고의 결과다. 오랫동안 잘 알고 있던 친구들 그리고 새롭게 알게 된 다른 친구들도 있다. 특별히 아래에 나오는 사람들과 기관에 감사드린다.

* 이 교회의 참석자들 – 많은 사람이 빈야드 교회 이야기를 전하기 위해 새로운 간증을 제공하였고, 그와 함께 많은 격려를 해주었다.
* Carl Tuttle과 Todd Hunter – 그들과의 대화는 이 책에 풍성한 자료를 제공했다.
* 존 윔버의 가족 – 그들의 추천과 도움에 감사드린다.
* 빈야드 USA와 빈야드 뮤직의 스태프들 – 특히 Jason Hogen이 판권 허락으로 도움을 주었다.
* Caleb Maskell은 빈야드학자회(the Society of Vineyard Scholars)의 모임에서 처음에 가판으로 출판된 본 도서를 제시할 기회를 제공했고, 우리는 그 모임을 통해 가치 있는 피드백을 듣게 되었다.
* 칼빈 크리스천 예배 인스티튜트에 속한 스태프들과 학생들의 도움 – 그들은 수많은 시간을 드려 타이핑, 스캔, 복사 그리고 본도서 출판을 위해 다른 후원을 제공했다.
* 본 시리즈의 공동 편집자, Carrie Steenwyk와 John Witvliet – 처음에 본 도서에 대한 비전을 갖고 시작하게 하였고, 계속해서 좋은 영향을 주었다.
* 인용의 정확성을 체크한 Adam Perez와
* 재정 지원을 해준 리리 재단(Lilly Endowment)에 감사드린다.
* 출판 과정에서 도움을 준 Mary Hiekbrink에 감사드린다.

이 명단에 포함되었어야 하나 부주의로 누락된 사람들에게 감사와 사과의 말씀을 드린다.

PART 1
예배 공동체의 위치

워십 공동체의 상황:
애나하임 빈야드 휄로우쉽, 1977-1983

오늘날 "컨템포러리 워십"이란 이름으로 알려지기 전에, 그 예배는 어떤 예배였을까?

적어도 어느 한 교회가 1980년이 채 되지 못했을 때 남가주(캘리포니아 남부지역)의 한 고등학교 체육관에 모인 한 회중에겐, 그것은 단순히 경배였다: 진심에서 우러나는 경배, 삶을 변화시키며 하나님과의 친밀함(intimacy)이 생겨나는 경배, 그래서 경배가 시작될 때를 간절히 기다리던 예배였다. 예배에 참석하는 많은 사람은 - 어쩌면 특이하게도 오랫동안 교회에 다녔던 사람들까지도 - 이 예배에 참석해서 그들의 생애 최초로 진실로 하나님을 경배하고 있었다고 생각했다. 그들은 예배시간 한 시간 전쯤 일찍 예배를 드리러 교회에 도착해서, 어떻게 그들이 하나님을 만날까? 하고 간절히 사모하는 마음을 갖고, 그분에게 그들의 사랑을 쏟아부을 마음 자세를 갖고 있었다.

그들은 하나님에 대해서만이 아니라(not just about God), 하나님에게(to God) 간절한 사랑으로 부르는 찬양을 가지고 경배드렸다. 규모가 작은 워십 밴드(팀)가 예배를 인도했다. 어쿠스틱 기타를 치는 칼 터틀(Carl Tuttle)이 워십 리더였다. 다른 정규 멤버로는 드럼을 치는 딕 헤잉(Dick Heying), 베이스 기타를 치는 제리 데이비스(Jerry Davis), 그리고 로드스(Rhodes), 키보드를 연주하는 담임목사인 존 윔버(John Wimber)가 있었다. 칼 터틀 이후에 정기적으로 워십을 인도했던 에디 에스피노사(Eddie Espinosa)는 악기 연주자 중의 한 사람으로 자주 참여했고, 그는 송 리더로서 공헌했다. 워십송에 여성 보컬리스트가 필요한 경우, 신디 레트마이어(Cindy Rethmeir)가 찬양을 부르러 앞으로 나오곤 했다. 음악인들이 서서 찬양하는 이동식 플랫폼(platform)은 낮아서(8 x16 ft), 사람들 가운데 파묻힌 것처럼 보였다. 당시 워십팀은 회중 찬양을 위한 찬양 목록(song list)도 없었고, 교인들에게 가사를 비춰줄 OHP나 파워포인트도 없었고, 인쇄된 가사도 제공되지 않았다.

찬양을 다 부르고 간단한 광고 후에, 이내 담임목사인 존 윔버가 설교하기 위해서 키보드를 치던 의자에서 일어나 플랫폼 중앙으로 걸어간다. 그의 재치있고 사교적인 매너가 성서를 가르치는 그의 설교 중에 나타남과 동시에 교인들이 이해하기 쉬워 깊이 생각하게 만든다. 그들의 예배시간 마지막에 기도하는 기회를 갖고 예배를 마친다. 예배를 통하여 윔버는 무언중에 회중이 성령이 어떻게 그들 가운데 역사하시나 하고 조용히 생각하며 기다리기를 요청한다. 예배 구조의 단순함은 공간 자체가 단순함도 나타난다. 경배드리는 사람들이 모이는 것을 제외하면, 크리스천 유산이 되는 분명한 기독교의 상징도 볼 수 없다. 그들의 경배를 고양하기 위한 어떤 특별한 조명이나 효과도 없었다.

이 회중이 역사적으로 중요한 일을 하고 있었지만, 아마도 모든 사람은 이런 사실을 전혀 모르고 지나갔다. 이 경배자들(Worshipers, 예배자들)은 단순히 **하나님과의 친밀**(intimacy with God)에 대한 그들의 깊은 갈망을 채워주는 그런 경배를 드리러 와 왔다. 그들은 무슨 놀라운 역사를 창조하기 위해 오

처음에 요바린다 갈보리채플로 알려진 이 교회는 1970년대 중반에 가정에서 모이기 시작했다. 그러다가 1977년 5월 어머니날에 정식 교회로 출발했다. 처음에 갈보리채플 네트워크에 속해 있다가 그 후 1982년에 빈야드교회 네트워크에 속하게 되었다. 명확하게 하려고 이 책에서는 이 회중의 마지막 이름인 애나하임 빈야드를 계속해서 사용한다.

지 않았고, 그런 것이 마음에 있지도 않았다.

 그러나 그들은 – 그들과 같은 곳의 회중(교회)들도 – 새로운 역사를 창조하고 있었다. 마침내 애나하임 빈야드 휄로우쉽교회로 알려지게 된 이 회중은 20세기 마지막 4분기에 (1975년경) 예배 형식에 새로운 혁명을 일으켜 개신교 예배 변화에 공헌하고 있었다. 1990년대에 이르러 새로운 이 예배 형식은 "컨템포러리 워십"이라고 불리게 되었다. 이 회중은 선두에 서서 예배에 새로운 형식을 만들어낸 최초의 교회도, 또한 유일한 교회도 아니었다. 그러나 그 교회의 예배자들, 음악인들 그리고 담임목사가 예배 형식에 변화를 일으키고, 변화를 정착시키는 도구의 역할을 했다. 예를 하나 든다면, 애나하임 빈야드는 의욕적으로 전 세계에 새로운 교회를 개척, 설립했던, 갓 태어났으나 꾸준히 성장하는 그들의 교단을 위한 모교회가 되었다. 새로운 교회들이 설립됨과 동시에 빈야드 방식의 예배는 전 세계로 퍼져갔다.

 이 회중에서, 그리고 그들의 교단을 통하여 새로운 예배 방식의 발전에 음악이 바로 중심 역할을 했다. 전문적인 음악인으로서의 윔버의 배경을 이용해서, 빈야드 휄로우쉽은 새로운 노래를 출판하고 공급하기 시작했다. 왜냐하면, 빈야드는 워십 송을 통하여 하나님과 직접적이고 친밀한 상호작용을 하는 비전에 헌신하는 송 라이터와 워십 리더들에게 풍성한 영감을 주는 환경이었다. 이 노래 중에서 많은 노래가 전 세계로 확산하였고, 그 결과 빈야드 송 라이터들의 네트워크는 1980년대 이후 컨템포러리 워십 세계에서 가장 잘 알려진 여러 작곡가를 포함하고 있다.

 워십에 대한 애나하임 빈야드의 직접적인 영향은 급속도로, 국제적으로 퍼져나갔다. 그 회중이 출현한 지 몇 년 되지 않았을 때, 윔버는 초청을 받아 사역 팀(ministry team)과 함께 해외 전도에 나섰다. 특별히 영국으로 갔고, 찬양 중에 하나님을 만나는 새로운 기대감을 그들에게 심어 주었다. 빈야드 사역(ministry)은 영국에 있는 새로운 송 라이터들에게 영감을 주었고(예, Matt Redman – 역자 주), 후에는 그들의 음악이 미국에 되돌아와 널리 퍼져 많은 사랑을 받았다. 이것을 보고, 어느 학자는 이를 "록의 워십 뮤직에 영국의 침략"이라고 불렀다.[1]

 윔버와 다른 빈야드 리더들이 많은 워십 컨퍼런스, 티칭 클래스와 다른 교육 행사를 주관해서 인도함으로 빈야드 예배 방식을 확산시켰고, 성장하는 빈야드 휄로우쉽 네트워크에 직접적인 영향을 미쳤을 뿐만 아니라, 전 세계 복음주의 교회로 넘쳐흐르는 결과를 가져왔다.

 또한, 예배에 끼친 빈야드의 충격은 간접적으로도 느껴진다. 1970년대에 출현한 다른 교회들과 함께 애나하임 빈야드는 예배순서에 새로운 형식을 창조했다. 예배순서 가운데 여러 곳에 찬양 순서를 끼워 넣기보다는, 새로 출현한 교회들은 본 예배순서 처음 부분에서 시간을 갖고 여러 찬양을 연속적으로 부르기 시작한 것이다. 1970년대 이후 많은 교회들이 점점 더 이런 순서를 채택하면서 팝 뮤직계로부터 유래된 말인 찬양곡 "세트"(set, 한 세트, 한 벌)를 준비해야 한다는 생각으로 발전했다. 그

초기 빈야드의 노래는 빠르게 전 세계로 확산되었다. 1980년대와 1990년대에 몇몇 가장 잘 알려진 노래와 가장 큰 영향을 미친 세계적인 몇 명의 송 라이터들에는 칼 터틀의 "호산나", 존 윔버의 "오 나의 자비로운 주여", 에디 에스피노사의 "오 주여, 나의 마음 바꾸사", 브라이언 도어크슨의 "오라, 지금은 예배드릴 때요", 패티 케네디-마린의 "당신이 약속한 것처럼", 데이빗 루이스의 "내 찬양에 합당하신 분", 존 바넷의 "거룩하고 기름 부음 받은", 매리 바넷의 "숨 쉬어라", 앤디 팍의 "주의 이름 높이세", 신디 레트마이어의 "주님을 높이세" 등이 포함된다.

---

1) Monique Ingalls, "Transnational Connections, Musical Meaning, and the 1990S 'British Invasion' of North American Evangelical Worship Music"(초국가적 연결, 음악의 의미, 그리고 1990년대 북미 복음주의 워십 뮤직에 영국의 침입) in *The Oxford Handbook of Music and World Christianities*(뮤직과 세계 기독교의 옥스퍼드 핸드 북), 영국의 예배에 끼친 빈야드의 영향에 관해 기술한 것을 위해 James Steven의 "The Spirit in Contemporary Charismatic Worship" in *The Spirit in Worship – Worship in the Spirit*(워십 안의 성령 – 성령 안에 워십에 실린 "컨템포러리 카리스마틱 워십에서의 성령")을 보라. ed. Teresa Berger and Bryan D. Spinks(Collegeville, MN: Liturgical Press, 2009), 245-59

찬양 세트를 통해 연속적으로 찬양이 만족스럽게 흘러가게 하려는(good flow) 담대한 노력이 자연스럽게 뒤따랐다. 이리하여 곧 "찬양"과 "워십"은 동의어가 되어 예배 역사에 새로운 발전을 초래했다.

어쩌면 애나하임 빈야드가 "컨템포러리 워십"의 가장 중요한 특징 가운데 하나인 뮤직 워십 세트(worship set, 몇 곡의 찬양을 계속해서 부르는 찬양곡 세트)가 생겨나는데 가장 뛰어난 공헌을 한 것은, 경배(찬양을 부르는) 중에 하나님과의 친밀함(intimacy with God)에 강조를 둔 것이었다. 빈야드 이후로 이 "하나님과의 친밀"이란 말이 전 세계로 퍼진 또 하나의 결정적 계기가 되었다. 애나하임 빈야드에서의 찬양은 직접, 진심에서 우러나 진정으로 섬기고, 마음을 연결하는 하나님에 대한 진정한 사랑의 표현이었다. 왜냐하면, 빈야드와 그 교회 워십 리더들이 참된 워십 송은 단순히 하나님에 대해서만이 아니라(not just about the Lord), 하나님께(to the Lord) 불려야 한다는 의식을 확립하는데 중심 역할을 했다. 하나님에 대한 찬양보다 직접 하나님께 찬양을 드린다는 이 민감성은 전 컨템포러리 워십 세계에 누룩처럼 스며들었다. 이 아이디어를 믿는 사람들만이 아니라, 존 윔버와 애나하임 빈야드의 다른 사람들도 이 아이디어에 헌신함으로 이것이 예배의 아주 중요한 관점으로 확립하게 되었고, 그들이 가르치는 사역을 통해 이 아이디어가 전 세계로 확산하였다(* 이렇게 해서 전 세계적으로 Contemporary Worship Movement가 자연스럽게 일어났다. 이 예배 형식이 1994년에 한국교회에도 도입되었다. 그리고 연이어 실용 음악과가 생겨났다 – 역자 주).

또한, 가르침과 사역을 통해, 존 윔버와 애나하임 빈야드는 예배 중에 치유를 받고자 하는 바람이 널리 확립되는 것을 도왔다. 윔버는 워십을 통하여 치유되고 완전하게 됨(wholeness)을 바라는 기대를 하도록 노력했다. 언제나 "그 일을 하기"(doing the stuff)를 원하면서 존 윔버와 애나하임의 예배자들은 예배 중에 성령의 즉각적인 역사를 기대했다. 이는 퀘이커교회와 **카리스마틱** 출처[2]로부터 나와 널리 퍼지게 된 믿음이었다.

그러나 그때나 그 이후, 어떤 사람들이 그렇게 부르는 것처럼, 이 성령의 "제3물결"은 – 논란의 대상이 되기도 했다.[3]

(* "그 일을 하기"는(Doing the Stuff) 전도 사역의 본이 되는 예수님과 사도들처럼, 하나님나라를 전하고, 병든 자를 고치고, 귀신을 쫓아내며, 가난한 자를 돕는 일입니다. 바로 그런 일을 하자는 전도 '구호'입니다. 빈야드에서는 이 말과 함께 "누구나 사역해야 합니다"(Everyone gets to play)라는 구호가 일상화되어 있습니다. 주일학교에서도 한 어린이가 아프면, 그 옆의 어린이들이 손을 얹고 몇 마디 말로 병이 낫기를 기도합니다. 아주 자연스럽고 천진하게! – 역자 주).

애나하임 빈야드에서 사람들은 무엇을 볼 수 있는가? 그들의 전형적인 예배는 세트로 불려지는 경

> "카리스마틱"이라는 말은 오순절 타입의 기독교를 가리키는데, 이는 20세기 중반에 발전했고, 성령에 의해 능력 받음(impowerment)을 강조한다.

---

[2] 애나하임 빈야드에 있는 퀘이커 흔적을 더 알기 위해 *Vineyard Roots Explained(빈야드 뿌리를 말한다)*. (DVD, Yorba Linda, CA: Yorba Linda Vineyard Resource Center, 2012)를 보라. 이 디비디에서 애나하임 빈야드의 목회자 중의 하나요, 윔버 부부와 가까운 친구인 Bob Fulton은 초기 그 회중의 정체성을 오순절 교단의 하나인 Foursquare Gospel Church와 동일하게 여길 가능성이 있다고 말했다(Bob Fulton은 존 윔버의 손아래 동서다 – 역자 주).

[3] "성령의 제3물결"(the third wave)이란 말은 존 윔버가 디렉터로 있던 풀러신학교 교회성장원 교수 C. Peter Wagner가 만든(coined) 말이다. 풀러신학교에서 윔버와 와그너가 한 팀이 되어 가르쳤던 과목을 1986년에 리뷰한 것에는 몇 가지 공통적인 우려를 열거했다: 하나님께서 자연적으로 그리고 평범하게(ordinary) 치유하실 수 있다는 점을 소홀히 했고, 기적적인 치유 이외의 전도를 경시했고, 요구하는 것을 행하시도록 하나님을 강요하는듯한 너무 형식화된 접근, 기독교 신앙의 사회적, 윤리적 차원을 무시한 점, 그리고 모든 사람이 다 기적적으로 치유되지 않는다는 사실을 받아들이지 않는 점 등이다. Tim Stafford의 기사, "존 윔버네 포도원의 포도주 맛을 보기"(Testing the Wine from John Wimber's Vineyard), *Christianity Today* 30, no. 11(Aug. 1986): 20에서 Ben Patterson의 "우려의 원인"(Cause for Concern)을 보라.

배 찬양, 하나님께 불러드리는 간단한 노래로 채워진 단순한 순서, 사람들의 깊은 상처와 욕구를 인식하고, 치유하시는 하나님의 임재를 만나려는 기대감, 서민적이고 비형식적인 태도, 그리고 바른 성서적 가르침 등을 포함했다. 이런 특성들이 초기부터 애나하임 빈야드 예배의 특징이 되었다. 그리고 이와 같은 특성들이 오늘날 "컨템포러리 워십"이라고 알려진 워십의 특징이 되기도 했다.

그렇다면 애나하임 빈야드는 어디에서 왔는가? 애나하임 빈야드가 단순히 환경의 산물이었다고 말하는 것이 불공정하고, 부정확하다 하더라도, 그 교회가 출현한 환경을 무시하는 것도 적절하지 않다. 특히 이에 대한 견해는 아직 결정되지 않았다. 미국에서 20세기 후반은, 기독교의 안과 밖에서 혼란과 창조의 시간이었다. 어떤 사람이 지적한 것처럼, 1960년대부터 밥 딜런(Bob Dylan)이 부른 노래의 후렴, "세월이 변하고 있어요"(the times they are a changing)는 그 10년간을 조심스럽게 표현한 것으로 판명되었다.[4] 이와 같은 모양으로, 1970년대의 최초의 크리스천 록 밴드 중의 하나인 Love Song은 교회 안에도 그와 같은 변화의 느낌이 있다는 것을 노래했다. "그 전과는 달라요"(It's not the Way it used to be).

실제로 2차대전 이후 몇십 년간은 거대한 사회적 변화가 일어났던 시기다. 대변동에 괴로워하면서, 또한 그것은 창조성이 쏟아져나오는 공간을 만들었다. 이는 사회적인 혼란에 기름을 붓는 격이었다. 크리스천을 포함한 미국 사람들은 사회적 혼란을 겪으면서 의구심을 가졌다. "과연 우리가 살아남을 것인가? 마지막엔 우리가 어디에 상륙할 것인가? 인류는 어떤 것도 두려워하지 않는가?" 핵무기의 확산이 인류의 존재를 위협하고, 극심한 변화가 전통적인 교회의 삶을 황폐시키면서 때로 이런 의구심 뒤에 있을 불안은 그대로 느껴졌다.

사회 내부의 혼란한 문제들이 다양한 방향에서 와 미국 사람들을 거대한 충격으로 몰아넣었다. 인권운동은 인권문제를 다시 생각하게 만들었다. 흑인들이 버스 뒤에 앉고, 흑백을 분리하는 학교는 다시는 받아들여지지 않았고, 받아들일 수도 없었다. 여성운동과 여권확장운동(Feminism, 남녀동권주의, 여성해방론 – 역자 주)의 부상은 여성의 역할과 성별 사이의 관계에 대하여 생각의 변화를 가져왔다. 성혁명은 남자와 여자 사이의 적절한 행동 자체에 재정의를 야기시켰다. 낙태에 대한 '로 대 웨이드'(Roe v. Wade) 법원 판결과 마찬가지로(1973년 대법원 판결 – 최초 임신 3개월간 낙태 금지법을 철폐시킨 결정. 이로써 낙태가 법적으로 허용되었다. 이전에는 미국의 많은 주에서 어떤 상황에서도 낙태를 금지했다. – 역자 주). 쉽게 접근하기 쉬운 임신 조절의 확산은 도덕적 신념에 따라 새로운 자유냐 혹은 부도덕한 허가장이냐 하는 문제를 일으키면서 이런 문제들이 이런 혁명을 뒷받침했다.

또한, 일련의 폭력적 사건들은 이 시기가 크게 병들었다는 느낌이 들게 했다. 유명 정치인들과 대중적 인사들에 대한 암살은 사회질서 그 자체가 무너질 수 있다는 생각을 갖게 했다. 대통령의 머리에 총격을 가하는 영화와 유명 설교자가 모텔 발코니에서 암살당하여 쓰러지는 사진이 미국 사람들의 뇌리에서 떠나지 않고 괴롭혔다. 더구나 공산주의와의 냉전으로 인한 핵전쟁의 공포는 전쟁으로 인해 가공할 파괴적 무기가 어느 한쪽을 전멸시킬 수 있다는 위기를 느끼게 했다. 1950년대와 1960년대에 침대에 누워 상상하기 좋아했던 어린이들은, 금방 일어날 것 같은 핵전쟁의 대량학살에서 그들이 사

Love Song의 한 노래 "작은 시골교회(Little Country Church)"는 코스타 메사 갈보리채플에 관한 실황방송이었다. 이 교회는 남가주에서 새 노래를 보급하는 도구가 되었다. 그 노래는 교회 삶의 급격한 변화를 말했다. 그것은 1971년에 '영원히 살아계신 예수 뮤직 콘서트'(the Everlastin' Living Jesus Music Concert)에서 녹음되어 마라나타!뮤직이 처음으로 출시한 앨범이다.

---

4) John Butler et al. *Religion in American Life: A Short History(미국인의 삶에서의 종교: 짧은 역사)*, 2nd ed. (Oxford and New York: Oxford University Press, 2011), 383.

는 도시가 일차적 혹은 이차적 목표가 될 것이라는 두려운 생각하게 되었다.

베트남의 정글과 습지와 같은 논에서 공산주의자와 싸우는 미국 병사들의 지상전은 그들의 기본적 제도가 과연 건실한 것인지에 대해 의심을 갖게 했다. 국내에 있는 미국인들이 아침 텔레비전 방송을 통하여 사상자가 계속해서 증가하는 뉴스를 듣게 되면서 전쟁을 반대하는 시위는 날이 갈수록 더해갔다. 마침내 시위를 저지하는 군대가 자신의 시민들에게 발포하는 상황을 보고 시위자들 자신도 두려워하게 되었다. 대학 캠퍼스 안에서 죽은 학생들의 모습이 방영되면서 국민들은 괴로워했다.

1970년대 초 워터게이트 스캔들의 여파로 정부에 대한 많은 신뢰가 사라졌다. 리차드 닉슨 대통령이 그의 행정부의 불법적인 도청 행위와 이에 따른 거짓말로 인해 백악관을 떠나는 마지막 장면의 모습은 가장 필요한 제도는 신뢰받아야 한다는 개념까지에도 작별을 고하는 것처럼 보였다.

그러나 미국의 20세기 후반부가 혼란의 시기였다면, 그것은 또한 창조적 시기이기도 했다. 새로운 창조적 표현의 홍수가 문화의 변화를 일으키면서 생기는 문화적 변천으로부터 넘쳐흘렀다. 사회적 변화는 창조적 추진력에 동력을 제공했고, 동시에 창조성은 문화 전반에 걸쳐 변화를 가속했다. 새로운 형태의 예술과 건축이 일상적인 일이 되었다. 이 창조적 추진력은 예술계에만 나타난 것이 아니라 과학 분야에서도 나타났다. 일찍이 없었던 놀라운 기술의 발전은 전례 없는 속도로 진행되어 혁신의 정신을 두드러지게 나타냈다. 그 시대 자체가 두 가지 정신 상태를 보였다. 문화적 변화가 일어나면서 곧이어 경이적인 기술의 발전이 뒤따르는 시기였다. <u>이런 발전이 급기야 크리스천 워십에도 커다란 변화를 초래하게 되었다.</u>

<u>이 시기는 혼란과 창조성이 미국 기독교의 특징이 되었다.</u> 이런 복합적인 것이 새로운 형태의 교회 신앙생활과 애나하임 빈야드 같은 새로운 예배를 출현할 수 있게 하는 배경이 되었다. 교회에 일어나는 여러 변화는 사회적 혁명을 직접 반영하는 것으로 보였다. 한 가지 예를 들면, 사역(혹은 목회)에서 여성들의 참여를 더욱 많이 수용하고, 안수받은 여성들의 숫자가 더욱 증가한 것이다. 강단에 선 여성 사역자들을 새롭게 보게 되는 것이 불과 몇십 년 사이에 흔한 일이 되었다. 이는 신학교에 여학생들의 숫자가 증가하고, 따라서 그들이 교단의 지도자로서 중요한 직책을 감당함에 따라서 온 현상이었다.

더 넓게 보면, 교회 내의 다른 변화들은 그 시대의 전반적인 경향을 반영했다. 전해 내려오는 과거에 대한 커다란 불신이 나타났다. 따라서 교인들이 신뢰할 수 있는 새로운 형식을 창조하려는 욕망이 있었고, 그래서 창조적 과정 그 자체를 기뻐했다. 이런 민감성이 각 회중(교회)은 자기들의 원하는 예배 형식을 가질 권한을 갖는 교회들에만 적용될 뿐만 아니라 – 이른바 소위 자유 교회 전통 – 또한 심지어 로마 카톨릭교회까지에도 적용되었다. 1960년대 초에 열렸던 2차 바티칸공회는 전 세계에 급류가 되어 흐르는 예배의 새로운 형태와 그 적응을 자유롭게 순응하도록 결정했다. 아프리카에 있는 카톨릭교회에서나, 미국 중서부에 있는 성공회 캠퍼스 사역[5], 또는 남가주에서 개척된 새로운 복음주의 교회들에서도 20세기 사삼분기(1975년경)는 크리스천들이 당시의 사람들의 의식을 반영하고, 그들에게

1981년 뉴욕 타임즈의 한 기사에서 웜버는 애나하임 빈야드는 기성사회 시스템을 불신하는 사람들을 섬기고 있다고 말했다: "우리는 2차 세계대전 후에 태어난 베이비 부머들(baby boomer)을 돌봅니다. 그들은 반 제도적이고, 교회 출석도 잘 하지 않고, 헌금도 잘 드리지 않는다는 말을 듣기 싫어합니다". 출처: 1981년 뉴욕 타임즈 5월 10일자 p. 26. Kenneth A Briggs의 기사, "많은 교회들이 조용히 독립교회의 길로 나아간다".

---

5) See Myron B. Bloy Jr. ed. *Multi-Media Worship: A Model and Nine Viewpoints*(다중-미디어 워십: 하나의 모델과 9가지 견해)(New York: Seabury Press, 1969). 폭넓은 혁신에 대한 설명을 위해 Cornelius Plantinga Jr.의 *Discerning the Spirits: A Guide to Thinking about Christian Worship today*(영을 분별하기: 오늘날 크리스천 워십에 대한 생각으로 안내) (Grand Rapids: Eerdmans, 2012) and Bryan D. Spinks, *The Worship Mall: Contemporary Response to Contemporary Culture*(워십 상점가: 컨템포러리 문화에 대한 컨템포러리 응답). (New York Church Publishing Inc. 2011)을 보라.

진정한 의미가 있는 새로운 예배에 점점 관심을 갖게 되었다.

교회 내에 이런 창조성의 한 흐름을 가리켜, 이는 사람들에게 적합하게 맞추는 의도적 적용(intentional adaption)이라고 할 수 있다. 한 가지 예로, 1960년대서부터 계속해서 부상하는 교회사역은 독특한 환경과 취향을 가진 세대들을 표적으로 했다. 그 결과 종종 젊은 세대들에게 적합한 예배 음악을 적용했다. 2차 세계대전 후 몇십 년 동안 새로운 형태의 대중음악이 출현함에 따라 다른 그룹의 크리스천들이 세상 대중음악 자료에서 끌어낸 새로운 형태의 워십 뮤직을 가지고 실험적으로 사용하기 시작했다. 예를 들면, 1940년대에 미국에서 젊은이들을 대상으로 전도하는 그리스도를 위한 청년(Youth for Christ) 전도집회에서 사용되는 음악은 그 당시 유행하던 쿠루너(crooner, 감상적인 저음 가수), 소녀 삼중창단(girls trio)과 빅 밴드(오케스트라의 편성을 가진 재즈/댄스 밴드 – 역자 주)의 음악에 가까웠다. 그런데 그런 실험이 복음주의적 파라 처치 그룹들에만 국한된 것이 아니었다. 예를 들면, 인디애나주 퍼두대학 캠퍼스에서 개최된 1959년 감리교 청년 여름 수양회에 수천 명이 모였는데, 그 젊은이들은 오전 예배 때 <u>존 웨슬리의 규례</u>를 따라 예배를 드리던 중, 새롭게 불려지는 재즈풍 찬양에 매혹되었다.[6] 이런 예는 20세기 후반 교회에 대한 깊은 헌신 중에 발전한 민감성을 나타내는 하나의 힌트다: <u>워십 뮤직(찬양)은 예배드리는 사람들에게 적합해야 한다.</u>

워십 뮤직(찬양 음악)에 대한 초기의 탐구와 함께 동시에 일어난 것은, 이를 의도적으로 적용하는 것(intentional adaption)이 옳다는 것을 확신시킬 것과 일치하였다. 이것이 **교회성장 운동(The Church Growth Movement)**으로 이어졌다. 인도에 가서 오랜 동안 성공적으로 선교활동을 했던 도날드 맥거번(Donald McGarvan)이 1950년대에 교회성장에 대하여 책을 출판하기 시작하면서, 이 접근은 사람들이 복음을 받아들이게 했던 사회학적 요인을 평가했고, 그 결과 교회가 성장했던 상황을 설명했다. 마침내 맥거번은 캘리포니아 파사데나 소재, **풀러신학교 내 교회성장원**(a School of World Mission)을 설립하는 데 큰 역할을 했다. 그리고 교회성장원은 이런 쪽의 견해를 계발하는 센터가 되었다(사회학적 요인에 따른 사람들의 복음 수용과 교회성장을 연구, 개발하는 것, 그러나 빈야드에서 시작한, 신약성서에 근거한 성령의 능력 사역에 중점을 두는 교회성장 운동과는 다르다 – 역자 주). 그때 이후로 다양한 저자들에 의한 일련의 책들, 워크 숍, 상담 그리고 다른 홍보물이 가장 효과적으로 교회를 성장하게 하는 워십 뮤직을 포함해서, 변하는 시대의 교회 삶에 적용할 수 있는 지혜를 발견하려는 욕망을 강화했다. "혁신하라 그렇지 않으면 죽는다."(innovate or die)라는 말이 20세기 후반 많은 교회 지도자들의 구호가 되었다. 그 당시 주류교회의 교인 수가 급격히 감소하는 데 따른 위기감 때문에 이 구호는 절실하게 들렸다. 교회성장에 관한 도서 중에 교회의 위기적 상태를 언급하는 도서들이 위기에 처한 교회의 처방전이 되었다. 이런 시각이 혁신을 위해 창조성과 실험을 통해 바람직한 것을 예배에 의도적으로 적용해야 한다는 문화적 민감성을 고무시켰다.

---

6) 특별히 중요한 모범이 되는 청년 사역의 역사를 위해 Thomas E. Bergler의 *The Juvenilization of American Christianity*(미국 기독교를 젊게 만들기)를 보라(Grand Rapids: Eerdmans, 2012). Bergler documents the musical aspects of teenager-targeted ministry In *Wonderful Words of life: Hymns in American Protestant History and Theology*(놀라운 생명의 말씀: 미국 개신교 역사와 신학에서의 찬송); ed. Richard J. Mouw and Mark A. Noll(Grand Rapids: Eerdmans, 2004), pp. 123-49에서 버글러는 그의 아티클, "나는 나의 스릴을 발견했다"(I found my Thrill)를 통해 10대를 타겟으로 한 사역에서 음악적인 면을 자세히 설명한다: "The Youth for Christ Movement and American Congregational Singing, 1940-1970")(그리스도를 향한 청년운동과 미국인의 회중 찬양)." 위에서 언급한 2가지 실례는 버글러의 책에서 인용했다.

워십 공동체의 상황 : 애나하임 빈야드 휄로우쉽, 1977–1983

　매주 예배에 수천 명이 출석하는 **메가 처치들**(mega churches, 초대형교회들)의 급속한 증가는 혁신을 위해 창조성과 실험성을 예배에 의도적으로 적용한 것이 효과적인 것으로 보였다. 특별히 교회 성장에 관심과 비전을 가진 교회에서 그러했다. 실제로 1970년대와 1980년대의 몇몇 잘 알려진 메가 처치의 부상은 예배 혁신과 새로운 젊은 세대를 타겟으로 한 목회를 결합한 것이 효과적이었다는 예를 보여주었다. 예를 들면, 일리노이주에 있는 윌로우크릭교회(Willow Creek Community Church)는 1970년대 젊은이들을 타겟으로 한 목회로부터 시작해서 1990년대에 이르러서 가장 영향력 있는 교회 중의 하나로 성장했다. 그런 교회들은 "컨템포러리 워십"의 초기 형태를 전 미국 기독교에 확산시키는 큰 역할을 했다. 많은 교회 지도자들은 이들 교회에서 출판하는 자료들을 읽고 그런 교회들에서 시행하는 훈련 컨퍼런스에 참석하고, 거기서 경험한 예배를 카피하려고 시도했다.

　그러나 20세기 후반에 그런 창조적이고 실험적인 것을 예배에 적용하려는 결정은 항상 의도적이거나 계획적인 것만은 아니었다. 기존 크리스천들이 새로운 영적 체험을 하거나 새로운 그룹의 사람들이 크리스천 신앙을 갖게 되면서 자동으로 새로운 형태로 나타나는 창조성이 여러 번 일어났다. 어느 경우에서나 사람들은 예배를 통하여 진실하고 확신할 수 있게 그들 자신을 표현하기 원했다.

　예배에서, 그들의 새로운 영적 신앙을 표현하기 원하는, 영적으로 깊은 체험을 가진 크리스천의 중요한 예는 1960년대와 1970년대에 많은 교회를 통하여 퍼진 **카리스마틱 갱신 운동**(the Charismatic Renewal Movement)이었다. 이 운동을 통하여 **오순절주의**(Pentecostalism)에서 확실하다고 믿고 강조하는 전통적 사항들 – 이것이 1950년대에 그들 자신의 내면적으로 신앙의 활성화를 경험한 것으로 – 이들 강조점이 개신교나 로마 가톨릭교회, 심지어 동방 정통교회에 속한 많은 교회들에 확산되었다. 이 강조점들은 성령과 신령한 은사를 구하고, 방언, 예언 그리고 치유 등을 포함했다. 이렇게 되어 카리스마틱 워십에서 이들 교회가 전에 예배 중에서 표현했던 것보다 종종 더 많은 다이내믹한 성령의 표출이 나타나는 것은 놀라운 일이 아니었다. 다른 교인들 가운데서 카리스마틱 성공회교인, 감리교인, 카톨릭교인 그리고 장로교 교인들이 이제는 신령한 은사와 성령에 감동된 몸의 표현, 예배 중에 하나님의 즉각적이고, 실제적인 임재의 느낌을 높이 평가했다. 더욱이, 카리스마틱 크리스천들은 하나님을 향한 그들의 새로워진 뜨거운 신앙을 표현하기 위하여 새로운 워십 뮤직(찬양곡)을 쓰기 시작했다. 그런 뮤직이 교단을 초월해서 퍼져 나갔다.

　집중 수양회[intensive retreats – 예를 들면, 로마 카톨릭교회의 꾸르실로(Cursillo)와 다양한 교회들이 참여하는 에큐메니컬 엠마오로 걷기, Walk to Emmaus] 같은 다른 영적 갱신 운동들이 이런 새로운 예배 방식이 확산되고 추진되는데 공헌했다. 하나의 결정적인 예가 1960년대 후반에 나타난 **지저스 피플 무브먼트**(Jesus People Movement)로 알려진 신앙운동이 캘리포니아에서 일어난 히피들의 반문화(counter culture) 운동 중에 일어난 것이다. 이 신앙운동에 참여한 젊은이들이 지저스 피플(Jesus People, 예수의 사람들)로 알려졌는데, 이들이 예배드리면서 그들의 문화로 찬양을 드렸는데, 이 음악은 팝, 혹은 민속음악 특징에 영향을 받은 새로운 스타일의 음악을 포함하고 있었다. 척 스미스(Chuck Smith)목사가 목회하던 남가주 코스타 메사(Coasta Mesa)에 소재한 갈보리 채플(Calvary Chapel)은 히피들을 전도해서, 신앙을 받아들인 지저스 피플들이 모이는 중심지가 되었다. 이 교회는

이 책에서 언급하는 방언은 성령에 의해서 초자연적으로 주어진 언어(speech)를 말한다. 음성으로 표출되는 이 소리는 방언 통역의 은사가 없으면 인간의 귀로 무슨 뜻인지 이해할 수 없다.

신령한 은사는 성령의 능력과 하나님의 사랑이 초자연적으로 나타나는 현상이다. 다른 은사들 중에서 이들 은사는 예언, 방언, 통역, 치유를 포함한다.

성서에 커다란 관심을 두고 참석하는 캘리포니아 젊은이들의 예배, 팝 뮤직 형식에 영향받은 찬양, 그리고 확실한 믿음을 추구하며 예배 중에 캘리포니아의 비형식성을 수용했다. 1970년대 초에 그 교회의 부속 음악 출판사인 마라나타!뮤직(Maranatha!Music)과 교회 개척 노력을 통하여 교회가 되고 사람들을 전도하는 새로운 방식을 퍼트렸다. 오래지 않아, 캘리포니아의 히피들에게서 멀리 떨어진 다른 교회의 예배들이 마라나타 출판사에서 녹음한 찬양을 부르게 되었다.

예배 안에 이렇게 많은 창조적 추진력이, 의도적이며 자연발생적으로, 애나하임 빈야드 회중 초기 역사 뒤에 놓여 있었다. 빈야드교회 자체내의 음악인들이 새로운 찬양을 만들기 시작했을 때에도, 애나하임 빈야드 예배자들은 마라나타!뮤직 앨범에 있는 많은 노래를 여전히 불렀다. 왜냐하면, 회중이 초기에 갈보리 채플 네트워크에 한동안 속하고 있었다는 것을 고려하면 그것은 쉽게 이해되는 일이다.

그러나 애나하임 회중들이 예배드리는 방식은 단순히 다른 교회들을 카피하는 것은 절대 아니었다. 애나하임교회는 특별한 방법으로 당시 발전되고 있는 많은 것을 종합한 후, 자신들의 특징으로 다시 만든 뮤직을 그 교회 지도자들이 가르치는 사역을 통해 그 독특한 뮤직을 확산시켰다. 예를 들면, 하나님의 능력으로 일어나는 표적과 기사에 대한 윔버의 확신, 그리고 하나님 나라가 사람들 가운데 침공해 들어올 때 나타나는 초자연적 현상은 사람들이 치유에 대한 기대를 하는데 도움을 주었다. 그 교회가 경배 중에 하나님과의 친밀함(intimacy with God)에 강조를 두는 그 강조점 자체도 빈야드에서 나와 널리 영향을 미치게 된 또 하나의 예가 된다. 비록 통상적으로 "컨템포러리 워십"의 영향은 그 음악(후에 찬양) 때문이라고 말하지만, 존 윔버의 가르치는 사역의 중요성이 과소평가돼서는 안 된다.

처음에 작은 모임을 시작할 때, 어느 사람도 그 회중이 나중에 현대 기독교 역사상 중요한 위치를 갖게 되리라고는 전혀 상상하지 못했다. 그들에겐 그럴 의도가 전혀 없었다. 1976년 10월에 마땅히 출석할 교회가 없는 탈진한 몇몇 크리스천들이 가정예배로 모이기 시작했을 뿐이다. 거기에는 캘리포니아 요바린다(Yorba Linda)에 있는 몇 명의 프렌즈(Friends, 퀘이커교회)교회에 다니던 사람들도 참석했다. 그들은 칼 터틀(Carl Tuttle)의 누이네 집에서 모였고, 그때 칼 터틀은 기타를 치며 자기가 아는 노래들을 부르며 찬양을 인도했다.[7] 이 그룹은 모여 기도했고, 모일 때마다 하나님께 간단한 사랑의 찬송을 불렀다. 몇 개월이 지난 후, 그 그룹 중의 한 사람인 캐롤 윔버(Carol Wimber)의 남편이 그 모임에 참석했다. 남편 존 윔버(John Wimber)는 악단 파라마우스(The Paramours)를 소유했던 전문 음악인이었다.

윔버 부부는 그 그룹이 갱신하는 예배 모임의 한 부분이 되기 위하여 긴 여정을 지나왔다. 존과 캐롤은 프렌즈교회의 성경공부 모임에서 회심했는데, 그때 유능한 교사요, 전도자인 로렌스 "거너" 페인(Lawrence Gunner Payne)이 성경공부를 인도했다. 프렌즈교회에 등록한 후, 강력한 리더십 은사를 두드러지게 나타낸 그들은 교회 내 지도자로 빠르게 부상했다(성경공부반에서 은혜를 받은 윔버는 온 동네를 돌아다니며 전도에 힘쓴 결과 수년 안에 500명 이상 참여하는 11개의 성경공부반을 인도하게 되었다. 이 일로 프렌즈교회는 예배당을 신축하기에 이르렀다 – 역자 주). 1971년에 부인 캐롤은 요바린다교회의 장로가 되고, 존

---

7) 가정에서 모인 이 예배에 관한 설명을 위해 http://carltuttle.com을 보라. 2016년 8월 24일 접속

은 그 교회 스태프 중 한 사람이 되었다. 그의 성공적인 전도사역이 알려지면서, 수년이 지난 후 풀러 신학교 내 교회성장원의 지도자로 청빙을 받고 거기서 좀 더 넓게 가르치는 역할을 감당했다. 그러나 수 년 동안의 잦은 여행과 수많은 교회, 교단, 단체, 교회 지도자들이 상담과 강의를 통해 윔버의 도움을 요청하므로 이를 섬기다 보니 너무 탈진해서, 마침내 그는 교회성장원을 떠났고(윔버는 그동안 4만 명 이상의 목회자들에게 교회성장 상담으로 도움을 주었다. - 역자 주), 그 후 캐롤을 따라 그 가정모임에 참석하게 되었다(당시 상황을 좀 더 자세히 알기 원하는 독자는 "표적과 기사와 교회성장" DVD 영상을 통하여 존 윔버의 "신앙 순례"를 참고하기 바란다. - 역자 주).

거기서 존 윔버는 주기도 하고 받기도 했다. 처음에는 그 그룹의 찬양과 워십 스타일에 다소 거부반응이 있었으나 이것이 지난 후, 그는 그 모임의 예배에서 다시 새로워짐을 경험하고, 이내 막 시작되는 모임에서 지도력을 발휘했다. 1977년 5월, 그 그룹이 크게 성장해서, 공식적으로 코스타 메사 갈보리 채플 네트워크의 한 부분이 되는 새로운 교회를 출범시키기로 했다.[8] 그해 어머니날, 이 갓 태어난 회중은 존 윔버를 담임목사로 한 요바린다 갈보리 채플이라는 교회 이름으로 마소닉러지(Masonic Lodge)의 큰 교실을 빌려 첫 공식 예배를 드렸다.

회중은 빠르게 성장했다: 교회가 빠르게 성장함에 따라 예배를 드릴 더 넓은 공간이 필요하게 되어 처음 몇 년간은 넓은 공간을 찾아 자주 이사를 다녀야 했다. 첫 예배를 드린 지 3개월이 채 지나지 않은 7월에 약 200명의 새 신자가 생겨, 보다 넓은 새 장소를 물색해야만 했다. 3개월이 지난 후, 그 교회는 버나도 코바고등학교(Bernardo Korba Jr. High Sch.) 강당에서 모였다. 그곳에서 그들은 또 250명의 새 신자를 추가했다. 다시 장소를 옮겨 1년 동안 엘도라도고등학교(El Dorado High Sch.) 강당에서 모였다. 그 해에 그들은 또 300명의 새 신자를 추가했다. 그 후 1978년 9월에 그들은 애나하임에 있는 에스파란자고등학교(Esperanza High Sch.) 강당으로 이전했다. 그곳에서 1년 안에 다시 400명의 새 신자를 추가하게 되었다. 1979년 6월부터 1983년 9월까지, 그 교회는 캐논고등학교(Canton High Sch.) 강당에서 예배를 드리면서 2,000명의 새 신자를 추가하게 되었다. 마침내 1983년 후반에, 그 회중은 애나하임에 있는 65,000스퀘어 푸트가 되는 큰 창고 건물로 이사했다.[9]

예배 장소를 옮긴 것에 더하여, 그 교회는 이사를 다니는 동안 교회 소속에 변화를 가져왔다; 1982년에 다른 빈야드 훼로우쉽(Vineyard Fellowship)에 가입한 것이다. 원래 빈야드는 1970년대에 남가주(남부 캘리포니아)에서 시작된 몇몇 작은 교회들의 그룹으로 시작되었다. 이 빈야드 훼로우쉽은 찬양 중에 하나님과의 친밀함(intimacy)과 예배 중에 자유에 관심을 가진 켄 걸릭슨(Ken Gullikson)에 의해 개척된 교회들이었다. (켄은 해변의 화가로 서핑(surfing)하는 젊은이들을 전도하기 좋아해서 그들을 모아 찬양드리며 성경공부하는 모임을 여러 개 인도하다가 교회로 발전시킨 평신도 전도자다. - 역자 주). 존 윔버의 교

---

8) 더 자세한 역사를 위해 see C. P. Wagner, "Vineyard Christian Fellowship(빈야드 크리스천 훼로우쉽) in *The New International Dictionary of Pentecostal and Charismatic Movements*, ed. Stanley M. Burgess et al. (Grand Rapids: Zondervan, 2002), Bill Jackson, 급진적 중도를 추구함*(The Quest for the Radical Middle: A History of the Vineyard)*, (Cape Town: Vineyard International Publishing, 1999). 갈보리와 빈야드의 역사 비교를 위해, (For a comparative history of Calvary and Vineyard), see Donald Miller, 미국의 개신교를 재창조하기: 새 천 년에서 기독교*(Reinventing American Protestantism: Christianity in the New Millennium)*(Bekeley and Los Angeles: University of California Press, 1977)를 보라. 밀러의 평가는 이들 새로운 운동에 언제나 공감하는 것이 아니다.

9) Jackson, 급진적 중도를 추구함*(The Quest for the Radical Middle)*: 64.

회는 1982년에 빈야드 휄로우쉽 그룹에 가입했다. 그때 처음에 가입했던 갈보리 채플 그룹과 관계를 해소하게 되었는데, 이유는 웜버 교회가 성령에 오픈되고, 성령의 은사와 능력을 힘입어 목회하는 것을 갈보리 채플의 척 스미스 목사가 불편하게 여겼기 때문이었다. 빈야드 그룹에 가입한 후, 그의 지도력이 인정되어 곧 전체 빈야드 그룹의 지도자로 부상했다.

사랑과 친밀함의 노래, 회중들의 귀에 익숙한 팝 사운드를 가진 단순한 방법으로, 하나님께 말하는 새로운 뮤직을 적용함에 통해 그들 자신의 예배 형식을 발전시킴에 따라 그 교회는 계속해서 다이나믹하게 성장해 갔다. 주일 예배 때 처음 30-45분간 계속해서 찬양을 드렸다.[10] 다른 중요한 특징으로, 신령한 은사의 활용, 평상복 차림으로 모이는 교회 그리고 실용적인 전도방법이다(실용적인 전도방법은 커다란 전도집회 같은 프로그램 전도와는 다른 방법으로 말씀과 함께 성령의 능력으로 전도하는 사도행전식 방법이다. - 역자 주). 곧, "컨템포러리 워십"으로 출현하는 것을 위해 길을 예비하며, 또한 그 회중과 목사는 계속해서 더 많은 영향을 전 세계에 끼치고 있다. 그들에 의해 새로운 역사가 창조되고 있다.

이 책에서 언급하는 방언은 성령에 의해서 초자연적으로 주어진 언어(speech)를 말한다. 음성으로 표출되는 이 소리는 방언 통역의 은사가 없으면 인간의 귀로 무슨 뜻인지 이해할 수 없다.

신령한 은사는 성령의 능력과 하나님의 사랑이 초자연적으로 나타나는 현상이다. 다른 은사들 중에서 이들 은사는 예언, 방언, 통역, 치유를 포함한다.

---

10) See http://www.carltuttle.com, 2016년 8월 24일 접속

[* 각주 3에 보충:1986년 풀러신학교 내 신령한 은사를 부정하는 근본주의 성향의 신학부 교수들이 주축이 되어 존 웜버가 강의한 "표적과 기사와 교회성장"을 Review한 후, 그 과목이 취소되었다. 대신 피터 와그너가 "기적과 교회성장"이라고 제목만 바꾸고, 같은 내용을 강의했다. 이것에 대한 반응은 4가지로 나타났다. 첫째, 근본주의, 신복음주의와 풀러신학교를 전문적으로 연구하고 책을 쓴 Notre Dame대학의 George M. Marsdem 교수는 *"Reforming Fundamentalism"*(근본주의를 개혁하기)이라는 책을 써서(1987년) 풀러신학교를 자세히 조명하며 결론 부분에서 앞으로의 방향을 제시한다. 풀러신학교가 옛 근본주의를 계속하든지, 아니면 신령한 은사를 수용하든지 양자택일을 제시하며 빈야드의 존 웜버 사역을 소개한다. 그는 이번 Review의 견해는 옛 Old Light파와 New Light파의 갈등의 재현이라고 평했다. 둘째로, 빈야드 사역을 지지하는 구약신학자 잭 디어, 신약 신학자 단 윌리암스, 조직신학자 웨인 그루뎀, 리치 나단박사 등이 반론을 써서 몇 권의 소책자로 출판해서 그 Review의 편파적인 신학적 오류를 지적했다. 셋째로, 미국, 영국, 캐나다의 저명한 신학자와 학자들 14명이 *"하나님나라와 능력"*(Kingdom and Power)을 써서, 신학적으로 반론을 제기했다. 이 책 첫 페이지 헌사에 우리는 "능력 전도, 치유와 은사에 기초한 사역의 성서적 모델을 효과적으로 담대히 제시한 선구자 존 웜버에게 이 책을 드린다."라고 썼다. 집필자 중에는 골든 코넬신학교 구약교수 Jeffrey Niechaus, 조직신학자인 Wayne Grudem, 신약학자인 Don Williams, 청교도 신학의 대표자인 James Packer, 영국 케임브리지대 David C. Lewis 교수, 풀러신학교의 Charles Kraft, Gary S. Greg, 캐나다의 정신과 전문의사인 John White 박사 등이 포함되어 있다. 이 책이 출판된 이후(1997년), 존 웜버에 대한 모든 논쟁은 일단락되었다. (이 책은 한국어로도 출판되었는데, 주옥같은 각주를 빼고 본문만 번역, 출판했다. 하나님나라의 능력목회에 대한 신학적 조예를 위해 영어원서를 읽기 바란다). 마지막으로, 웜버는 풀러신학교를 나와 교회를 개척해서 5,000명의 메가 처치로 성장시켰다. 그리고 미 전역과 세계적 채널을 가진 남가주 TBN 방송국에서 TV를 통해 전 미국은 물론 세계를 상대로 "표적과 기사와 교회성장"을 강의했다. 이는 복음서와 사도행전을 모델로 한 강의다. 이로써 존 웜버는 "표적과 기사와 교회성장"운동이 세계적으로 일어나게 했다. 또한 미국 대표적 기독교 잡지 *Christianity Today*지 50주년 기념으로 그동안 세계 복음주의 형성에 영향을 끼친 도서 50권을 선정했는데... 그 중에는 C. S. Lewis, S. Shaeffer, J.I. Packer, 리차드 Foster, 존 스토트, 본 훼퍼, A. W.토리 등의 도서와 함께 존 웜버의 '능력 전도'가 선정되고, 그의 제자 USC 교수, 달라스 윌라드의 '하나님의 모략'도 포함되어 있다 - 역자 첨가]

[* 각주 8에 보충: 그 후 Miller 교수는 자기 견해를 넘어, 존 윔버 사후의 빈야드를 계속 연구하며 "존 윔버 사후의 빈야드교회에서 은사의 일상화"라는 소논문을 썼고, 몇 해 전에는 존 윔버의 Kids(키즈 - 윔버의 영향을 받은 목회자들)의 사역을 연구하고 *"네트워크 기독교의 출현"(The Rise of Network Christianity)*이라는 책을 써서 네트워크를 통해 전세계로 확산하는 그들의 사역을 조명했다. 그는 지난 30년 넘게 그의 동료학자들과 함께 빈야드를 연구하며 글을 쓰는 종교사회학 학자다. 또한, USC에서 Miller 교수와 한 팀이 되어 몇 년간 빈야드를 연구한 Paul Kennedy 교수는 1992년 과학적 종교연구학회 연례학술모임에서 빈야드교회를 주제로 case study한 논문을 발표했다. Miller의 책이 출판되기 5년 전이다. 그런가 하면, 오순절 저술가 Jeff Oliver는 존 윔버의 교회에 대해 언급하며, 빈야드교회에서 나온 세계화된 운동을 10여 개나 나열했다. 대표적으로 Contemporary Worship Movement, The Third Wave of the Holy Spirit, Kingdom Movement, Signs and Wonders Movement, World Revival Movement, Church Growth Movement, 2,700만 명이 참석한 알파코스 New Bible Study Movement 등을 열거했다(그의 책, *Pentecost to the Present*, Book Three, pp. 241-276) - 역자 첨가].

시간표

세계에서는 어떤 일이 일어나고 있는가?	기독교에서는 어떤 일이 일어나고 있는가?	애나하임 빈야드교회에서는 어떤 일이 일어나고 있는가?
	1990년대 후반과 1950년대 초에 늦은 비 운동으로 알려진 오순절 운동이 짧은 찬양곡 부르기를 대중화시키다.	
	1954: Billy Graham이 국제적 전도자로서의 역할을 시작하면서 영국에 전도집회를 출범시키다.	
	1956: 크리스차니티 투데이지 발간 (Christianity Today)	
1960: John F. Kennedy가 대통령으로 피선된다.	1960: 캘리포니아 밴 나이스(Van Nuys)의 성공회 신부인 데니스 베넷이 (Dennis Bennett) 성령으로 세례받고 방언한다고 그의 교회에 말하다. 이 알림이 카리스마틱운동의시작이라고 말한다.	
1962.10: 큐바 미사일 위기가 증폭되다.	1962: 제2차 바티칸 공회가 로마 카톨릭 교회에서 열렸다. 그 후 예배의식이 크게 개혁된다.	
1963: 첫 베이비 부머들이 18세가 되다. Kennedy 대통령이 암살되다(11월).	1963 : C.S.루이스 사망	1963: 존과 캐롤 웜버가 케이쿼교도인 Gunner Payne이 인도하는 성경
1964: 남아프리카 공화국의 반인종차별 활동가인 넬슨 만델라가 종신형을 받다.		1963.5: 존과 캐롤이 회심 후 크리스천이 되다.
1965: 미국 군대가 베트남에서 전투 시작하다.		
1967: 이스라엘이 "6일 전쟁"을 통해 이웃 국가들과 싸우다 이스라엘 승리로 끝나다.	1967: 로마 카톨릭 카리스마틱 갱신 운동이 여러 대학 캠퍼스에서 시작되다. Jesus People Movement 특히 서부 해안도시에 출현.	
1968.4: 마틴 루터 킹 암살되다.	1968: 미 연합감리교(UMC)가 감리교회와 복음주의 연합형제들(Evangerical United Brethren)과 합병으로 탄생하다.	
1968.6: Robert F. Kennedy가 암살되다.		
1968: 리차드 닉슨 대통령 피선		
1969.8: Woodstock음악 페스티벌에 수십 만 명이 모이다		

세계에서는 어떤 일이 일어나고 있는가?	기독교에서는 어떤 일이 일어나고 있는가?	애나하임 빈야드교회에서는 어떤 일이 일어나고 있는가?
1970: 반 베트남 전쟁 시위에 참여한 오하이오 주 Kent주립대학 학생들이 국토방위대에 의해 피살되다. 1970: 록 오페라 Jesus Christ Superstrar가 더블 앨범으로 출시되다. 1970: 영국 록 그룹인 비틀즈가 해체되다	1970: Hal Lindsey가 '최후의 위대한 항성 지구'를 출판하다 – 지구의 종말을 예고하는 책 (The Late Great Planet Earth)	1970: 요바린다 형제교회에서 존 윔버의 활발한 축호전도 활동으로 매주 500명 이상 출석하는 11개의 성경 공부 그룹이 생기다.
1971: 이고르 스트라진스커, 러시아 유명한 작곡가 사망하다. 1972 : 리차드 닉슨 대통령 재선	1971: Time지가 특집기사를 발행하다. "The Jesus Peple Movement" 1972: 크리스천 뮤직 페스티발 Explo 72이 달라스 텍사스의 Cotten Bowl 구장을 가득 채우다	1971: 존 윔버는 형제교회에 스태프가 되고, 캐롤은 장로가 되다.
1973: The Yom Kipper 전쟁이 이집트, 시리아와 이스라엘 사에에 발생 1973: OPEC(석유 수출국 연맹)이 오일 수출 금지를 시작하다. 1974.8: 워터게이트 스캔들로 리차드 닉슨 탄핵 위기에서 사임, 제럴드 포드가 대통령직을 계승하다.	1973: '로 대 웨이드'(Roe v Wade)재판으로 대법원 낙태 허용이 결정되자 이에 대한 저항으로 전국생명권리위원회가 출범하다. 1974: 캘리포니아 코스타 메사 소재 갈보리 채플과 연관된 마라나타! 뮤직이 최초로 찬송 앨범을 출시하다. "너희는 먼저 구하라", "아버지, 당신을 찬송합니다", "당신의 이름에 영광을"등이 수록되다.	1974: 피터 와그너가 존 윔버에게 풀러신학교 내 전도, 교회성장원 설립에 도와달라고 요청하다. 윔버는 형제교회 스태프직을 사임하고, 1978년까지 교회성장원 디렉터로 섬기다. 1974: Kenn과 Joanie Gulliksen이 빈야드 교회란 이름으로 교회를 개척하기 위해 로스앤젤레스로 이사하다.
1975: Bill Gates가 마이크로 소프트를 공동 창업하다. 1976: 중요한 독일의 철학자 마틴 하이데거 사망하다 1976: 지미 카터 대통령 당선되다	1975: Willow Creek Comm. Church가 일리노이주 한 극장에서 시작되다.	1976.10: 캐롤과 몇몇 형제 교인들이 가정에서 모임 시작하다 칼 터틀이 찬양 인도 했다. 그 모임은 몇 주만에 12명에서 50명으로 성장한다.
1977: 첫 Star Wars 영화 출시	1977: James Dobson이 선교 조직인 "Focus on the Family"를 창립하다	1977.4: 몇 개월 지나서 존 윔버가 그 모임에 참석하기 시작하다 모임을 인도하게 되고, 곧 100명으로 성장하다. 1977: 걸릭슨 부부가 시작한 빈야드가 계속 성장, 여러 교회로 늘어나다. 1977.4.30: 요바린다 형제교회(퀘이커)에 속해서 가정모임에 모였던 참석자들이 본교회의 축복과 기도를 받고 그 교회를 떠나 요바린다 갈보리 채플을 만들다. 이것은 즉시 허락되었다.

세계에서는 어떤 일이 일어나고 있는가?	기독교에서는 어떤 일이 일어나고 있는가?	애나하임 빈야드교회에서는 어떤 일이 일어나고 있는가?
		1977.5(어머니날): 웜버의 그룹은 출석교인 150명으로 요바린다 갈보리 채플이 되다(아직 빈야드 휄로우십에 가입하기 전이다.) 최초로 공식 예배를 Masonic Lodge에서 드리다. 그 해 웜버는 갈보리 채플 목사로 안수받는다.
		1977.7: 그 회중은 Bernardo Yoba Jr. 고등학교 강당으로 이전하다.
		1977.9: El Dorado고등학교로 이전하다.
1978: 요한 바오르 2세가 교황이 되다.	1978: 루터교 예배서가 여러 루터교단의 공동 편집으로 발행하다.	1978.3: "한 사람 고쳤다"(I got one). –웜버의 외침이다. 그전에 10개월 넘게 병든 자를 위해 기도했으나 한 사람도 낫지 않았는데, 이 날 교회 멤버인 한 여자를 고치다. 그 이후 치유가 계속 일어나다.
	1978: 공동에 규례서 (the Common Lectionary)가 많은 주류교회로 확산되다.	1978.9: Esperanza고등학교로 이전하다.
1979: 이란 혁명으로 석유 파동이 생기다.	1979: 미 성공회가 18세기 이래 4차 미국 개정판인 새로운 공동기도서(Book of Common Prater)를 출판하다.	1979: 존 웜버와 Ken Gulliksen이 만나다.
1979: 마가렛 대처가 영국 수상이 되다.		1979.6: Canyon고등학교 강당으로 이전, 거기서 1983. 9까지 예배 드리다.
1979: 마더 테레사가 노벨상을 수상하다.		1979. 가을: 웜버의 교회에서 첫 개척자로 Todd Hunter부부를 웨스트 버지니아 Wheeling으로 파송하다.
1979.11–1981.1까지 미국대사관 직원이 이란의 인질이 되다.		
1980: 로날드 레건이 대통령으로 피선(미대사관 직원 인질에서 풀려나다)	1980: 로벗 슐러 목사가 캘리포니아, 가든 그로브에 수정교회 건물을(The Crystal Carhedral)완성 캘리포니아 3대 건축물 가운데 하나가 되다.	1980.5: 교회를 방문한 전도자 로니 프리스비(Lonnie Frisbee)를 저녁 예배 설교자로 세운다. 그가 "Come, Holy Spirit"하고 성령의 도우심을 간구 했을 때, 성령이 능력으로 임하고, 역사함으로 커다란 부흥의 계기가 됨
	1980: 새들백밸리커뮤니티교회가 캘리포니아, 오렌지 카운티에서 첫 공식 예배를 드리다.	
1981: 다이아나가 영국 왕자 찰스와 결혼하다.	1981: 월로우크릭커뮤니티교회가 일리노이주, 남 발링톤에서 새 교회를 짓고 이사하다.	
1981: 첫 우주 왕복선, 컬럼비아호가 발사되다.		
1982: '팝'의 황제 마이클 잭슨의 앨범. 스릴러(Thriller)가 역사상 최고의 베스트 셀러가 되다.		1982.1: 존 웜버와 그의 사역팀이 풀러신학교에서 "표적과 기사와 교회성장"(MC 510)강의를 시작하다.
		1982.4: 웜버네 교회는 요바린다 갈보리 채플에서 빈야드 휄로우쉽 이름을 갖게 된다 (갈보리 채플 그룹을 떠나 빈야드 그룹으로 들어온다.)

세계에서는 어떤 일이 일어나고 있는가?	기독교에서는 어떤 일이 일어나고 있는가?	애나하임 빈야드교회에서는 어떤 일이 일어나고 있는가?
		1982: 첫 앨범, 온 땅이 경배할지어다: 빈야드 워십 송(All the Earth Shall Worship: Worshop Songs of the Vineyard)을 빈야드 교회가 만든 Mercy Records(자비 레코드)가 출시하다. 윔버는 책임 프로듀서와 어레인저로 수고했고, 또한 그는 키보드를 연주했다.
		1982: 영국의 몇 교회로부터 초빙받아 영국선교 시작되다. 이것이 영국에서 빈야드 운동의 계기가 되다.
		1982: 윔버는 전 빈야드운동의 수장이 됨.
1983: 미 해병대와 육군이 그라나다를 침략하다.		1983: 국제 빈야드 목회원(VMI)이 형성됨.
1983 : 마돈나가 그녀의 데뷔 앨범을 출시하다.		1983.9: 교회는 그동안 예배드렸던 고등학교 강당을 떠나 애나하임에 큰 창고 건물을 세내어 이전한다.
1984: 로널드 레건 대통령이 재선되다.		
1986: 우주 왕복선 첼린저호가 발사후 폭발되다.		1986: 빈야드 교회연합(AVC)이 만들어짐.
		1986: 빈야드교회가 200여개로 성장함.
	1987: Integrity Music, 또 하나의 컨템포러리 워십 뮤직 출판사가 생기다.	
	1987: TV방송 700클럽의 호스트이며 리전트대학 총장인 Pat Rebertson이 공화당 대통령 후보자 지명대회에 나서다.	
1988: George H. W. Bush가 대통령으로 당선되다.	1988: 미주 복음주의 루터교(ELCA)가 다른 여러 루터교회와 합병, 큰 교단을 이룸(약 700만).	
1989: 독일이 Berlin Wall이 붕괴되다.	1989: 크리스천 카피라이트 허가회사가 컨템포러리 크리스천 뮤직 목록에서 톱 25곡을 선정하다. #1은 Pete Sanchez Jr.의 "내가 당신을 높입니다"(I Exalt Thee)이다.	
1989: 중국군대가 북경 천안문광장에서 민주주의를 외치는 수천명의 시민을 학살하다.		
1992: 빌 클린턴이 대통령으로 당선되다.		
		1995: 처음 가정모임에서 찬양을 인도하던 칼 터틀을 후임으로 세우고, 윔버는 목사직을 내려놓음.
		1997: 윔버, 심한 뇌출혈로 사망..
		1997: 랜스 핏트럭(Lance Pittluck)이 새 담임목사가 됨.
		2017: 앨런과 캐더린 스캇(Alan and Kathryn Scott) 부부가 co-pastor로 새로 부임하다.

예배 상황

애나하임 빈야드/ 요바린다 갈보리 채플을 둘러싼 주변 지역에서 예배드리는 모습은 어떤가? 만일 이 회중에서 예배드리는 어느 한 사람이 남부 캘리포니아의 여러 교회를 둘러보면 그들은 예배에 관해 무엇을 보게 될 것인가?

그 예배자가 보게 될 가장 분명한 흐름 가운데 하나는 예배에 관해서는 애나하임 빈야드 교회와 비슷한 노선을 가고 있는 – 작으나 크나 모두 – 새 교회들의 물결(wave)이다. 종교 사학자 도널드 E. 밀러 (Donald E. Miller)가 이 교회들을 "새로운 패러다임의 교회"(new paradigm churches)라고 칭한 이 교회들은 몇 가지 공통된 특징을 갖는 경향이 있다: 팝 뮤직 악기를 사용하고, 솔직하고 단순한 가사로 된 찬양을 드리고, 회중 찬양에 다소 긴 시간을 드려서 부르고, 복음 전도에 열정이 있으며, 비형식적인 예배를 드리고, 설교를 통하여 성서적 가르침에 헌신한다. 이들 중 가장 영향력이 있고 가장 큰 교회 중의 하나가 캘리포니아 남부에 소재한 코스타 메사 갈보리 채플로서, 그들의 네트워크에 여러 지역의 갈보리 채플이 가입되어 있다. 애나하임 빈야드도 처음에는 이 네트워크의 일원으로 소속되어 있었다. 물론 얼마 지나지 않아 성령의 능력 사역 문제로 애나하임 빈야드가 그 네트워크에서 나오게 되었지만, 갈보리 채플에 대한 가장 완전한 기록은 찰스 프롬(Charles E. Fromm)의 논문, "본문에 의한 공동체와 다중 미디어 시대의 새 노래: 예수 운동에서 카리스마의 일상화:(Textual Communities and New Song in the Multimedia Age: The Routinization of Charisma in Jesus Movement. PH. D. 학위논문, 풀러신학교, 2006)이다. 내부의 설명은 척 스미스(Chuck Smith)와 탈 브루크가 쓴 "추수"(Costa Mesa: The World for Today, 1987), 샤론 피셔(Sharon Fischer)의 "*나는 기억한다. ... 갈보리 채플의 탄생*"(*I remember ... the Birth of Calvary Chapel*)(본인 출판, 2014), 그리고 "*하나님께서 무엇을 하셨는가": 척 스미스, 예수 운동의 아버지*(*What God Hath Wrought: Chuck Smith, the Father of the Jesus Movement*)(Screen Savers Entertainment, 2012) 란 타이틀로 된 DVD 기록이 있다. 이 물결의 기원의 하나인 지저스 피플 무브먼트(예수 사람들 운동, the Jesus People Movement)에 관련된 기록문서 목록은 데이빗 디 사바티노(David Di Sabatino) 가 저술한, "*예수 사람들 운동": 주석이 달린 관련된 서류 목록과 총체적 자료 The Jesus People Movement: An annotated Bibliography and General Resource)*(Lake Forest, CA: Jester Media, 2004)에서 찾아볼 수 있다. 많은 워십 발전 뒤에 있는 Jesus People Movement에 관해 가장 잘 기술한 책으로는 레리 에스크리지(Larry Eskridge)가 쓴, "*하나님의 영원한 가족: 미국에서의 예수 사람들 운동*"(*God's Forever Family: The Jesus People Movement in America*)(Oxford: Oxford University Press, 2013)가 있다. 역사가 마이클 헤밀톤(Michael Hamilton)의 아티클, "찬양 송의 승리: 워십 전쟁에서 어떻게 기타가 오르간을 물리쳤나"(The Triumph of the Praise Songs: How Guitars Beat out the Organ in Worship Wars in *Christianity Today* 43, no. 8, July 12, 1993: 29-35)는 새로운 예배 방식이 부상하는 데 대한 몇 가지 사회학적 이유를 균형있게 설명한다. 피트 워드(Pete Ward)는 그의 책, *경배를 판매하기: 어떻게 우리가 부르는 찬양이 교회를 변화시켰나(Selling Worship: How What We Sing Has Changed the Church)* (Bletchley: Peternoster Press, 2005)에서 마침내 이 새 물결의 교회들이 전 세계에 영향을 끼치게 된 것을 설명한다.

이런 "새로운 파라다임" 가족의 안과 밖에 있는 여러 교회에 영향을 끼친 것은 1960년대에 일어난 **카리스마틱 갱신 운동(Charismatic Renewal Movement)**이었다. 그 운동은 예배 중에 성령의 역사에 강조하고, 다른 것들 가운데서 신령한 은사를 사용하며(방언, 치유 등), 기쁨 가득한 찬양을 드린다. 이런 강조는 이들 교회에서 더 다이나믹하거나 집중적으로 나타나는 양상을 띠지만, 그 뿌리는 고전 오순절교회에서 유래한다(1901년에 일어난 오순절 운동). 카리스마틱 예배와 오순절 예배에 대한 개략적 설명을 위해서 "*Oxford History of Christian Worship*"에 있는 텔포드 워크(Telford Work)가 쓴 아티클, "오순절과 카리스마틱 워십"(Pentecostal and Charismatic Worship)을 읽기 바란다 (ed. Geoffrey Wainwright and Karen B. Westerfield Tucker, New York: Oxford University Press, 2006), pp. 574-85. 워십에서의 카리스마틱 갱신 운동의 하나의 결과는 하나님의 임재하심을 경험하는 데 더 큰 가치를 부여하는 것이다. 그런 바람이 오순절 뿌리에 있다는 것을 추적하며 공감적인 설명을 한 것은 데이빗 디 시바티노의 글에서 발견된다. "잊을 수 없는 불: 오순절주의자들과 예배에서의 체험적 역할"(The Unforgettable Fire: Pentecostals and the Role of Experience in Worship, *Worship Leader* 9, no. 6, Nov./Dec. 2000: 20-13).

(* 데이빗 디 사바티노(David Di Sabatino)는 1967년 이후에 캘리포니아에서 자연 발생한 Jesus People Movement(예수 사람들 운동)에 참여했고, 일생동안 그 운동을 연구하고, 그 운동에 대해서 많은 글을 쓴 사람이다. 그의 책과 아티클 등은 컨템포러리 워십 연구에 필독(a must-read) 사항이다. - 역자 주).

남부 캘리포니아는 물론 - 그리고 전국에 걸쳐 - 다른 곳에서도 불신자들에게 어필하기 위해 의도적으로 컨템포러리 워십 스타일을 채택하는 교회가 많아졌다. 때때로 이런 적응은 "새로운 패러다임 교회들"의 예배의 변화를 채택하는 것을 포함했다. 이 실용주의적 접근은 캘리포니아주, 파사데나에 있는 풀러신학교의 선교와 전도 전문가들 사이에서 만들어진 교회 성장 이론의 발전에 종종 자극받고 활기를 띠게 되었다. 때로 이 실용주의(pragmatism)는 교회성장에 있어서 카리스마틱 견해와 중복되기도 했다. 반드시 필연적인 것은 아니지만, 때로 이런 접근은 매주 수천 명씩 예배에 참석하는 대형 교회들을 낳는 결과를 초래했다. 그것에 가끔 "구도자-지향"(seeker-driven) 전략이라는 라벨이 붙여졌다. 다양한 남부 캘리포니아 여러 사례 중에서 이런 구도자 지향으로 접근한 교회의 실례는 수정교회와 새들백교회(Crystal Cathedral and Saddleback Church)다. 조지 헌터(Geoge G. Hunter)가 쓴, "*불신자를 위한 교회*"(*Church for the Unchurched*)(Nashville: Abingdon Press, 1966)는 이런 접근방법에 공감하는 설명을 하고 있다. 워십에 끼친 영향은 존 윗브릿(John D. Witvliet)가 쓴, 북 아메리카 메가 처치의 축복과 해독: 21세기 회중 찬양에 관련된 사항(The Blessing and Bane of the

North America Mega-Church: Implications for Twenty – First Century Congregational Song, *Jahrbuch Fur Liturgick und Hymnologie*, 1988): 196-213에 잘 기술되어 있고, 본서의 저자인 레스터 룻(Lester Ruth)의 아티클, *"예배가 신학을 낳는다: 새로운 종류의 예배로서 구도자 예배를 이해하기 위하여"*(Lex Agendi, Lex Orandi: Toward an Understanding of Seeker Services as a New Kind of Liturgy), *Worship* 70, no. 5, September: 365-405를 보라. 토드 존슨(Todd Johnson)은 그가 편집한 책, *보지 못한 것에 대한 확신: 21세기 예배와 목회*(The Conviction of Things Not Seen: Worship and Ministry in the 21st Century), (Grand Rapids: Brazos, 2002) 안에 게재한 에세이, "따로따로 떨어진 의식: 구도자 예배 운동의 기원"(Disconnected Rituals: The Origins of the Seeker Service Movement)에서 많은 교회들이 청년목회에서 이런 실행을 하는 기원에 대해서 설명하고 있다. 데이브 트라비스와 스캇 투마(Dave Travis and Scott Thumma)의, *메가 처치 신화를 넘어: 우리는 미국의 가장 큰 교회들로부터 무엇을 배울 수 있나*(Beyond Megachurch Myths: What We Can Learn from America's Largest Churches), (San Francisco: Jossey-Bass, 2007)는 대형 교회들에 대한 중요한 연구이다.

몇몇 주류 교단에서, 예배자는 극적인 변화들이 일어나고 있는 것을 보았을 것이다. 특별히 예배 형식의 변화가 그것이다. 예를 들면, 제2차 바티칸 공회의 비전에 따라 시작된, 로마 카톨릭교회는 한 세기 넘게 사용했던 예배 규례서를 예배학자들이 개정하게 하고, 여러 다른 사항 중에서 신부들이 라틴어 대신에 자국어로 예배를 인도하게 하였고, 예배 중 평신도의 역할을 확대시켰고, 교회 건축 설계에도 변화를 가져오게 하였다. 이로 인해 로마 카톨릭 개 교회에서는 그들이 1960년대에 드리던 예배 방식보다 1980년대에는 훨씬 다른 예배방식으로 예배드리는 것이 통상적인 일이 되었다. 이런 변화를 학문적으로 자세하게 저술한 카톨릭 신학자의 저서 – 안니발 버그니니(Annibale Bugnini)의 *의전 개혁*(The Reform of the Liturgy)(trans. Mathew J. O'connell)(Collegeville, MN: LIturgical Press, 1990))이 있고, 간추린 역사적 리뷰로는 개신교 학자의 저서 – 제임스 F. 화이트(James F. White)의, *로마 카톨릭 예배: 트랜트에서 오늘까지*(Roman Catholic Worship: Trent to Today)(New York: Paulist Press, 1995)가 있다. 이미지가 주도하는(image driven) 예배는 카이트 F. 페클러스(Keith F. Pecklers)의, *예배 의식: 그 역사 해설*(Liturgy: The Illustrated History)(Mahwah, NJ: Paulist Press, 2012)에 잘 기술되어 있다.

또한, 주류 개신교 교단에서 위와 동일한 예배 의식 역사 연구들은 교단 내 예배 규례와 다른 개혁들을 초래하게 되었다. 1970년대에 시작해서 루터교, 성공회, 감리교 그리고 장로교회들은 새로운 예배 의식서를 출판했다. 각 주류 교단에서 이들 개혁의 중요한 부분은 예배 내용에서 그리스도의 죽음과 부활의 중심성을 강조하고, 예배 규례의 표준으로 말씀과 성찬의 고대 패턴을 회복시키고, 모든 회중의 전적인 참여를 격려하는 것이었다. 그러한 변화들을 학자들이 책으로 자세하게 기록했다. – 프랭크 C. 센의 *크리스천 예배의식: 카톨릭과 복음주의자들*(Frank C. Senn, *Christian Liturgy: Catholic and Evangelicals*)(Minneapolis: Fortress, 1977), 특별히 18장 그리고 대중적 견해를 요약해서 쓴 것으로 – 롭 레드만의 *예배 대각성: 포스트모던 교회에서 새 노래를 노래하기*(Fobb Redman,

The Great Worship Awakening: Singing a New Song in the Postmodern Church)(San Francisco: Jossey-Bass, 2002), 토마스 G. 롱의 *예배 전쟁을 넘어서: 생기 넘치고 신실한 예배를 확립하기* (Thomas G. Long, *Beyond the Worship Wars: Building Vital and Faithful Worship*)(Herndon, VA: The Alban Institute, 2001), 그리고 *변하는 문화에서의 진정한 예배*(*Authentic Worship in Changing Culture*)(Grand Rapids: CRC Publications, 1997)가 있다.

대부분 사람이 예배를 말할 때 그들은 "전통적 예배"(traditional worship)를 의미하는데, 어쩌면 이 예배가 하나님과의 인티머시(intimacy with God)를 강조하며 임재 안에서 경배드리는 빈야드의 예배자들에게는 경건의 모양은 있으나 능력이 없는 예배로 보일는지 모른다. 그러나 이 전통적 예배는 의식을 중요시하는 다양한(영국의) "고 교회"(high church)와 복음 전파를 중요시하는 "저 교회"(low church)에서 유래했으며, 종종 위에서 언급한 변화는 역사가 주도하는(history-driven) 개혁 같은 것에는 전혀 관여하지 않고 오랫동안 관례적으로 드려졌다. 의식과 형식 수준의 차이에 상관하지 않고, 전통교회들도 회중 찬송을 불렀고, 찬양대가 있고, 통상적으로 예배를 절정에 이르게 하는 설교가 있었다. 개신교 예배의 다양성을 리뷰한 것이 제임스 F. 화이트의 책, *개신교 예배: 변화 중에 있는 전통*(*James F. White, Protestant Worship: Traditions in Transition*)(Louisville: Westminster/John Knox Press, 1989)에서 찾아볼 수 있다.

캘리포니아주 남부에서 퍼진 예배는 또한 인종 문화에 따라 차이가 있다. 심지어 같은 교단 내에서도 조금 다른 양상을 보인다. 캐티 블랙(Kathy Black)은 그녀의 책, *예배와 문화의 교차: 핸드 북 (Worship across Cultures: A Handbook)*(Nashville: Abingdon Press, 1998)에서 그 지역에 있는 감리교회 예배를 알기 원하는 사람을 위해 그 차이점을 분석했다. 그녀는 21개의 인종 그룹의 예배에 각기 다른 특이한 실행이 있는 것을 설명한다.

지리적 환경

요바린다, 코스타 메사 그리고 애나하임은 남부 캘리포니아주 오렌지 카운티에 있다(옛날에 오렌지 과수원이 많았던 지역임 – 역자 주). 오렌지 카운티는 캘리포니아주에서 가장 인구가 많은 카운티 중의 하나다. 이 지역은 로스앤젤레스 동남부에 위치하고 있다. 디즈니랜드와 넛츠 베리 팜 같은 유명한 관광명소가 있는 이 지역은 또한, 존 윔버의 빈야드(John Wimber's Vineyard, 애나하임 소재), 로벗 슐러의 수정교회(Robert Schuller's Crystal Cathedral, 가든 그로브 소재), 척 스미스의 갈보리 채플(Chuck Smith's Calvary Chapel, 코스타 매사 소재) 그리고 릭 워렌의 새들백교회(Rick Waren's Saddleback Church, 레이크 포레스트 소재) 같은 영향력있는 많은 대형교회들의 발상지이기도 하다.

(* 우리 한인들이 많이 사는 로스앤젤레스에서 애나하임 빈야드까지 약 25마일 – 역자 주)

애나하임 빈야드의 워십 역사를 연구하는데 주의 사항

애나하임 빈야드의 워십 역사에 대해 읽는 동안 독자들이 명심해야 할 것은 그들의 역사를 기술하는데 몇 가지 방법론적 어려움이 있는 것이다.

* 우선 그들의 워십 역사가 충분한 서류로 남겨져 있지 않고, 기록도 잘 되어있지 않다. 최근에 이르러서야 빈야드의 중요성을 깨닫고, 이 회중, 창립자와 널리 퍼진 빈야드 운동에 대해서 본격적인 학문적 탐구의 주제가 되기 시작했다. 그래서 교회사에는 더 오래된 과거의 전통들에 대해서는 많은 자료가 있지만, 아직 빈야드의 예배 기원과 발전을 자세히 조사하고 연구한 자료들이 많지 않다.

* 빈야드 회중과 관련된 운동에 관한 학자들의 연구 결과가 아직 많지 않다. 더욱 최근에 일어난 역사적 현상의 경우에도 그렇지만, 특히 그 운동이 일어날 당시 아직 주류로 채 정착하지도 않았고, 존중받지 못한 현상의 경우 더욱 그러하다. 앞으로 미국에서의 지저스 피플 무브먼트(Jesus People Movement), 카리스마틱 운동과 갈보리 채플 그리고 컨템포러리 크리스천 뮤직의 기원 등에 관하여 좀 더 많은 연구가 이루어지는 것을 보게 될 것이다. 이런 연구의 결과들이 빈야드 역사와 그 운동을 이해하는 데 도움을 줄 것이다.

* 존 윔버와 빈야드 운동에 관여된 자료들이 최근에서야 체계적으로 수집되기 시작해서 버지니아 주, 버지니아 비치에 소재한 리전트대학교의 기록 보관소에 보관되기 시작했다.[11]

* 예상된 것처럼, 애나하임 빈야드 회중의 설립 목사인 존 윔버 사상은 그의 초기 몇 년 동안의 빈야드 목회 후에 좀 더 조직화 되어있어 쉽게 접근할 수 있다. 그러나 철저하게 고정된 것은 오히려 신선하게 서서히 찾아오는 새로운 통찰력을 흐리게 할 수 있다. 다행히 윔버의 초기 가르침 중에서 워십에 관한 몇몇 음성 자료들이 녹화되어 보존되어 있다.[12]

* 새로운 운동에 감격하는 동안, 그 운동을 기록하여 서류로 남긴다는 것을 미처 생각하지 못할 수 있다. 특히 자연발생적이고 즉석에서 일어나는 다이내믹이 높이 평가되는 운동들은 더욱 그렇다. 실례로, 후에, 역사가들을 위해 어떤 근거가 되는 서류 자료를 남겨놓지 않았다는 것을 의미하는데, 그 이유는 여기저기 흩어져있는 도움이 될만한 단편적인 자료들마저 소홀히 여겨 버렸기 때문이다. 그 당시 그들은 작은 단편적인 기록이나마 그들의 역사적 중요성을 인식하지 못했다. 처음부터 그들은 어떤 역사적 중요성 같은 것에는 관심이 없었다.

---

11) See http://www.regent.edu/lib/special-collections/wimber-collection.cfm. 2016년 8월 24일 접속
12) 이 책이 출판될 때, 여러 자료를 YouTube에서 볼 수 있게 되었다.

* 크리스천 워십에 마음을 강조하는 (heart-emphasis) 다른 접근처럼, 최초로 기록된 많은 자료는 개인적 체험을 말하면서도, 후에 독자들이 그들의 경배를 마음속으로 생생하게 그려볼 수 있게 하는 구체적 세부사항에는 관심을 두지 않고 지나갔다. 그래서 예배 순서와 공간의 사용 같은 기본적 이슈들을 기록하기 더 어렵다.
* 빈야드 휄로우쉽의 사료 편찬(역사를 기술하고 이해하기)은 여전히 존 윔버의 인격과 사역에 집중되어 있다. 결과적으로, 그의 부인 캐롤 윔버, 칼 터틀 그리고 켄 걸릭슨 같은 다른 지도자들의 영향을 평가하기가 더 어렵다.
* 어느 다른 회중의 예배처럼, 빈야드 휄로우쉽의 실제적인 음향과 느낌을 단순히 종이 위에 적는 것으로는 그 다이내믹과 임재 역사, 인티머시의 감격을 재생산할 수 없다. 이것이 책이 갖는 한계다. 특별히 이런 결함은 애나하임 빈야드 같은 교회의 경우 더욱 그러하다. 그곳에서는 깊은 느낌을 주는 리듬과 함께, 그들의 음악은 중요한 부분이었다. 어느 한 회중의 경배를 완벽하게 묘사하는 것은 읽고 쓰는 글자의 매체로는 한계가 있다.

관찰할 중요한 주제와 실행

애나하임 빈야드에 관한 자료에서, 예배 실행에 중요한 몇 가지 요소로 분류되는 이들 주제와 실행에 계속해서 관심을 두고 관찰하라.

1. 경건(혹은 신앙)

* 예수 그리스도는 언제나 예배의 초점이었다. 하나님 아버지께 드리는 예배의 중보자로서만이 아니라, 예배의 목적으로 초점이 되었다. 그래서 "하나님께 드리는 예배"가 언급될 때, 이는 예수 그리스도께 드리는 예배로 이해된다. 이렇게 예수님께 애착하는 것이 그분과 개인적인 관계를 갖는 강력한 말로 표현되었다.
* 하나님과의 친밀한 영적 교통(intimate communion with God)은 그렇게 하기를 바라는 것이 경배의 목적이었다. 특히 경배 초반에 드리는 찬양시간을 통해서다. 찬양 음악은 종종 이 교회에서 "경배"를 의미했다(찬양을 통해 경배에 이르기 때문이다. – 역자 주). 인티머시(intimacy, 친밀)는 마치 사람이 하나님 혹은 예수님과 친밀하고 생기있는 상호작용에 참여하는 것처럼, 하나님이 받아들이심과 가까이 계심을 감지하는 생생한 의식을 수반했다.
* 하나님을 향한 사랑을 표현한 것은 "하나님의 마음을 섬기는 것"으로 생각되었다. 이처럼, 경배를 통해 하나님께서 경배자의 마음을 터치하시고, 사랑, 능력과 치유 사역을 통해 경배자의 삶을 터치하셨다.
* 카리스마틱 운동의 기대를 반영하면서, 이 교회는 성령께서 그들의 경배 중에 역사하시기를 바랐다. 때로 성령의 활동은 신령한 은사들이 나타나고, 특히 치유가 일어남을 통해 나타나 보였다.
* 때로 사람들은 성령에 의해 인도된다고 그들이 느낄 때, 그들은 경배 중에 손을 높이 든다든지 하면서 몸으로 표현할 수 있었다.
* 공동체 예배(Worship Service)에 더하여, "워십"은 또한 매일, 매일의 생활에서 그리스도의 제자로서 진실하게 사는 것으로 이해하였다. 삶이 경배요, 경배드리는 것이 그들의 삶으로 이해했다.
* 그들의 담임목사와 찬양 인도자를 포함하여, 초기에 그 교회에 참여한 많은 사람의 퀘이커 배경은, 그것에 의해서 예배가 인도되는 중요한 가치를 드러냈다. 특히 다음에 무엇을 해야 하는지를 알기 위해 직접 성령의 인도하심에 의지하는 모습이 그것이다.

2. 시간

* 특별한 주간이나 매년 거행하는 축하 행사에 관한 상세한 연례 일정을 지키는 것은 중요하지 않았다. 철저하게 주기적 일정을 지키는 것보다는 경배자의 마음에 더 많은 강조를 두었다.
* 회중은 주일 아침과 저녁에 경배드렸다. 주중에 여러 가정에서 모이는 소그룹 모임은 회중이 모두 모이는 주일 예배에 보완적인 역할을 했다.

3. 장소

* 경배자의 마음이 하나님과 함께 하는 것에 강조하는 것은 단순한 예배 공간을 선호하는데도 나타나는 것처럼 보인다.
* 가정모임에서 모이기 시작했는데, 거기서 형식에 구애받지 않고 서로 친밀하며, 위로하며, 평상시처럼(informality) 모이고, 친절히 접대하고 환영하고, 모인 사람들 사이에 강력한 인간관계의 다이내믹이 일어나는 것은 자연스러운 일이었다. 실제로 이런 중요한 일들은 좀 더 공개적인 큰 예배 장소로 회중이 이사했을 때에도 계속 유지되었다.
* 회중(교회)이 빠르게 성장한 것이 처음 몇 년 동안 여러 번 장소를 옮겨 이사하는 원인이 되었다.
* 마침내 고정된 큰 장소로 이사하기 전까지, 회중은 여러 학교 체육관을 빌려 이사 다니면서 예배드렸다.
* 체육관에서 찬양을 인도하는 워십 팀도, 바닥보다 조금 높은 플랫폼(강단)을 만들어 그 위에 서서 워십을 인도하였다. 플랫폼은 회중들과 많이 떨어지지 않고, 음악인들이 회중과 매우 가까이 서서 찬양을 인도하도록 배치했다.
* 역시 설교자도 그 플랫폼에 서서 설교했다. 그러므로 설교자 역시 회중들과 매우 가까이 서서 복음을 전했다.

4. 기도

* 기도드릴 때, 회중은 물론 예배를 인도하는 다른 사람들도, 기도문을 써서 기도드리지 않았다(다만 워십 팀의 찬양곡은 예외였다. 그러나 찬양 가사가 프린트된 것을 회중에게 나눠주거나 영상으로 비춰서 제공하지 않았다. 함께 따라 부르거나 외워서 불렀다).
* 마음 지향적(heart-oriented) 개신교의 오래된 역사를 반영하듯, 회중은 믿음이 가는, 진실에서 우러난 즉석 기도를 선호했다.
* 때로 기도 받기 원하는 사람들에게 긴 시간을 드려 기도 사역하므로, 이 기도사역(prayer

ministry)이 끝나면서 예배(worship service)가 끝나게 되었다. 그래서 때로 예배는 3부분으로 드려졌는데: 찬양, 설교와 기도사역이다.

* 병든 사람을 위한 기도 사역은 이 교회의 기도 사역 중에서 특별히 중요한 부분이었다. 이 사역은 존 윔버가 병든 자를 고치라는 주님의 명령에 따라 "능력 전도"(power evangelism)를 강조한 것에 근거를 둔다. 이 전도를 통해 사람들도 하나님의 능력을 만나고, 윔버와 다른 사역자들이 이를 성령에 의해서 일어난 초자연적인 나타남이라고 이해하고, 또한 복음서에서 말하는 "표적과 기사"(signs and wonders)라고 이해했다.
* 말씀 안에 있는 하나님의 능력을 강조하는 것은, 무관심한 채 성도들을 돌보지 않는 것보다 훨씬 유익하다. 회중은 그들이 절실하게 느끼는 – 하나님의 사랑에 대한 욕구와 깊은 관심을 나타내었고, 그래서 그들을 위해서 하나님께 간구하는 기도 사역을 하게 되었다.

5. 설교하기

* 존 윔버의 수수하고 재치있는 명랑한 성품, 이해하기 쉬운 스피치(토크), 그리고 성서를 평이하게 전하는 그의 설교는 이런 매력적 요소들이 합쳐서 전달되었다.
* 설교는 성서에 근거를 두고, 분명하게 가르치는 요소를 지녔다 . – 예배를 포함해서 회중이 실행하는 모든 일에 성서에 근거를 두었다.
* 공 예배에서의 설교는 성서의 교리를 가르치는 컨퍼런스 같은 다른 기회를 통해 보충되었다.
* 가르칠 필요성이 생겨난 것은 새로운 사람들이 교회에 많이 유입되었기 때문이었다. 많은 사람은 전혀 크리스천 배경이 없었던 반면에, 다른 사람들은 빈야드 휄로우쉽과 다른 교회들로부터 새로 왔기 때문이다.

6. 뮤직(혹은 찬양)

* 가정에서 모이기 시작한 첫날부터 마음을 터치하는 가사를 가진 능력 있는 회중 찬양이 이 교회를 특징짓는 요소가 되었다.
* 워십은 예배를 시작하면서 25분 내외의 긴 시간을 갖고 계속해서 찬양을 드리는 것과 자주 동의어가 되었다(그래서 그들은 "다 일어나서 하나님께 찬양드리겠습니다."라는 말 대신에 "다 일어나서 하나님께 워십을 드리겠습니다"라는 말을 사용한다. – 역자 주).
* 계속해서 장시간 드리는 찬양(musical set)을 통하여 이들이 바라는 것은, 회중이 하나님과 더 친밀하게 되고, 사랑의 연합에 이르기를 소망한다. 워십 중에 하나님의 임재를 경험하려는 기대감 속에 음악(혹은 찬양)이 그런 경험을 돕는 중개 역할을 할 수 있다고 생각한다.

* 처음에 참석한 많은 사람은 하나님께(to God) 찬양을 드리기보다, 하나님에 대하여(about God) 더 많은 찬양을 부르는 것처럼 보이는 그들이 다녔던 옛 교회의 찬양에 만족을 느끼지 못했다. 그러므로 이 회중은 그들이 사랑으로 하나님께 직접 말할 수 있게 하는(to speak directly to God) 그들의 찬양을 소중히 여기며, 간절히 불렀다.
* 현대 악기 뮤직과 가사를 통해, 이 회중의 워십 뮤직은 남-캘리포니아 지역에 있는 많은 교회에서 더 큰 변화가 계속해서 일어나도록 많은 영향을 주었다.
* 단순하고 반복적인 가사는 경배자들이 그 가사를 넘어 하나님과 더욱더 깊고 충만한 관계에 들어가도록 했다.
* 빈야드 방식의 워십(혹은 예배, 찬양)은 그때나 지금이나 음악적으로 재능이 있는 사람들의 창조적 욕구에 새로운 영감을 받아 성령의 불을 담은 노래를 쓰게 했다.
* 전문적 직업의 음악인으로서의 그의 배경에 의해, 윔버는 이들이 애써 만든 새로운 찬양곡들을 출판해서 널리 공급하도록 가이던스를 제공할 수 있었다. 그 결과 국제 빈야드 사역(Vineyard Ministries International)과 빈야드 뮤직(Vineyard Music)이라는 조직을 만들었고, "컨템포러리" 워십 뮤직을 전 세계에 널리 공급하는 커다란 조직으로 성장하게 되었다.

7. 사람들

* 1960년대와 1970년대에 캘리포니아 전역에서 일어난 새로운 크리스천 운동은 이 회중의 시작을 예견하였다. 특별히(히피에서 발생한) 지저스 피플 운동과 코스타 메사 갈보리 채플이 영향을 주었다(괄호 안은 역자 첨가).
* 이 회중은 빈야드교회가 아닌 빈야드 휄로우쉽으로 불린 것도 이들이 사람들 사이의 관계를 얼마나 중요하게 여겼나 하는 것을 보여준다. 목회적 돌봄은 목회자 혹은 교회 스태프들에게 맡겨지기보다, 온 회중이 서로서로 사람들의 요구를 들어주고 섬기는 데 참여했다. 이런 접근은 그들 가운데 역사하시는 성령에 절대적으로 의존하는 그룹의 사람들에게는 아주 평범하며 일상적인 일이 되었다. 성서에 언급된 신령한 은사와 능력은 목회자들에게만 국한되지 않았다.
* 서로가 서로에게 속하였다는 강한 유대감은 가정에서 모이는 킨십 그룹(Kinship Groups)이라 불리는, 친구가 친구를 초청해서 데리고 오는 전도를 통한 이 소그룹 모임은 – 교회 내 회중의 숫자가 폭발적으로 성장하도록 하는 중요한 역할을 하였다.
* 남 캘리포니아 문화의 한가롭고 평온하며(laid, 느긋한) 자유롭고 비형식적인 스타일은 이 회중의 예배드리는 데도 영향을 미쳤다. 평상복(informal dress)으로 예배에 참석하는 것이 하나의 예다.
* 이 회중의 초기 사진을 보면, 대부분이 매우 젊은 백인들의 모습이 보인다. 많은 예배자는 베이비 부머들이었다(당시 오렌지 카운티, 특히 애나하임 지역은 백인 중산층이 주류를 이루고 있었다. – 역자 주).

PART 2
예배 공동체를 탐구하기

공동체의 워십을 설명하기:
앤디 팍과의 질의 응답

아래에서 1970년대 후반과 1980년대 초에 애나하임 빈야드 공동체가 어떻게 경배드렸는가에 관해서 기술한다. 이 설명은 이 공동체의 담임목사인 존 윔버의 기원과 영향에 초점을 맞춘다. 빈야드 운동과 오랫동안 관련된 워십 리더와 송 라이터에 의해 제공된 이 해설은 이 회중의 예배에 유용한 정보와 견해를 제공한다.

하나의 신학적 서론으로서, 그것은 하나님이 행하신 것으로(as God's activity) 역사를 해석하고, 빈야드 운동이 일어나는데 중요한 분야와 언어들을 조명한다. 이런 방법을 통해 이 책의 저자는 그들의 가운데 활동하신 하나님을 느꼈던 것 같은 초기 빈야드 예배자들의 생생한 경험을 독자들에게 전달하기 원한다.

1. 1980년 초 애나하임 빈야드 휄로우쉽에서의 워십은 어떤 모습이었을까?

애나하임 빈야드 휄로우쉽에서의 워십은 솔직하고 가식이 없이 하나님에게 오는 단순한 모임에 기초를 두었다. 늘상, 그분을 의지하며 맞기는 신앙심은 하나님께 귀를 기울이고 조용히 그분의 선하심을 묵상함을 통하여 나타났다. 예배자들은 성서에 나타난 다양한 모습으로 경배드린다는 가르침을 받았다. 만일 하나님께 자신을 드리는데 충만함에 이르면, 그 자체 원더풀이었다. 만일 하나님께 자신을 드리면서 눈물을 흘리게 되면, 이 역시 환영할 일이었다. 왜냐하면, 성령에 의해 감동되었을 때, 눈물을 흘리며 회개하는 것은 하나의 경배 행위로 여겨졌기 때문이었다. 실제로, 애나하임 빈야드 예배자들은 하나님께서 그들에게 회개의 은사를 주신다고 믿었다. 그것에 대한 최선의 응답은 하나님이 하시는 일에 동의하는 것이었다. 많은 사람이 거룩함과 사랑의 하나님에게 쉽게 감화받아 워십을 통해 깊은 회개에 이르게 하고, 외부로 회개의 모습이 드러내기도 했다. 이 갓 태어난 회중에서, 하나님을 향한 진정한 태도는 근엄하게 행동하고, 통제하며, 책임감을 내세우는 것이 아니라, 다만 자신을 있는 그대로 하나님께 맡기며 드리는 것이었다.

다음은 처음부터 애나하임 빈야드 회중에 속하여 함께 예배드린 다양한 예배자들로부터 예배에 대한 그들의 기억을 말한다.

> 내가 체육관에 들어가 앉으면 내가 전에 다녔던 어떤 교회와 다른, 자연스럽고 실제적인 체험에 거의 압도되었다. 존 윔버가 키보드 앞에 앉아 첫 코드를 칠 때, 나는 곧 눈물을 흘리며 조용히 흐느끼기 시

작했다. 그리고 하나님의 임재에 압도됨을 느꼈다. 나는 이것이 성령이 하시는 것이라고 깨달았고, 내가 전에 느껴보지 못했던 (하나님과의) 인티머시(밀접함)를 체험하였다. 나는 말씀이 내 마음을 찌르는 것 같이 느꼈고, 사랑, 은혜, 자비의 하나님인 그분 자신이 그곳에 나와 함께 계신 것을 경험하고 있는 것을 깨달았다. 나는 이내 워십은 나와 하나님 사이의 만남 경험이고, 이런 경우 음악은 하나님께서 나를 만나시기 위해 쓰시는 도구라는 것을 깨달았다.[1]

설교 말씀과 음악은 단순했다. 그러나 그 방 안에 있는 모든 사람을 터치하시는 하나님 성령의 감동은 놀라웠다. 순전히 기쁨을 나타내는 모습부터 눈물을 흘리며 흐느끼는 모습까지 다양했고, 사람들은 손을 높이 들고 자신들을 온전히 내려놓는 데 주저하지 않았다. 나는 이 경험이 얼마나 친밀하며 (intimate) 개인적인가! 하고 생각한 것을 기억한다. 그리고 동시에 이것이 얼마나 하나님을 기쁘시게 하여 드리는 것인가! 하고 생각했다. 이런 초기의 기억들은 나를 절대로 떠나지 않을 것이다. 그리고 그 때의 영향이 경배에 대한 내 생각을 영원히 변화시켰다. 경배는 단순히 주일 예배(Sunday service)의 한 부분만이 아니라, 하나님과의 인티머시로 들어가는 문(entry gate)이었다. 경배는 안으로 들어가는 장소요, 모든 것이 시작되는 장소였다. 하나님께서 경배를 통해 다시 그분의 교회 안에 운행하고 계시며, 경배의 행위를 통해 진심으로 그분을 찾으려는 우리 모두를 가르치시며 인도하셨다(요 14:26).[2]

그 당시(예배 갱신 운동이 일어나는 초기에), 나는 놀라운 기도의 시간을 갖기 시작했다. 그리고 내가 하나님을 찬양하면서 회개하고 다시 새롭게 되는 것을 경험했다.[3]
찬양은 다이내믹했고, 가슴 벅찬 전율을 느끼게 했다. 그래서 나는 눈물을 흘리면서 하나님을 사랑하지 않고서는 결코 찬양을 부를 수 없었다.[4]

빈야드 예배에서 심령을 변화시키는 능력은 가사, 악보 혹은 심지어 곡 연주보다 훨씬 강력한 것이었다: 왜냐하면 그것은 성령이 개입하셔서 역사하셨기 때문이다. 성령은 마음속 깊은 곳에서 하나님을 명백히 알 수 있는 지식을 주셨고, 하나님을 더 많이 알고자 하는 열망을 갖게 했다. 만일 애나하임 빈야드 회중이 경배를 드리면서 무엇인가 열망했다면, 그것은 사람들의 마음이 하나님께 더 가까이 다가가는 것이었다. 예배자들은 그들이 애나하임 빈야드에서 경험한 회심과 신령한 은사의 부흥에서 하나님과 영적인 인티머시(친밀함)를 보았다. 전에 빈야드 교회에서 파송한 교회 개척자이며 빈야드 교회 연합에서 웜버를 도왔던 토드 헌터(Todd Hunter)에 따르면, 빈야드 워십은 3가지 뚜렷한 특징을 갖고 있었다: "하나님과의 인티머시(친밀함), 성령의 임재가 나타남. 그리고 하나님께서 <u>그들이 워십을 드릴 때마다 능력으로 역사하심으로 그분의 교회를 찾아오실 것을 기대하는 문화다.</u>"[5] 이런 특

---

1) Char Turrigiano, Cindy Rethmire에게 보낸 이메일, 2006년 5월 19일.
2) 1. Chris DeWitt, Cindy Rethmire에게 보낸 이메일, 2006년 5월 21일.
3) Penny Fulton, Cindy Rethmire 에게 보낸 이메일, 2006년 5월 20일
4) Mary Guleserian, Cindy Rethmire에게 보낸 이메일, 2006년 5월 21일
5) Andy Park, *The Worship Journey: A Quest of Heart, Mind, and Strength*(워십 여행: 마음과 생각과 능력을 추구함) (Woodinville, WA: Augustus Ink Books, 2010), 86

징들이 애나하임 빈야드 회중들의 독특한 워십 경험을 소중히 여기게 했다.

애나하임 빈야드의 담임 목사, 존 윔버는 19세기 후반의 영국 성공회 캔터베리 대주교인 윌리엄 템플(William Temple)의 말을 인용하기 좋아했다. "경배하는 것은 하나님의 거룩함으로 우리의 양심에 생기를 불러일으키고, 하나님의 진리로 우리의 생각을 먹이고, 하나님의 아름다움으로 우리의 상상을 정화하고, 하나님의 사랑에 우리의 마음을 열게 하고, 하나님의 목적에 우리의 의지를 온전히 드리는 것이다."[6] 윔버는 경배에 대한 이런 넓은 정의를 계속해서 강조했다. 그는 자주 말하곤 했다. "하나님을 향한 모든 순종의 행위는 경배다. 하나님을 위해 우리 자신을 넘어 다른 하나를 선택할 때마다 그것은 경배의 행위다. 우리가 예수님의 방법을 선호해서 우리 자신의 방법을 내려놓기로 하는 순간이 경배의 순간이다."[7] 애나하임 빈야드 회중에겐, 모든 삶 자체가 예배라는 견해는 – 그들이 함께 모여 공동 예배를 드리는 때에만 강조하는 것이 아니라, 그들이 개인적으로 사생활을 영위하는 때에도 똑같이 강조되었다.

2. 수년간에 걸쳐 교회 이름과 장소가 어떻게 바뀌었는가?

교회의 이름과 모이는 장소는 처음 수년간에 걸쳐 회중이 빠르게 성장하는 것을 경험함에 따라 여러 번 예배 장소를 옮김에 따라 변화되었다. 가정 모임으로 시작해서 회중은 다음과 같은 공공시설을 차례로 사용하게 되었다: 가정 모임에서 시작해서 200명의 새 사람이 오기에(1977/5 – 77/5), 요바린다에 있는 마소닉라지(Masonic Lodge)로 옮겼고, 또 250명의 새 사람들이 추가되어(1977/7 – 77/9), 요바린다에 있는 버나드 요바(Bernardo Yorba)중학교로 옮겼고, 또 300명의 새 신자들이 오므로(1977/9 – 78/9), 프레센티아에 있는 엘도라도(El Dorado)고등학교로 이사했고, 계속해서 400명의 새 신자들이 추가되므로(1978/9 – 79/6), 애나하임 소재 에스페란자(Esperanza)고등학교 체육관으로 이사했고, 계속해서 2,000명의 새 신자들이 생겨서(1979/6 – 83/9), 애나하임에 있는 캐논(Canyon)고등학교 체육관으로 이사했다.[8] 마침내 1983년 후반에 그 회중은 애나하임 대로변에 위치한 넓은 주차장을 가진 65,000스퀘어 피트의 큰 창고 건물을 구입해 개조한 후 이사했다.

비록 그 회중은 처음에 갈보리 채플 네트워크에 속한 교회로 시작했으나, 나중에는 애나하임 빈야드로 알려지게 되었다. 그러나 이 회중이 원래부터 빈야드 운동을 시작한 것이 아니었다. 해변가의 화가인 켄 걸릭슨(Kenn Guliksen)에 의해 1970년대에 시작되고 인도된 작은 교회 연합 모임이 이미 빈야드교회로 알려져 있었는데, 이는 존 윔버의 회중이 빈야드 운동에 가입하기 전이었다. 그러나 윔버의 회중이 그곳에 가입한 후, 윔버의 회중이 빈야드의 커다란 부분이 되었고, 그 결과 자연히 윔버 자신

---

6) John Wimber, "The Life – Changing Power of Worship"(삶을 변화시키는 워십의 능력) in *All about Worship: Insights and Perspective on Worship*(워십에 대한 모든 것에서: 워십에 대한 통찰과 견해) ed. Julie Bogart(Anaheim, CA: Vineyard Music Group, 1988), 7.
7) John Wimber, *"The Way In Is the Way On"*(예수님이 들어오셔서 계속 머무시며 역사하셨다), (Atlanta: Ampelon Publishing, 2006), 114.
8) Bill Jackson, 급진적 중도를 추구함: 빈야드의 역사(*The Quest for the Radical Middle: A History of the Vineyard*), (Cape Town: Vineyard International Publishing, 1999), 64.

이 빈야드를 이끄는 지도자가 되었다. 따라서 윔버와 그의 회중은 처음에 속했던 갈보리 채플 운동과의 관계를 해소하게 되었는데, 주된 원인은 성령의 은사, 능력 활용과 교회성장원에 대한 견해 차이로 문제가 생겼기 때문이었다. 1980년대를 통하여 두 운동은 많이 성장했다. 마침내 빈야드는 국제적인 조직으로 성장해서 행정 체제를 갖추고, 자체적으로 출판사 조직도 설립했다.

3. 애나하임 빈야드는 휄로우십의 형성에서 존 윔버가 무슨 역할을 했는가?

애나하임 빈야드의 역사와 성격의 많은 부분이 존 윔버와 그의 배경에 싸여 있다. 그의 신앙 여정을 이해하게 되면, 그 회중의 워십에 통찰력을 가질 수 있다. 이에 더하여 초기 멤버로 참여한 많은 사람은 그들이 전에 예배에서 경험했던 것에 대하여 비슷한 배경과 관심을 공유한다.[9] (* 윔버의 신앙 여정은 본사가 이미 출판한 "표적과 기사와 교회성장" 첫 부분에서 윔버 자신의 말로 직접 들을 수 있다(90분간의 토크). – 역자 주).

존 윔버가 애나하임 빈야드에서 목회하기 전부터, 성령은 그 회중의 지도자의 삶에서 역사하기 시작했다. 하나님께서는 존 윔버라는 한 사람을 예비하셨다. 존은 그가 믿지 않는 "이교도"의 가정에서 자랐다고 말하곤 했다. 그는 미조리주에서 성장했고, 그가 말하는 기능 장애의 가정에서 자랐다. 그는 실제로 그의 아버지를 전혀 알지 못했다. 그리고 어려서부터 알코올에 노출되었다. 그는 어려서부터 악기를 가지고 노는 것을 좋아했다. 드디어 그는 색스폰을 연주하기 시작했고, 다른 많은 악기도 연주할 수 있었는데, 10대에 이르러서는 많은 악기를 전문가 수준으로 연주할 수 있었다. 후에 그는 탁월한 음악적 소양을 갖추게 되어 인기있는 재즈 음악그룹인, 라이처스 브라더스(the Righteous Brothers)의 음악 디렉터로 활약했다.

존 윔버는 라스베이거스에서 음악 디렉터, 나아가서 음악 프로듀서와 연주가로서 길지 않은 기간이나 성공적으로 경력을 쌓아 명성있는 전문 음악인이었다. 20대 후반에 찾아온 가정의 위기로 인해 하나님을 찾게 되고 그리스도에 회심했다. 그 후 그는 음악에 대한 모든 야망을 내려놓았다. 영적 각성이 이렇게 그에게 찾아왔다. 1963년 그의 부인 캐롤(Carol)이 한 성경공부에 참석하기 시작했다. 존은 캐롤을 쫓아 그 성경공부에 참석하고 거기서 거너 페인(Gunner Payne)을 만났는데, 그는 퀘이커교도로서 가르치는 은사를 가진 전도자였다. 그 성경공부에 참석한 후, 오래 지나지 않아 존 윔버는 자신이 무릎꿇고 하나님께 그의 죄를 고백하고 그리스도를 영접하는 자신을 발견했다. 그때 그 자리에서

> 확실한 것은, 전문 음악인이었던 윔버의 음악 사랑이 목사로서의 그의 교회 리더십에 영향을 주었다. 그는 단순히 설교만 한 것이 아니라, 자기가 악기를 연주하며 워십을 리드했고, 회중 찬양을 리드했다. 결과적으로, 음악은 빈야드 워십의 중요한 부분이 되었다.

---

9) Don Williams, 할리우드 제일장로교회(미 장로교) 목사였으나 빈야드교회를 개척, 성장시킴 (Ph. D. 프린스턴대, 프린스턴신학대, 컬럼비아대). 그는 빈야드 교단에서 존경받는 학자로 윔버의 영향에 관하여 썼다: "그의 첫 마디에, 빈야드의 신학적 이야기는 또한 존 윔버의 이야기다. '윔버는 20세기 말 25년 동안 탁월한 지도자 중의 한 사람이다'".라고 말했다. 그의 견해는 다른 사람들이 윔버를 칭송하는 말과 그 맥을 같이 한다. 수정교회 담임목사이며 유명한 TV 설교가인 로봇 슐러(Robert Schuller)는 윔버를 가리켜 '지난 20년 동안 가장 큰 영향을 끼친 12명의 크리스천 리더 중의 한 사람'이라고 말했다. 전에 풀러신학교 교수였던 피터 와그너(Peter Wagner)는 '한 세대 전체를 형성한(molder, 형성자) 사람으로 기억될 극히 드문 사람 중의 한 사람'이라고 했다. 영국 성공회 감독인 데이빗 핏치스(David Pytches)는 '윔버는 감리교의 창시자 존 웨슬레 이래 영국 교회에 가장 위대한 영향을 끼쳤다'라고 말했다. 출처: Don Williams: "존 윔버와 빈야드에 대한 역사적 - 신학적 전망과 회고"(Historical Theological Perspective and Reflection on John Wimber and the Vineyard), (http://vineyardindonesia.org/index.php?option=com_content&view=article&id=45%3Aborneo&catid=1%3Alatest&showall=1.), 2008년 7월 4일, 2013년 1월 16일과 2016년 8월 24일에 접속.

공동체의 워십을 설명하기 : 앤디 팍과의 질의 응답

그는 결심하기를 "그리스도를 위해 바보로 살기로 했다." 회심 후, 웜버는 그의 전문적인 음악 직업을 또 내려놓고, 오직 전도 사역에만 힘써 매진했다. 페인도 그랬던 것처럼, 웜버의 사역에도 전도는 항상 최우선 순위였다. 웜버는 말했다. "내가 애나하임 도시 모든 동네를 돌아다니며 집집이 찾아다니는 축호 전도를 할 때 노크하지 않은 문이 거의 없었다." 웜버는 계속해서 개인 전도에 힘써 수천 명의 사람을 그리스도에게 인도했고, 여러 해 지난 후 전도는 애나하임 빈야드 선교의 매우 중요한 부분이 되었다(* 웜버의 전도로 새 신자가 많이 늘어나자 그가 속한 퀘이커교회는 성전을 크게 신축하기도 했다. 이런 소문이 남부 캘리포니아에 퍼지자 풀러신학교, 전도와 교회성장원의 디렉터로 청빙받게 된다 – 역자 주).

웜버가 1971년 남 캘리포니아주에 소재한 퀘이커교회의 스태프가 되면서 교회목회에서의 첫 경험이 시작되었다. 이 퀘이커교회가 웜버의 사상 형성에 미친 영향이 오늘날 종종 간과되지만, 웜버가 예배에 임하는 자세에 영향을 끼친 것으로 보인다. 내면의 신앙을 중요시하는 전통적인 프렌즈(Friends)교회의 전통은 그룹으로 모여 주님을 기다리는 것을 중요하게 여겼다. 하나님께 귀를 기울여 듣고, 주도적인 하나님께서 자발적으로 말씀하시는 것에 응답하는 것이 이들 모임의 핵심 주제였다('내면의 빛'을 추구하는 퀘이커교도들의 모습 – 역자 주). 이러한 접근이 존 웜버의 워십 경험을 형성했다. 웜버가 프렌즈교회에서 경험한 것과 같이, 초기 애나하임의 빈야드 워십의 많은 부분은 하나님으로부터 듣고 조용히 그분과 친밀하게 사귀는 것을 강조하는 – 차분하며 묵상적인 모습이었다. 이런 일상생활에서 삶을 변화시키는 하나님의 능력의 신학은 워십의 모든 영역에서도 영향을 끼치는 시도적 원리였다.

1976년에 이르러 존 웜버는 여러 해 동안 가정과 거리에서 힘든 사역에 전력하는 동안 몹시 탈진했다. 그와 그의 아내 캐롤은 프렌즈교회에서 맡은 직책을 사임하고 떠났으나…. 하나님의 터치를 몹시 갈망하는 상태가 되었다. 그때, 웜버 부부는 – 먼저는 캐롤이고, 그 사람 다음 존이 – 전에 퀘이커교회에 함께 다니던 캐롤의 동생 부부, 칼 터틀과 그의 누이 등이 모이는 가정 모임에 참석하기 시작했다. 모여서 그들은 자주 찬양을 드렸는. 예수님께 드리는(to God) 사랑의 노래를 한, 두 시간씩 부르곤 했다. 빈야드 워십의 특징 중 하나인, 예배 처음에 계속해서 여러 찬양을 계속 부르는 것이 그때 그곳에서 시작되었다(* 모일 때마다 처음부터 여러 곡의 찬양을 계속 부른 것은 1960년대 일어난 Jesus People Movement 때 젊은 신앙인들의 모임에서 시작되었다. 이것이 로니 프리스비가 이끄는 전도집회에 흘러 들어갔고, 마침내 빈야드교회도 이 흐름을 따랐다. 빈야드 찬양이 다른 흐름과 구별되는 것은 찬양을 to God(하나님께)으로 드리는 것, 찬양 중에 intimacy with God(하나님과의 친밀함), 찬양 중에 communing with God(하나님과 교통함) 그리고 찬양 중에 임재하시는 하나님(presence of God)(시 22:3)에 강조하는 점이다 – 역자 주). 이런 찬양의 중요성을 깨닫고, 그렇게 부르는 데 편안함을 느끼는 것이 처음에는 존 웜버에게 아주 쉬운 일은 아니었다. 그는 그가 처음에 이런 방식의 찬양에 접하게 된 것을 설명한다:

> 나는 그 모임에 조금 늦게 도착해서 뒤에 놓인 카우치(couch, 긴 안락의자)에 앉았다. 불빛이 조용하게 밝혀진 리빙 룸을 내가 둘러보았을 때, 뒤를 돌아보는 사람이 아무도 없었다. 사람들은 눈을 감은 채 편한 자세를 취하고 있었다. 몇 사람은 앉아있었고, 몇 사람은 무릎을 꿇고, 두 여인은 손을 위로 든 채 서 있었다. 가볍게 치는 기타 소리는 캘리포니아 요바린다 어느 한 가정에서 모인 작은 그룹의 사람들

회중의 리더인 칼 터틀은 – 회중의 워십과 웜버의 지도력을 형성하는 데 큰 영향을 끼친 퀘이커 교도의 가치를 언급한다: 워십의 단순함, 인티머시, 접근하기 쉬움, 과장과 과대 선전의 절대 배제, 복종, 인위적으로 조작하지 않는 진솔한 경외와 하나님을 만나려는 갈급함과 목마름. 출처: 칼 터틀이 레스터 룻에게 보낸 이메일 메시지, 2013년 2월 3일.

이 주님께 노래 부르면서(song to the Lord) 같은 세 코드를 반복해서 치고 있었다. 그들은 영원히 찬송하는 것처럼 보였다. *왜 여기 모였는가?* 라고 나는 생각했다. *우리가 성경공부를 하러 이곳에 온 것이 아닌가?* 그런데 나는 나의 볼이 뜨겁게 달아오르는 것을 느꼈다: 손바닥에는 촉촉이 땀이 나고, 나는 그들이 부르는 노래의 친밀한 가사(intimate languages)에 당황했다. "주님, 나 또한 당신에게 그런 가사로 노래하기를 원하십니까?" 나는 분명히 그렇지 않기를 바랐다! 그러나 몇 주 지나지 않아, 내 마음이 누그러지는 것을 느꼈다. 나는 그 찬양 안에 있는 가사의 능력에 의해 거부감이 풀리게 되었다. 음악이 연주될 때 눈물이 내 뺨에 흘러내렸다. 내 심령이 경험하고 있는 것을 나 자신도 이해할 수 없었다. 감미롭고 단순한 사랑의 노래를 주님께(to the Lord) 부르는 것은 내 심령의 부흥으로 들어가게 했다. 친밀한 찬양(intimate worship, 친밀한 경배)은 크리스천으로서의 내 삶을 변화시켰다. 사실, 내가 이 소그룹에서 경험한 것이 빈야드 운동의 기초가 되었다.[10]

이 가정 그룹에서, 윔버는 지도자로서의 그의 은사를 나타내기 시작했다. 그리고 그 그룹은 빠르게 성장했다. 프렌즈교회의 장로직을 사임하고 떠난 후, 새로운 교회가 1977년 5월 8일, 어머니날에 첫 공식 예배를 드림으로 출범했다. 이 새로운 회중은 처음엔 남 캘리포니아에 있는 갈보리 채플[11] 연합에 가입했다. 그 교회는 전에 전통적인 교회에 다니다가 그만둔 사람들, 1960년대 말에 생긴 히피들과 예수 사람들(Hippies and Jesus People)을 포함하여 새로운 사람들에게 전도하기 위해 대중음악 형식을 따른 찬양을 부르고 있었다. 윔버의 이 새로운 교회 회중은 처음에 요바린다 갈보리 채플로 알려졌다. 나중에는 윔버와 갈보리 채플이 1980년대에 결별하게 되었는데, 이유는 오늘날도 사람들이 성령을 통하여 하나님 나라의 능력을 경험할 수 있다는 것을 윔버가 강조한 까닭이다.

그의 부인 캐롤과 가까이 사역하면서, 같은 마음을 가진 캘리포니아 사람인 윔버는 하나님을 갈망하는 사람들이 성령의 능력으로 마음속 깊은 차원에서 그분을 만나는 것을 경험할 수 있는 예배방식을 찾아 탐구하기 시작했다. 하나님께서는 교인의 리빙 룸에 모여 예배 중에 찬양드리고 있을 때, 큰 능력으로 임재하심으로 이 탈진된 크리스천 그룹을 놀라게 하신다.

4. 이 회중의 초기 예배에 몇 가지 특징은 무엇인가?

교회를 설립한 목사요, 강력하고 조리 있는 리더인 윔버의 성품과 신학은, 갓 태어난 회중의 본질에 깊은 영향을 주었다. 애나하임 빈야드의 초기 역사는 여러 면에서 그와 얽혀있고, 그의 경험은 이 빈

---

10) Wimber, *예수님이 들어오셔서 계속 머무시며 역사하셨다(The Way In Is the Way On)*, 111-12
11) 빈야드 크리스천 휄로우쉽(Vineyard Christian Fellowship) in *The New International Dictionary of Pentecostal and Charismatic Movements*, ed. Stanley M. Burgess et al.(Grand Rapids: Zondervan, 2002), 1177. 더 자세한 역사를 위해서, see Jackson, *급진적 중도를 추구함(The Quest for the Radical Middle)*, 갈보리와 빈야드의 역사 비교를 위해 see Donald Miller, *미국의 개신교를 재창조하기: 새 천 년에서 기독교(Reinventing American Protestantism: Christianity in the New Millennium)*(Bekeley and Los Angeles: University of California Press, 1977). 밀러의 평가는 이들 새로운 운동에 언제나 공감하는 것이 아니다(그러면서 그는 오순절-카리스마틱 운동과 새로운 패러다임 교회 운동에 많은 감동을 받았다고 말하며, 이 두 운동에 관해 시리즈로 여러 책을 출간하고 있다. 그는 성공회 교인이다. - 역자 주)

야드 회중이 어떻게 경배드리냐에 큰 영향을 주었다. 예를 들면, 그가 교회를 전혀 모르고, 교회 밖에서 성장했기 때문에, 고정된 전통적 예배의식의 범위를 넘어갔던 그들의 예배에서 하나님을 경험하는 방법에 대해 마음 편히 생각했다. 그의 목표는 항상 회중이 하나님과의 인티머시(친밀한) 관계에 들어가고, 그분께 감동하는 것이었다. 이 인티머시(친밀함)는 느낌과 감정의 영역을 포함하고, 다양한 표현(혹은 표출, 나타냄)을 일으켰다. 그러나 감정 표현(emotions)은 결코 예배에서 중요한 것이 아니었다. 혹, 성령의 감동을 강하게 받은 나머지 감정 표현을 드러나게 하는 경우가 있어도, 다른 많은 사람은 조용히 하나님을 기다리며 감정을 거의 드러내지 않았다.

빈야드 방식의 경배에서 음악의 중요성이 부여되기 때문에, 하나님이 아닌 음악과 음악인들이 실제적인 예배의 중심이 되기 쉬웠다. 그러나 존 윔버는 일찍이 이렇게 될 위험을 사전에 알고 그것을 피하기 위하여 노력했다. 내가(앤디 팍) 다른 곳에서도 말한 것 같이.

> 경배를 위한 존 윔버의 마음 자세에 대해 뚜렷하게 내 마음에 기억되는 가장 큰 일 가운데 하나는, 그가 하나님의 영광을 지키려고 섬세하게 경배했다는 점이다. 음악 비즈니스 출신이었기 때문에, 존은 자신을 선전하는 모든 종류의 음악인들을 너무나 잘 알고 있었다. 그는 쇼맨십 대 워십(Showmanship versus worship, 연출 솜씨, 청중, 관객을 끄는 테크닉 대 경배)의 문제에 대단히 민감했다. 윔버에게 있어서 워십은 절대적으로 그리스도 중심(Christ-centered)이지, 결코 인간 중심(man-centered)이 아니었다. 주님보다도 음악에 초점(혹은 중점, 중요시)을 둘 때마다, 그것이 존을 상당히 불쾌하게 만들었다. 그는 경배드리는 중에 성령의 역사하심과 경배자가 하나님께 민감하게 되는 중요성을 매우 소중히 여겼다. 존은 항상 우리 음악인이 무슨 쇼를 공연하는 것이 아니라, 그보다 오히려 우리가 하나님을 만나려는 기대감을 갖고 경배드리도록 지도했다.[12]

예배자들은 하나님께서 삶과 전에 다니던 교회의 경험으로부터 굳어진 크리스천의 완고한 종교적 외형을 깨고 돌파하실 수 있다는 것을 발견했다. 처음부터 예배에 참석했던 사람 중의 한 사람인, 페니 펄톤(Penny Fulton, 윔버의 아내인 캐롤의 여동생 – 역자 주)이 말한 것처럼, 하나님께서는 간단하고 은혜 가득한 메시지를 종종 말씀하신다: "내게 오라, 네 짐을 내려놓으라. 너의 주님, 너의 기업(portion), 너의 보화를 찾아라. 내가 너를 사랑하게 하라."[13] 초기 애나하임 빈야드 워십에 대한 많은 기록은 하나님께서 경배 중에 그의 백성들에게 가까이 오셨을 때, 성령이 따뜻한 사랑으로 터치하시고(Wooing), 가까이 이끄시며, 죄를 깨닫게 하시는 역사가 일어난 것을 역설한다.

하나님께서 한 사람의 자아의 모든 것을 기쁘게 하고, 혹은 눈물을 흘리게 하거나 잠잠케 하도록 인도하신다 하더라도, 예배자의 모든 것(whole)에 관여하시기를 원했다(즉, 영혼, 몸 등 – 역자 주). 초기 빈야드 워십에서 또 하나의 중요한 특징은 한 사람의 몸과 영, 전부가 포함되는 것이었다. 존의 부인, 캐롤은 일찍이 말했다:

---

12) John Wimber, *The Way In Is the Way On*, 105.
13) Penny Fulton, Cindy Rethmire 에게 보낸 이메일, 2006년 5월 20일

워십에 우리의 생각과 지성만을 포함하는 것이 아니라, 우리의 몸도 포함한다. 성경은 노래하고 기뻐하고, 울고, 악기를 연주하고, 춤추고, 무릎 꿇고, 머리를 숙이고, 우리의 손을 높이 드는 등등 현기증 날 것 같은 다양한 찬양의 표현으로 가득하다. 이들이 모두 참된 경배의 모습이다.[14]

1960년대 후반 혹은 1970년대 초에 예수 사람들이 하나님을 경배하고 있다.
출처: Ronald M. Enroth et al., 지저스 피플(Grand Rapids: Eerdmans, 1972), 9. 허락받고 게재함.

윔버는 경배는 하나님과 우리 사이의 인식 교환만이 아니라, 경배는 또한 인간 생각의 범위를 훨씬 넘어가는 "초-이성적인 것"이라고 가르쳤다("trans-rational"이란 말은 윔버가 선호하는 말이었다). 하나님과의 친교(communion with God)는 인간의 영이 하나님의 영과 영적으로 친교 하는 것을 포함한다. 이것을 설명하기 위하여 존 윔버는 말했다. "경배는 그 캐치프레이즈(catch-phrase, 표어)를 가르쳐서 알게 하는 것보다 더 쉽게 이해하게 한다." 성령의 감동으로 이루어지는 다른 활동에도 적용했다. 예를 들면, 병든 자를 위한 기도다. 이것으로 그는 경배드리는 사람들 주위에 있는 다른 사람들에게 치유 사역에 참여하게 하므로 경배드리는 방법을 가르치는 것을 의미했다.[15]

하나님께서 직접 말씀하시는 것은 그 회중에게 으뜸가는 우선순위(high priority)였다. 예를 들면, 존 윔버는 직접 하나님께(to God) 찬양을 드리는 것을 강조했다. 단순히 하나님에 대해서(about God)가 아닌. 처음 애나하임 빈야드 그룹이 예배드리던 초기에, 경배자들이 특히 일인칭(I, 나)과 이인칭

---

14) John Wimber, *The Way In Is the Way On*, 119.
15) 이것에 대하여 더 알기 위하여, see Andy Park의 "당신을 더 알기 위하여: 워십 리더의 마음을 계발하기(To Know you More: Cultivating the Heart of the Worship Leader)", 211-214를 보라.

(You, 당신에게, 하나님께)으로 주님께 직접 찬양드리는 많은 찬송을 부르는 동안 하나님의 강한 임재가 임하는 것을 발견했다. 그들이 하나님을 언급하는 어떤 노래들을 부르는 동안(하나님을 3인칭으로 언급하는, 즉, 그분, 그를 등), 그들은 또한 그분에게 마음을 열기를 원하였다. 캐롤 윔버는 회상한다. "어쩌면 워십은 하나님께서 우리에게 행하라고 하신 첫 번째 일이었다. 그런 다음에 그분은 우리에게 어떻게 하라고 가르치셨다. 이것은 우리에게 혁명적(revolutional)이었다: 직접 예수님께(to Jesus) 찬양을 드리는 것. 우리는 사랑의 노래를 예수님께(to Jesus) 불렀다. 그리고 그때 임하는 이 인티머시가 우리를 사로잡는 것을 발견했다."16 캐롤 윔버는 그분에 대하여(about) 노래 부르면 우리가 다소 하나님과 멀리 떨어진 것처럼 느껴지나, 직접 그분에게(to) 드리는 찬양을 부르면 하나님은 더 가까이 우리와 함께 하시는 것을 알게 되었고, 그 차이를 비교하고 다음과 같이 말한다.

> 여러분은 전부터 전통적으로 불러오던 믿음에 대한 신학적인 찬송들을 계속해서 그대로 부를 수 있다. 이 찬송들은 훌륭하고(wonderful), 나는 그 찬송 하나하나에 감사한다. 그러나 여러분이 "당신은 나를 영원히 축복하십니다"(You Bless Me Lord Forever), 혹은 "나에겐 오직 주님뿐이예요"(Whom Have I But You?)를 부를 때, 그것은 여러분의 내적 존재에 힘있게 돌파해 들어와 여러분의 영이 말하기 원하는 것을 표현(말)하게 한다.17

이런 류의 친밀한(intimate) 워십은 애나하임 빈야드에서 인티머시를 기대하는 문화를 발전시켰다. 또한 이런 워십(경배) 중에 하나님의 임재와 활동의 깊은 경험은 사람들이 매주 모이는 것을 간절히 고대하게 만들었다. 하나님께 가까이하므로 영혼의 기쁨을 경험하고, 계속해서 그들 가운데 운행하시는 하나님을 보게 되므로 예배자들은 매주 예배에 참석하고 그 주일에 하나님이 행하시는 것을 보는 데 감격했다. 초기 참석자 중의 한 사람인 토드 헌터(Todd Hunter)는 그들의 기대를 다음과 같이 말하였다.

> 우리는 실제로 경배드리러 가는 것을 기다릴 수 없을 정도였다. 회중들과 함께하며, 경배드리고, 하나님께서 오늘 무슨 일을 하실까 등등을 알기 원했다. 우리는 기대감을 느꼈고, 또한 하나님은 언제나 예배드리는 자를 찾으시고, 예배드리는 자에게 찾아오시므로, 우리가 경배드릴 때 그분이 우리를 찾아오실 것이라는 성경적 소망을 가졌다. 나는 어떤 사람이 예배에 참석 후 체육관을 나가면서 워십 팀에 대해서 언급하면서 은혜로운 기타 연주, 멋진 키보드 연주 혹은 우리의 심령을 사로 잡는 보컬리스트들의 아름다운 찬양에 대해서 말하지 않는 사람을 전혀 기억할 수 없다. 이 모든 것은 경배 중에 하나님의 임재를 느끼며 아는 것이고, 그분께 응답하는 것이었다.18

하나님께서 우리를 찾아오셨을 때 그분은 종종 치유하셨다. 그런 믿음 때문에 치유를 받을 것이라는

---

16) John Wimber, *The Way In Is the Way On*", 108.
17) John Wimber, *The Way In Is the Way On*", 108.
18) Todd Hunter, Cindy Rethmire 에게 보낸 이메일, 2006년 5월 20일

기대가 예배의 통상적인 부분이었다. 그 결과로, 예배는 종종 원하는 사람들을 위해서 기도하는 시간을 갖게 되었다. 통상적으로 예배 마지막 부분에서다. 웜버는 그 회중의 기원에서 워십과 치유 사이의 관계를 말한다: "하나님께서 우리를 가르치신 첫 번째 일들 중의 하나는 워십(경배)의 중요성(value)이었다. 그 초기시절에, 워십은 우리에게 극히 중요했다(become vital). 그것이 우리가 하는 모든 일이었다. 우리는 우리 자신 몹시 약하고 병들어서 우리가 찬양을 드리는 것 이외에 드릴 것이 아무 것도 없었다. 우리가 하나님을 경배하면서, 우리는 약함과 병에서 회복하기 시작했다."[19]

5. 예배 초반에 부르는 찬양 세트(worship set, 혹은 set of songs)에서 특이한 점은 무엇인가?

워십은 그 교회 활동의 우선순위 넘버 원이었다. 교회는 – 웜버가 즐겨 사용하는 말로 말하면 – "친밀하고, 사랑하며, 칭송하는 언어로 – 하나님에 대한 성실한 사랑을 표현하는 것을 배우는 데 많은 시간을 할애했다. 웜버는 워십을 사랑하는 부부 사이에 친밀하게 서로 주고받는(two way) 대화에 비유했다. 저녁 식사를 하며, 부부는 저녁이 깊어지면서 깊고 여유있는 대화를 나눈다. 그들은 얼굴을 마주 보고 앉아 서로에게 말하고 듣는다. 함께하는 늦은 저녁 시간이 길어질수록 그들의 관계는 깊어진다. 그래서 주일 예배는 통상 30-40분 동안 계속 찬양을 부르며 경배하는 시간으로 시작한다. 마치 결혼한 부부가 외출해서 저녁 식사를 함께하며 어린아이들의 방해를 받지 않고 둘이 함께하는 시간을 갖는 것처럼, 교회도 하나님께 찬양을 통하여 경배와 감사를 드리기 위하여 광고 시간이나 가르치는 시간을 다른 시간에 배정한다.

애나하임 빈야드의 주일 예배는 통상적으로 초반부터 찬양을 계속 부르며 경배드리는 시간으로 시작한다. 1970년대와 1980년대에 처음에는 칼 터틀이 워십을 인도했는데, 그때는 어떤 찬양 세트도 없이 인도했다. 다만 그때그때 성령의 인도하심에 따라 찬양을 여러 곡 계속 불렀다. 담임목사인 존 웜버와 다른 뮤직 인도자들은 경배 중에(즉, 계속해서 찬양 세트를 따라 부를 때) 하나님께서 자주 역사하시는 것을 깨닫게 되었다. 그들은 또한 처음 찬양을 시작해서 마칠 때까지 30-40분 동안의 과정에서 하나님을 향한 마음의 태도와 응답이 어떻게 진행되는가를 면밀히 관찰하게 되었다. 이런 진행이 찬양을 시작하는 순서 같은 것이 되었다. 이런 흐름을 민감하게 발견한 웜버는 그 흐름(혹은 모델)을 설명하는 것이지(descriptive), 무엇을 규정하는 것(prescriptive)은 아니었다(* 계속해서 찬양을 드림으로 하나님을 향한 회중의 믿음의 태도와 응답에 변화가 있었다. 이 변화의 흐름을 언급하는 것이지, 이 변화의 흐름을 규정하거나 지시하는 것이 아니다. 이런 흐름, 혹은 패턴이 발견되어서, 이를 전하는 것이다. 또한, 그는 그러한 흐름 속에는 몇 단계의 영적 현상이 나타나는 것을 발견했다. – 역자 주). 그것은 찬양을 계획하고 인도하는 모든 것을 결정짓는 것도 아니다. 그러나 이 흐름, 또는 진행을 통하여 30-40분 동안 부르는 찬양 세트가 발전하게 되었다. 30-40분 동안 부르는 동안 여러 단계가 진행되는 것을 발견하고 그 단계에 따른 적절한 찬양곡들을 선택했다.

워십 중에 성령의 인도와 말씀하심에 적극적으로 귀를 기울이는 것과 관련해서 퀘이커교도들이 워십에 임하는 것에 관한 아래의 고전적 언급을 숙고하라: 하나님께 드리는 모든 참되고 이해하기 쉬운 워십은 내면에서 우러나며, 그분의 성령이 직접 역사하시고 이끄시는 가운데 이루어진다. 회중이 모였을 때 개인이나 모든 예배자가 해야 할 중요한 일은(인도하시고 말씀하시는) 하나님을 기다리며 그분께 듣는 일이 되어야 한다. 그리고 그들의 생각과 상상으로부터 하나님의 임재로 들어가 느끼고, 진실로 그분의 이름 안으로 함께 모이는 것을 아는 것이다. 그곳에 그분이 약속에 따라 그분의 백성들 가운데 임재하신다. 출처: 로버트 바클리(Robert Barclay), "신조(proposition) 11". 참된 크리스천 영성을 위한 변증, 주후 1678년(괄호 안은 역자 첨가).

---

19) Wimber, "Zip to 3,000 in Years". 22. (5년 내 0에서 3,000명으로), *Christian Life*, 44, no. 6(1982년 10월) : 21.

애나하임 빈야드 회중이 캐논고등학교 체육관에서 찬양하고 있다
출처: 1982년에 출시한, 온 땅이여 찬양할지어다: 빈야드 워십송(Mercy Records) 앨범의 뒷 커버. 허락받고 게재함.

여러 단계에 관계없이, 목표는 항상 하나님과의 친밀한 만남(intimacy)이었다(이것에 관해 윔버가 직접 가르친 것을 알기 위하여 '워십/경배의 단계'를 보라 p.146). 첫 단계는 예배의 부름(a call)이었다.

그 부름은 직접 사람들을 향한 것이거나 또는 하나님을 향하여 찬양드리자는 초청일 수 있었다. 두 번째 단계는 참여(engagement)였다. 이때의 찬양과 기도에 회중의 마음이 열려 "하나님과 그리고 다른 사람들과도 감동적이며 다이내믹하게 연결된다."[20] 이때 찬양드리는 회중의 심령에서 모든 종류의 기도가 드려질 수 있다(죄의 고백과 결심, 사랑, 칭송, 찬양, 기쁨과 환희 그리고 간구), 세 번째 단계는 주님에 대한 더 많은 사랑과 친밀한 언어로 기도드리는 관계로 진행된다. 하나님의 임재 안에 있다는 느낌이 고조에 이르고, 하나님과 더욱 가까이 있다는 느낌이 가장 강렬하게 느껴지는 단계가 이 세 번째 단계다. 이 단계에서 음악은 경배자들을 하나님이 베푸신 은혜의 행위, 성품과 그분의 속성에 짙은 사랑을 나타낼 수 있도록(expression) 도와줄 수 있다. 같은 방법으로, 경배자들은 성령의 인도하심에 따라 서로에게 기도 사역을 할 수 있다. 기도와 치유 사역이 단순히 목회자나 스태프의 일만이 아니었다. 성령의 인도하심에 따라 모든 경배자가 할 수 있는 일이었다.

이런 흐름의 네 번째 단계는 예배를 통하여 경배자들이 표현하는 것인데, 여기에는 춤, 혹은 **예언** 같은 신령한 은사가 포함된다(예언은 다른 사람에게 안위하고, 격려하며, 권면하는 말을 전하도록 한 개

워십(혹은 찬양) 중에 모든 사람에게 역사하시는 성령을 기대하는 것은 이 회중이 퀘이커교도의 뿌리와 연관된 또 하나의 중요한 사항이다. 여러분의 교회에서 워십 중에 누가 역사(work)하기를 기대하는가? 목회자? 음악인? 모든 사람? 또는 성령이신가?

---

20) Wimber, "워십: 하나님과의 인터머시"(Worship: Intimacy with God), 워십에 관한 견해(in *Thoughts on Worship*)에서 (Anaheim, CA: Vineyard Music Group, 1996), 4.

인에게 주시는 메시지다), 성령의 인도하심에 따라 하는 것이 중요하다. 왜냐하면, 예배자들이 무엇인가를 전하기 위해서 그들 자신을 감동시키는 것은 부적절하다고 생각되기 때문이다. 윔버가 말한 것처럼: "이것(육체적 그리고 감정의 표현)은 교회가 성령의 열기로 고조에 달했을 때는 하나님에 대한 적절한 응답이 될 수 있다. 그러나 주안에서 참되게 기뻐하고 환희를 느끼는 것이 아니고, 자기의 충동에 의해 춤을 추거나 춤에 초점을 맞추면 – 그것은 가장 적절하지 못하다……. 함께 드리는 우리의 경배 시간의 한 부분으로 잠잠함을 개발시킬 때, 우리는 그 잠잠함 중에 일어날 수 있는 하나님과의 더 깊은 친밀함으로 더 풍성해진다."[21] 종종 하나님께서 찾아오시는 시간이 잇따른다(visitation). 그러므로 경배자들은 기다려야 하고, 그때 하나님께서 어떻게 역사하시는가를 보기 위해 세심한 관심을 집중시켜야 한다.[22] 춤과 그 밖의 다른 표현은 예배자들의 관심의 대상이 아니고, 주님을 향한 것이어야 한다. 네 번째 단계에서 회중은 성령을 통하여 하나님께서 말씀하시고, 운행하시거나 역사하시는 것을 기다리며, 또한 보게 된다. 그들의 편견과 걱정으로 멀리하는 사람들을 이끄시면서…. 이때 뮤직 세트(set, 찬양곡들)는 지금도 여전히 그분의 백성들 가운데 역사하기를 간절히 바라시는 하나님 앞으로 그들을 인도해 기대감을 갖고 참여하게 하는 것이다. 워십의 다섯 번째 단계는, 예배를 마친 후에 오는 단계로, 하나님의 은혜로우심을 세상에 비취는 것이다. 이는 일상생활을 통하여 하나님과 다른 사람들에게 온 마음을 다해 드리는데 나타난다. 이 "본 물질을 드림"(giving of substance)은 하나님 앞에 경배의 삶을 사는 삶의 진수가 되어야 한다. 이 의식(sense)은 경배자가 다른 사람들에게 주라는 소명을 느낄 때, 자기중심적이고 자기 이익 추구의 삶을 떠나 경배의 삶을 살도록 돕는다. 하나님과 다른 사람들에게 주기를 구하는 것은 교회에서 경배드리는 시간에서뿐만 아니라, 또한 삶의 모든 영역에서 경배드리는 삶의 방법이다.[23] 윔버 자신이 1982년에 언급한 것처럼, 그 회중의 역사 초기에 이 차원을 강조했다. "최근에 하나님께서 우리가 새로운 단계로 더 발전하게 하셨다: 우리는 진심으로 가난한 사람들을 돌보기 시작했다."[24] (이후로 오늘까지 애나하임 빈야드교회는 매주 수요일 구제의 날로 정하고, 가난한 사람들에게 음식을 풍성히 나눠준다. 이 사역에는 캐롤 윔버도 매주 동참한다. 40년 넘게! – 역자 주).

또한, 경배자들은 성경공부를 하고 서로 기도하며, 그들이 신령한 은사를 행하고 개발시키기 위해 주중에 여러 가정에서 소그룹으로 모였다. 주일 예배를 넘어, 예배자들은 "킨십 그룹"(kinship groups)으로 여러 가정에서 모였다. 여기는 사람들이 주의 기름 부으심을 느끼면서 성령 안에서 행하는 것을 배울 수 있는 편안한 장소였다.

6. 신령한 은사와 치유의 역할은 무엇인가?

---

21) John Wimber, *"The Way In Is the Way On"*, 122-123. see also Wimber, "Worship: Intimacy with God", 5.
22) 이 민감한 것에 퀘이커 정신이 관련된 것을 더 알기 위하여 캐롤 윔버와 밥과 페니 펄튼의 *"빈야드 뿌리를 말한다"(Vineyard Roots Explained)*, (DVD, Yorba Linda, CA: Yorba Linda Vineyard Resource Center, 2012)를 듣기 바란다.
23) Wimber, "워십: 하나님과의 인터머시"(Worship: Intimacy with God), 4-7. see also Wimber, *"The Way In Is the Way On"*, 121-124.
24) Wimber, "Zip to 3,000 in 5 Years", 22.

1970년대 후반에 이 새로운 회중(교회)이 확립되고 있을 때, 윔버는 성령의 은사들이 여전히 교회 안에서 역사하고 있었으나, 처음에는 그런 현상에 마음이 내키지 않았다. 그러다가 다시 생각하기 시작했다. 특별히 윔버는 경배 중에 성령의 임재로 일어나는 치유와 다른 드라마틱한 성령의 역사의 순간을 볼 가능성을 찾기 시작했다. 윔버는 캘리포니아 파사데나 소재 풀러신학교에서 교회성장원 상담원으로 사역하고 있을 때, 그가 만난 제3국에서 온 선교사들이 말하는 바 – 기적이 수반된 교회 성장에 대한 이야기를 듣고 마음에 확신을 갖게 되었다.

여러 가지 요인이 오늘날도 기적이 일어난다는 확증을 강화시켰다. 그 한 가지 예로, 풀러신학교 교수인 피터 와그너(Peter Wagner)도 역시 그의 세계관이 변하는 똑같은 과정을 겪었다. 와그너와 윔버는 그들의 반-초자연적 자세가 성경연구에 근거를 두기보다는 현대주의자의 세계관에 더 근거를 두었다는 것을 깨닫기 시작했다. 윔버는 풀러신학교 교수인 조지 래드(George Ladd, 그는 오순절교단 출신으로 하버드대학에서 학위를 했다 – 역자 주)의 하나님나라 신학을 읽기 시작했다. 그 신학은 그에게 교회에서 계속되는 성령의 사역에 주석적 기반을 마련해 주었다.[25] 이에 대하여 존과 캐롤은 처음에 속했던 갈보리 채플 연합운동에 참석하면서, 거기서 척 스미스 목사가 가르치는 성령의 사역에 대한 강의를 듣고, 할 때 그 내용이 실제적이며 시기적절했다는 생각을 했다.

애나하임 빈야드 회중은 신령한 은사에 관해 공부하기 시작했다. 그리고 윔버는 누가복음에 나타난 치유의 기사를 중심으로 치유를 주제로 매주 가르치며 사역하기 시작했다(윔버가 1970년대 후반에 성령의 은사에 대해서 알게 된 것을 보기 위해 p. 97을 읽으라). 치유에 대해서 9개월 동안 매주 설교로 가르치며 치유 사역을 했으나 한 사람도 치유되는 것을 보지 못했다. 그래서 그들은 치유에 대해서 가르치는 것과 사역하는 것을 그만둘 준비를 했다. 그때 하나님께서 최후통첩 같은 말씀을 하셨다. "치유에 대해서 가르치든지, 그렇지 않으면 목회를 떠나라." 윔버는 계속 머물며 가르칠 것을 택했다. 10개월째가 되기 전에 그들은 한 사람이 치유되는 것을 보았다. 그때 이후로 치유가 드문드문 일어나더니, 그다음에는 많은 사람이 치유되기 시작했다.[26] 그 결과로 빈야드 워십에 지속하는 것은 예배 중에 치유를 위한 기도 사역 시간을 할애해서 섬기고 있다.

> 이 모든 일이 일어나고 있는 동안, 어느 사람도 그들의 교회가 극적으로 "은사주의적인"(Charismatic) 교회가 되었다고 말할 수 없었다. "많은 사람에게서 방언이 폭발적으로 터져나오거나 성령의 다른 은사들이 넘치도록 나타나지 않았기 때문이다. – 그러나 그것은 1980년 5월까지만의 일이었다. 5월 어느 주일, 예배를 마치고 성전을 나오면서 윔버는 1960년대 후반과 1970년대 초반에 캘리포니아에서 발생했던 Jesus People Movement 초기에 회심한 후 능력있게 복음을 전하는 로니 프리스비(Lonnie

---

25) Jackson, *급진적 중도를 추구함(The Quest for the Radical Middle)*, 54,112. 때로 윔버에 대한 보수적 복음주의 비평과 그들에 대한 반응을 검토하기 위하여, see Joseph T. Zichterman, "The Distinctives of John Wimber's Theology and Practice within the American Pentecostal - Charismatic Movement(미국의 오순절 - 카리스마틱 운동 안에서 존 윔버의 신학과 실행의 특성)"(Ph. D. 학위 논문, Trinity Evangelical Divinity School, 2011), 223-57.

26) Bill Jackson, "A Short History of the Association of Vineyard Churches" in *Church, Identity, and Change: Theology and Denominational Structures in Unsettled Times*(빈야드 교회연합회의 간략한 역사, 교회, 정체성과 변화에서: 불안정한 시대에서 신학과 교단의 구조에서). ed. David A. Roozen and James R. Nieman(Grand Rapids: Eerdmans, 2005), 134.

Frisbee)에게 그날 저녁 예배 때 와서 간증을 하라고 부탁했다.[27] 로니는 간증을 다 마친 후, 25세 이하의 젊은이들은 모두 앞으로 나오라고 초청했다. 그리고 그는 기도했다. "성령이여, 오소서!"(Come, Holy Spirit!). 그 기도가 끝나자마자 성령이 능력으로 임하셨다. 그때 발생했던 일이 오늘도 빈야드 전승(Folklore)에 전설이 되었다. 그 젊은이들이 모두 성령으로 충만해서 바닥에 넘어지면서 방언하기 시작했고 진동했다. 그 광경을 목도한 증인들은 그것은 마치 전투장처럼 보였다고 말했다. 그 젊은이들은 대부분 중학생과 고등학생이었는데, 그들은 하나님을 향해 불타고 있었으며, 그들의 친구들이 치유되는 것을 보기 시작하면서 도시 모든 곳에서 그들의 친구들을 그리스도에게 데리고 왔다… . 며칠이 지나지 않아, 윔버의 교회는 급격한 성장을 이루게 되었다. 그리고 윔버가 후에 "능력 전도"(power evangelism)라고 부르게 되는 전도방법을 출범시켰다. 능력 전도, 즉 치유와 기적에 의해 촉진된 회심이다.[28]

"능력 전도"는 1980년대를 통해서 하나의 중요한 전도 방법으로 성령의 능력을 강조했다. 그래서 회고해 보면, 1980년 5월은 회중이 좀 더 공공연하게 드라마틱한 은사가 나타나는 쪽으로 발전한 모습을 나타냈다(* 능력 전도는 윔버가 풀러신학교에서 한 학기에 걸쳐 강의한 "표적과 기사와 교회성장"에서 이론적인 부분만 간략히 요약해서 출판한 책이다 – 역자 주).

7. 어떤 잠재적인 위험이 나타났는가?

회중의 예배드리는 방법이 발전함에 따라, 몇 가지 잠재적인 위험이 나타났다. 하나의 위험은 경배를 통하여 감정적인 반응에 초점을 두는 것이 아니라 그리스도의 중심성(the centrality of Christ)에 계속 초점을 맞추도록 하는 것이었다. 하나님께서 능력으로 운행하시고, 경배 중에 그분이 새롭게 하시는 임재를 가져오기 때문에, 사람들에게 워십은 어떤 체험을 추구하는 것에 대한 것이 아니라, 오직 그리스도를 추구하는 것에 대한 것이라고 계속해서 상시시켜야 할 필요가 있었다: "워십은 인간, 기질, 개인적 한계 그리고 배경에 대한 것이 아니라 – 워십은 하나님에 대한 것이다."[29] 윔버의 말로 표현하면, 하나님께서는 예배 중에 어느 개인에게 깊은 영적 체험 혹은 감정적 체험을 주실 수도 있고, 안 주실 수도 있다. 그래서 그는 사람들이 예배(a worship)를 평가하는 방법을 늘 교정해 주었다. 사람들이 "워십이 정말 훌륭했어요"(great), 혹은 "오늘 밤 워십은 아주 OK야"(참 좋았어)라고 말하는 것을 들었을 때, 그는 다른 견해를 말했다: 워십의 전체적 관점은 하나님을 송축하는 것(to bless God)이다. 그러므로 한 개인이 어떻게 느끼는가는 중요하지 않다. 그러나 만일 누가 하나님에게 자기의 마음

---

27) 로니 프리스비(Lonnie Frisbee)는 1960년대 후반부터 미국 캘리포니아에서 발생한 The Jesus people Movement로부터 나온 매우 중요한 인물 중의 한 사람이었다. 그가 윔버의 교회에 가담하기 전에 그는 캘리포니아, 코스타 메사에 있는 갈보리 채플에서 히피들을 향한 전도 활동에서 극적으로 크게 쓰임 받는 도구가 되었다. 그는 그 교회의 스태프로 섬겼고, 교회와 히피들 혹은 그들의 새로운 문화 집단에 가교 구실을 했다. David Di Sabatino가 제작한 프리스비: 한 히피 전도자의 삶과 죽음(Frisbee: The Life and Death of a Hippie Preacher, DVD), (Garden Grove, CA: Jester Media, 2006)을 보라.
28) Bill Jackson, "A Short History of the Association of Vineyard Churches", 134-35.
29) Wimber, "The Life – Changing Power"(삶을 변화시키는 능력), 6.

을 드리면, 그것은 "훌륭한 경배"(good worship)로 생각되어야 한다.³⁰

또 하나의 잠재적 위험은 어떤 사람들은 워십 팀이 수동적 구경꾼들에게 눈부신 공연을 펼쳐줄 것을 기대했다. 윔버는 이 개념에 반대해서 열심히 가르쳤다. 윔버 자신의 음악적 배경으로부터 이런 경향이 있을 수 있다는 것을 분명히 인식했다. 존 윔버는 음악을 연주하는, 인간의 능력을 이용하고, 청중의 반응을 조성하기 위해 감정을 조정하는 것에 매우 민감하게 반응했다. 그러나 그는 인간의 노력과 경배 중에 하나님의 영이 주권적으로 돌파해 들어와 역사하시는 것 사이의 차이를 분명히 인식했다. 오직 성령의 임재, 역사만이 변화시킬 수 있고, 새롭게 할 수 있고, 경배자의 존재 깊은 곳까지 하나님을 계시할 수 있다. 워십 팀은 모든 회중이 하나님을 경배하는데 전념하도록 도와주어야 했다. 이와 같은 워십은 강력한 규제나 조정에 의해 인도되는 것이 아니라, 오직 모범과 초청에 의해서 인도되는 것이다. 리더들이 하나님께 더 가까이 갈 때, 사람들은 따라온다. 윔버는 사랑하는 남편과 아내 사이의 인티머시(친밀함)를 예로 들었다. "여러분은 인티머시를 강요할 수 없다."라고 그는 자주 말했다.³¹

워십 리더들의 성품이 극히 중요했다. 윔버는 그들이 제자도와 가족생활의 질에 대해 관심을 가졌다. 그는 자기 음악인의 이름과 가족 상태에도 관심을 가졌다. 그들과의 관계는 실제적이고, 형식적이 아니었다. "당신이 결혼한 그 사람과 잘살고 있는가?"는 그가 반복적으로 하는 질문인데, 이것은 그들의 가족생활이 바로 되어 있는가를 확인하기 위함이었다. 성품 함양(character building)은 컨퍼런스에서와 애나하임에 있는 자신의 회중에게 실시하는 존의 메시지에 자주 등장하는 주제였다. 그는 건축 공사장에 가서 땅속 몇 층 아래까지 깊이 판 구덩이들을 본 이야기를 자주 언급했다. 그가 왜 땅속 깊이 큰 구덩이를 파야 했냐고 공사장 인부에게 물었을 때, 그 인부는 대답했다. "기초가 땅속 깊이 튼튼히 박히지 않으면 당신은 고층빌딩을 건축할 수 없다." 크리스천이 되는 것은 단순히 어떤 비즈니스를 하는 것도 아니고, 무슨 쇼를 공연하는 것도 아니다. 그보다 크리스천이 되는 것은 삶 자체다 – 단 윌리암스가 명확하게 말한 것처럼:

> [윔버]는 예수님을 향한 그의 사랑에 대해서 공개적으로, 따듯하게, 정열적으로 말했다. 그리고 이것을 인티메이트 워십(intimate worship)으로 표현했다. 그는 성서 안에서 살았다. 그래서 성서와 같이(like)살 수 있었다. 그는 그의 삶에서 성령의 임재와 능력과 은사들이 역사하는 것을 경험했다. 그는 은사를 하나님의 일(job)을 하는데 필요한 대로 성령이 주시는 사역을 위한 도구라고 불렀다. 그는 반복적으로 하나님과의 친밀함(intimacy with God)을 언급했는데, 그 친밀함 속에서 그는 그분의 음성을 듣고, 환상,

분명히, 찬양 중에(찬양을 통하여) 하나님께 기도하는 것은 이 회중에게 중요하다. 예를 들면, (칼 터틀과 신디 레트마이어에 의해 녹음된) 1981년 카셋 테이프에는 한 가정 모임에서 부른 찬양의 4분의 3 이상이 기도 찬양이었다. 여러분은 본서의 어디에서 이런 강조의 증거를 발견하는가? (* 1960-70년대 한국교회 부흥목사님들이 '찬양은 곡조있는 기도'라며 기도하는 마음으로 찬양 부르라고 권고하던 말이 회상된다. – 역자 주).

---

30) 사라 코에닉(Sarah Koenig)이 말한 것으로, "찬양과 경배 시간의 목적은 순전히 경배드리기 위한 것이다. 그것은 카리스마틱 복음주의 의미에서, 친밀한 방법으로 하나님과 연결하는 것을 의미한다." 코에닉은 이 방법으로 경배드리는 사람들을 때로 예배 중에 경배/찬양이 성례(sacrament)가 될 것이라는 부푼 기대를 한다고 말한다. Sarah Koenig: "이것이 나의 일용할 양식이다 : 복음주의적 찬양과 경배의 성례 신학을 향하여"(This is My Daily Dread: Toward a Sacramental Theology of Evangelical Praise and Worship), *Worship* 82, no. 2(2008년 3월) : 144.

31) 윔버의 목회적 관심에는 상당한 지적 감각이 있었다. 그리고 그의 이런 관심은 음악의 정서적 능력에 관한 최근의 학술 연구 때문에 입증되고 지지를 받는다. 대니엘 J. 레비틴(Daniel J. Levitin)이 쓴, *이것이 음악 중에 있는 당신의 뇌다: 인간의 뇌가 열중할 때의 과학*(This is Your Brain on Music: The Science of a Human Obsession, New York: Plume, 2006, 191)에서 다음과 같이 말한 것을 숙고하라: "음악은 언어의 특징을 다소 모방하는 것으로 나타나고, 음성 전달을 하는 것과 같은 감정을 전달한다. 그러나 음악은 언어처럼 지시하거나 구체적으로 언급하지 않는 방법으로 전달한다. 또한, 음악은 언어가 하는 것과 같은 숭립적 영역을 다소 터치한다. 그러나 음악은 언어보다도 동기 부여, 보상과 감정에 깊이 관련된 개발되지 않은 뇌 구조 속으로 훨씬 더 깊이 들어가 작용한다."

꿈, 이상, 예언의 말씀과 성서 구절을 통해 계시를 받았다.

윔버는 하나님과 늘 대화 혹은 문답하는 관계를 가졌다. 그는 가끔 눈을 뜨고 기도했다(그럴 때는 성령이 임재해서 역사하시는 것을 보기 위함이다 – 역자 주). 그 자신의 소명과 그의 연속된 사역을 추적해볼 때, 그는 엄청난 영적 권세를 향유했다(enjoyed). (특별히 치유 사역과 축귀 사역에서 질병을 꾸짖고 귀신을 내쫓을 때 – 역자 주). 윔버는 자신을 "하늘에 들어가려고 애쓰는 뚱보"라고 말했다. 이것은 그가 많은 시간을 살았던 초자연적인 세계의 실체(reality)를 표현하는 그의 방법이었다. 특별히 개인적으로 조용한 시간을 가질 때, 혹은 안수 사역을 할 때다. 그의 생애는 이 세상을 넘어 저 세상을 가리켰다.[32]

어떤 사람들은 윔버가 "초자연적"이라는 말을 자주 사용한다고 비난한다. 이유는 그 말이 하나님은 "자연적인 것"을 통해 역사하지 않는다는 잘못된 생각을 줄 수 있기 때문이라고 한다.

8. 하나님 나라는 무엇을 의미하는가?

애나하임 빈야드 워십을 이해하려고 할 때, 그 교회의 워십 송과 예배를 부상케 한 워십의 신학적 토대와 라이프 스타일에 대한 전반적 컨텍스트(상황)를 알지 못하면 불가능하다. 이해의 열쇠(key)가 되는 기초에 관련해서, 우리 가운데 돌파해 들어오는 하나님의 통치(rule)와 현재의 삶을 다스리는 것으로서의 하나님 나라의 신학은 초기 빈야드에서 매주 경험하는 워십에 커다란 영향을 주었다. 이 견해는 워십 뮤직을 통하여 하나님의 임재를 환영(혹은 기뻐)하는 것뿐만 아니라, 하나님의 임재와 능력은 서로 연관되어 나타나는 실체였다. 빈야드에서 그룹들이 치유 컨퍼런스를 개최하며 전 세계에 나가 사역할 때, 그들은 항상 워십 팀(음악인들)을 대동했다. 워십 뮤직에 의해 환영받고 그들 가운데 들어오신 하나님의 임재는 치유, 죄의 회개 그리고 예언, 방언, **방언 통역** 등 성령의 모든 은사를 위해 임하시는 하나님의 임재와 손을 맞잡고 함께 역사하신다.

방언 통역은 성령이 주시는 초자연적인 은사 가운데 하나다. 그 은사에 의해서 방언으로 전달된 메시지를 회중이 듣고 이해하기 위해서 그곳에 있는 다른 예배자가 방언으로 말한 것을 통역한다.

윔버는 경배드리는 동안 그 시간에 성령이 어떻게 운행하시며 역사하시는가를 주의깊게 살핀다. 그는 때로 전체 찬양드리는 시간에 키보드를 치면서 회중의 상태를 살핀다. 그런 후, 회중 가운데 경배자들에 대하여 하나님께서 그에게 보여주신 것을 말하곤 하였다. 그는 통상적으로 받은 말씀을 그들에게 직접 말하기 위해서 어떤 사람들을 지목하지 않았다: 대신에 그는 그의 심령의 눈(his mind's eye)으로 본 것을 말하곤 했다. 그는 이런 종류의 계시를 **"지식의 말씀"**(word of knowlodge)이라고 불렀다. 경배자들은 그들이 경배드릴 때, 하나님의 임재가 오고, 은사들이 방출되는 것을 알았다. 그들은 은사가 방출되기 위하여 경배드리지 않았다. 그럼에도 오히려 은사들은 그분을 경배하며 하나님 앞에 있는 동안에 흘러넘쳤다.

성령이 눈에 보이게 나타나는 방법으로 성령의 역사를 체험한 사람들은 때때로 따로 떨어진 방으로 옮겨 기도 사역을 받는다. 윔버가 말한 것처럼: "때로 그렇게 성령의 역동적인 역사를 체험하고 있는 사람들은 집회 장소에서 조용히 기도실로 안내된다. 왜냐하면, 그들은 온 몸이 진동하거나 소리내어 울거나 하는 역동적인 성령의 능력의 나타남을 체험하고 있기 때문이다". [* 그런 외부적으로 나타남을 체험한 사람들을 조용한 기도실로 옮겨 그곳에서 사역하는데, 이유는 그 당사자의 인격을 보호하기 위함이다. - 역자 주). 출처: 존 윔버, "5년 동안 0에서 3,000명으로", Christian Life지 44, no. 6 (1998년 10월호): 23.

예배(a worship service)드리는 동안 임재하여 역사하시는 성령에 대하여 말하면서, 존 윔버는 성령께서 영속적으로 사람의 심령 안에 내주(indwelling)하시는 것과 "성령으로 충만됨, 혹은 성령의 오심"의 차이를 지적했다. 이런 차이의 우선적 출처는 사도행전이었다. 거기서 사람들은 메시지를 전하

---

32) Don Willams, "빈야드 크리스천 휄로우쉽에 관한 신학적 전망과 회고", *교회 정체성과 변화*에서: *불안정한 시대에서 신학과 교단의 구조(Theological Perspective and Reflection on the Vineyard Christian Fellowship)* in *Church, Identity, and Change: Theology and Denominational Structures in Unsettled Times*, ed. David A. Roozen and Jamed R. Nieman(Grand Rapids: Eerdmans, 2005), 178.

는 사람, 혹은 듣는 사람들의 여러 번에 걸쳐서 성령 충만, 혹은 "위에 임하심"(coming upon)을 본다 (예를 들면, 행 7:55, 8:15-17, 9:17, 10:44-46, 11:15와 13:9를 보라). 모든 믿는 자가 성령으로 충만해 있는 한편, 성령이 "위에 임하심"은 한 믿는 자의 삶 동안에 자주 반복되는 경험이 될 수 있다. 애나하임 빈야드 초기 몇 년 동안 수천 명의 사람이 경배 중에 성령으로 충만되는 것을 경험했다. 때로 성령께서 그렇게 눈에 보이게 찾아오시는 효과(visible effects)가 있었다. 그러나 더 자주 일어난 유명한 가장 분명한 표시는 하나님과 연결된 것을 깊이 의식하는 것이고, 그분의 평안과 사랑을 경험하는 것이었다. 신디 레트마이어(Cindy Rethmeier)는 경배 중에 성령이 운행하신 한 예를 회상한다:

> 나는 특히 체육관에서 예배드릴 때를 기억한다. 예배가 막 끝났는데, 맨 뒷줄 의자에 앉아있던 한 사람이, 앉아있던(sitting) 자리에서 별안간에 그의 몸이 공중으로 붕 떠서 뒤쪽으로 휙 날아가 바닥에 떨어졌다! 존이 조용히 그를 바라보더니 그것은 성령이 그에게 역사하시는 것이라며, 걱정하지 말라고 우리에게 말했다. 나는 놀랐다. 왜냐하면, 그때 아무도 그를 위해 기도하지 않았기 때문이었다! 그것은 순전히 우리가 경배드릴 때 그 사람 위에 하나님의 임재가 역사한 결과로 일어났다. 사람들 가운데 능력이 나타남은 종종 볼 수 있는 일이었다. 그러나 그것은 늘 그렇게 나타나는 것이 아니고 하나의 급진적인 예일 뿐이다!

존 윔버는 워십 안에서 하나님 나라의 경험이 예배자들이 다른 사람들과 세상과의 관계에 영향을 주어야 한다고 강조했다. 윔버는 경배드리며 하나님 앞에서 기다리는 교회로서 하나님의 마음이 가난한 사람들과 잃은 자들을 위하여 교회에 풍성히 전달되어야 한다고 믿었다. 실제로 윔버는 단 윌리암스(Don Williams)가 말한 것처럼, 이것을 애나하임 빈야드에 모델이 되게 했다.

> 동정심(compassion)은 윔버가 예수의 치유 사역에 정성을 다해 헌신하게 만들었다. 그는 개인적으로 수천 명의 병든 자들과 귀신들린 자들을 위해 기도했다. 또한, 그는 캘리포니아주 남부에서 가장 큰 구제 사역 중의 하나를 운영하며 앞장섰다. 그는 하나님나라의 사역은 가난한 사람들과 억눌린 사람들에게 향해야 한다고 주장했다. 그는 예수님이 사랑하셨던 교회를 사랑하기 원했고, 그것을 새롭게 하려고 그 자신을 온전히 드렸다. 단순한 의미에서 윔버는 그의 마음으로부터 그의 삶의 모든 영역에서 예수님을 닮기 원했다.[33]

9. 예배에 영향을 미친 핵심 가치는 무엇인가?

이처럼 우리에게 돌파해 들어오는 하나님 나라를 넓게 가르치는 가운데, 다섯 가지 핵심 가르침들이 초기 빈야드에서 실시된 예배방식에 직접적인 영향을 주었다. 이 가치들이 갓 태어나는 빈야드 회중

---

33) Don Williams, "존 윔버와 빈야드에 대한 역사적 - 신학적 전망과 회고"(Historical Theological Perspective and Reflection on John Wimber and the Vineyard).

을 견인했고, 후에는 빈야드 운동까지 이끌고 갔다. 이 가르침을 통해서 윔버는 이 핵심 가치들을 빈야드 휄로우쉽에 스며들게 해서 그 가치들이 그 회중의 "생태적 관례"(generic code)가 되게 했다.[34]

첫째 가치는 말씀이 주도하는(Word-driven) 교회였다. 성서는 절대적인 권위요, 표준이요, 모든 삶을 검증한다. 모든 초자연적인 일, 예언의 말 그리고 사역 활동은 성경에 의해서 평가된다. 어느 성도가 성령의 나타남에 실망하고 두려워서 물었다. "어디까지 이것이 계속될까요?" 윔버는 성경책을 들고 대답했다. "이것(성경)을 넘어선 가지 않을 것입니다." 후에 그는 농담으로 말하기를 – 그의 대답은 그 사람이 생각했던 것만큼 안전한 것이 아니었다. 윔버는 역사적 주석과 복음주의적 신앙의 관점에서 성서를 해석했다. 그는 과도한 알레고리(allegory, 풍유나 우회적 방법으로 성경을 해석한 – 역자 주)를 피함과 동시에, 그는 성경을 사랑하며 애독하는 경건한 삶을 통해 하나님께서 몇 번이고 말씀하시는 것을 들었다.

또한, 애나하임 빈야드는 성령이 주도하는(Spirit-driven) 교회였다. 윔버는 초대교회 성도들이 분명히 "성령의 사람들"(Spirit people)인 것과 완전히 다르게 주류 교회들은 "성령(학)적으로 부족한"(pneumatically deficient) 교회로 보았다. 성령의 주도하심(The drive of Spirit)이 하나님과의 인티머시에 이르게 하는데, 이는 빈야드의 고전적 워십 강조의 하나로서, 이것이 윔버의 삶의 핵심 주제(Heart theme)가 되었다고 말할 수 있다. 인티머시에 이르는 길은 워십, 순종과 성령에 복종을 통하여 인도된다. 빈야드가 존재하게 되면서 윔버의 성령 체험은 증가했다. 그가 사람들을 위해 기도 사역을 할 때 성령의 능력이 방출되었다: 그 능력에 의해 사람들이 그의 거실에서도 종종 치유되었다. 기도 사역은 다이내믹하게 되었고, 성령의 임재를 통하여 예측하지 못한 일들이 자주 일어났다. 애나하임 빈야드에서 어느 날 밤, 성령께서 수백 명의 젊은이를 바닥에 쓰러트리고, 진동하게 하고, 그들에게 은사를 주셨다. 윔버는 만일 예수님이 성령의 능력으로 역사하셨다면, 그가 그 능력 없이 무엇인가를 할 수 있었다고 생각하는 것은 어리석은 일이라는 것을 깨닫게 되었다.

애나하임 빈야드는 예언적으로 주도되었다(prophetically driven). 비록 몇몇 퀘이커 장로들이 윔버가 빈야드를 시작하기 전 초기에 "방언을 말하는" 체험을 그들의 신학으로 억압했어도, 윔버는 하나님께서 하시고 있는 것을 직관적으로 깨닫고 그 행하시는 것을 따라갔다. 한 번은 한 여성 예언자가 그 앞에서 30분 동안 울었다. 이를 보고 실망한 윔버는 마침내 그녀에게 그녀의 메시지를 말하라고 요청했다. 그녀는 대답했다. "바로 이것이다"(That's it)(즉, 우는 것이 메시지다). 그녀의 눈물에서 윔버는 자기를 향한 예수님의 눈물을 보았다. 그 에피소드는 윔버가 엄격하고 편협한 복음주의 방법으로 단순히 말씀으로만 예수님을 전하기보다는 "표적과 기사"를 행하셨던 예수님의 사역을 시작하게 하는 계기가 되었다.[35]

예언적으로 주도되었다는 것은 윔버가 하나님으로부터 직접 말씀을 들으므로 빈야드를 이끌어갔다는 것을 의미했다. 이것은 순전히 주관주의(subjectivism)가 아니다. 그는 그가 들은 모든 것이 성경과 일치하고, 성경에 의해서 검증되기를 바랐다. 때로 윔버는 설교 중에 설교의 코스를 바꾸기도 했

빈야드 운동에 대해, 예를 들면, 보수적인 크리스천 리서치 기관(Christian Reserch Institale)에서 행한 1985년 리뷰에 나타난 것은 다소의 불편함이 있다. 이 기관은 빈야드 교회에 건전성이 없다고 하며, 여전히 성서 가르침이 충분한지, 교회를 덜 강조하는지, 개인적 체험을 너무 강조하는 것은 아닌지 하는 의구심을 갖고 있다. 이 회중으로부터 나온 자료를 기초로 해서, 여러분은 그런 의구심이 공정하고 정확하다고 생각하는가? 출처: 엘리옷 밀러와 그밖의 다른 사람들, "빈야드", 크리스천 리서치 인스티튜트, 1985년 5월, Box 21, 존 윔버 수집물, 리전트대학교 도서관 기독보관소, 버지니아 비치, 버지니아주. (* 크리스천 리서치 인트티튜트는 노스 캘롤라이나주에 거주하는 편협한 근본주의자, 행크 하네그라프가 운영하는 사이비 이단 연구소다. 그는 방언, 예언, 치유 등을 결사코 반대하고, 그런 은사를 행하는 전도자들을 모두 사이비 이단으로 몰고 간다. 자세한 것은 역자의 저서, "이단 논쟁 – 믿을 수 있나?"를 참고하기 바란다. – 역자 주)

---

34) 다음의 섹션은 위에서 인용된 단 윌리암스의 논문에 나타난 그의 식견에 도움을 받았다: "Historical Theological Perspective and Reflection on John Wimber and the Vineyard." 다음에 언급되는 많은 사항은 이 논문에서 직접 언급된 내용이다.
35) Don Willams, "Historical Theological Perspective and Reflection on the Vineyard Christian Fellowship". 169-71.

다. 왜냐하면, 그 순간에 "하나님께서 내게 … 을 하라고 말씀하셨기" 때문이었다. 그는 병든 자를 위해서 직접 기도 사역을 할 때 성령의 지시를 받기 위해 기다리곤 했다. 그는 "지식의 말씀"(word of knowledge)을 받아 놀랍게 역사하였다. 이는 어떤 집회에서 하나님이 역사하실 사람들이 누구인가를 아는 능력을 갖는 것으로, 놀랍게도 그들의 삶과 필요에 대해 상세한 것을 알게 했다. 그는 또한 교회 차원에서 결정을 해야하는 막중한 때에 하나님으로부터 듣고 결정을 내렸다. 이것이 때로는 다른 사람들을 실망시켰다.[36]

윔버는 실용(주의)적으로 인도되었다(pragmatically driven). 비록 그가 풀러신학교와 관계가 있고, 그 신학교의 몇몇 교수들이 사회학적 교회성장 원리를 강조할지라도, 윔버는 효과적으로 전도하고 교회를 성장시키는 방법으로써, 이런 접근법(즉, 실용주의적 접근)에 아주 익숙해 있었다. 그는 그 원리들을 빈야드에 직접 적용했다. 예를 들면 평상복 차림으로 교회에 오는 것과 컨템포러리 뮤직을 통해서 캘리포니아주 남부에서 "문화적으로 현재"(culturally current)가 되는 갈보리 채플의 접근법을 좋게 여겨 이용했다. 같은 방법으로, 전문 음악이었던 윔버의 예배는 시작할 때 계속해서 노래하기 위한 노래 목록(set)을 가진 "록 콘서트" 스타일을 수정해서 채택했다. 그러나 이 연속 찬양곡 세트(set of songs, worship set)는 단순히 여흥을 위한 것이 아니었다. 또한 그것은(set of songs) 회중의 분위기를 고조시키기 위한 것(to warm up)도 아니었다. 왜냐하면, 그것은 그 자체가 목적이 아니었기 때문이었다. 워십은 하나님께서 받으실만 한 찬송을 그분께 드리기 위한 것이었다. 그리고 경배자가 연속 찬양을 통해 그분과의 인티머시(친밀함)의 관계 속으로 들어가도록 돕기 위한 것이었다. 전체 회중이 찬양대(the choir)가 되었고, 워십 팀이 앞에 서서 찬양을 인도했다.[37]

윔버는 그의 실용(주의)적 적응(orientation)을 그 회중의 초기상황을 상세히 언급하는 데서 인정했다. 예를 들면, 1982년 어느 인터뷰에서 윔버는 그 회중을 가리켜 "컨템포러리 교회"라고 말하며, "우리는 젊고, 우리는 오늘, 현재에 살고 있으므로 우리는, 이 사람들의 언어를 말한다. 우리의 설교와 노래들은 이들에게 친숙하고 받아들이기 쉽다. 우리는 우리 자신들이 영원한 진리를 컨템포러리(오늘의) 스타일로 전달하고 있는 것을 발견한다." 윔버는 "문화적 차이는 젊은 사람들이 전통적 교회와 관계를 갖는 것을 어렵게 만들기" 때문에 어쩔 수 없이 오늘(contemporary)의 스타일을 선택할 필요성을 느꼈다.[38]

마지막으로, 존 윔버는 영적으로 인도되었다(spiritually driven)고 말할 수 있다. 그의 매너에서 분명히 나타난 것은 하나님의 아들, 예수님을 향한 따뜻하고, 타인에게 전염시키기 쉬운 사랑이었다. 이것은 인티메이트 워십을 드릴 때 가장 예민하게 나타났다. 하나님과 친밀하게 의사소통을 하는 중에, 그는 하나님의 음성을 들었고, 환상, 꿈, 인상, 예언의 말씀, 그리고 성서 구절을 통하여 계시를 받았다. 윔버와 그가 인도했던 워십은 캘리포니아주 남부의 평상시(informality) 대화를 통해 하나님의 초자연적인 세계의 실체를 실감케 하는 것이라고 말할 수 있다. 동시에 윔버의 예배는 문화적으로 이해하기 쉬우면서도 라디칼(radical, 급진적)한 면이 있다. 윔버의 급진주의는 그의 고전적인 말과 질문

> 비록 윔버가 "컨템포러리"와 "전통적"이란 말을 사용할지라도, 그 언어들은 아직 1990년대의 예배 전쟁(Worship Wars) 속에 통용된 언어는 아니었다. 그러나 1990년대에 이르러서 "컨템포러리 워십"이란 말이 널리 사용되었다. 여러분들은 언제 처음으로 그 말을 들은 것을 기억하는가? 언제? 어디서?

---

36) Don Williams, "Historical Theological Perspective and Reflection on the Vineyard Christian Fellowship", 171.
37) Don Williams, "Historical Theological Perspective and Reflection on the Vineyard Christian Fellowship", 175.
38) Wimber, "Zip to 3,000 in 5 Years", 22.

에 나타나 있다: "나는 그리스도를 위한 바보입니다. 당신은 누구를 위한 바보입니까?"(I'm a fool for Christ. Whose fool are you?).[39]

10. 빈야드 워십이 끼친 영향은 무엇인가?

1970년대, 1980년대와 1990년대에 캘리포니아주 남부 소재 애나하임 빈야드교회의 워십에 참석한 결과로 수천 명의 사람이 개인적인 신앙의 부흥을 체험했다. 뮤직과 성령의 활동을 중요시한 것이 이 갱신 운동에서 우선적으로 눈에 띄는 특징들이 있고, 이 갱신 운동은 애나하임에서 시작해서 20년 동안에 전 세계 50개국 넘게 확산되었다. 빈야드 워십의 영향은 오늘날 수많은 교회에서도 볼 수 있는데, 때로 그것은 직접적인 영향에 의해서, 때로 간접적인 영향을 받은 수많은 교회로 확산되었다. 이런 빈야드의 공헌은 그들이 개척한 교회를 통해서, 출판물을 통해서, 또 교육 프로그램, 컨퍼런스 그리고 윔버와 다른 빈야드교회 지도자들이 순회 전도 여행을 다니며 사역한 것을 통해서 이루어졌다. 이 또한 그들이 다른 곳에 가서 단순히 그들의 경배 중에 하나님을 경험하고 새롭게 된 것을 나누면서 함께 예배드린 것만으로도 갱신 운동에 불을 붙이게 되었다. 경배자들이 간단한 워십 송을 부를 때 하나님께서 그들의 마음을 사로잡으시고, 그들이 그분을 친밀하게 알게 되면서, 사람들은 애나하임 회중과 그들의 담임목사, 존 윔버가 확산시키는 영향의 결과를 볼 수 있다.

단 윌리암스는 존이 초자연적인 것에 오픈된 것을 말한다. "윔버는 어린 시절부터 교회를 잘 몰랐기 때문에, 그는 문외한(outsider, 외부인)의 입장에서 교회의 제도와 실행을 보았다. 이것은 그에게 어떤 선입견이 없이 교회를 대하는 상당히 유리한 입장을 취하게 했다. 비록 형제교회(퀘이커교도)의 목사로 잠시 섬겼지만, 윔버는 그 자신이 전통적인 교회의 삶에 쉽게 적응하지 못했다. 그러므로 제도화된 현대 교회의 산물이 되지 않은 채, 그리고 반초자연적인 편견을 가진 합리주의(혹은 이성주의)의 덫에 걸리지 않고 피할 수 있었다." 출처: 단 윌리암스, "존 윔버와 빈야드에 대한 역사적–신학적 전망과 회고".

---

39) Don Williams, "Historical Theological Perspective and Reflection on the Vineyard Christian Fellowship", 178.

공동체의 워십을 기록하기

사람들과 그들이 남긴 문화 유산

1980년대 초 애나하임 빈야드 회중

　애나하임 빈야드 회중은 캐논고등학교 체육관에서 예배드렸다. 1979년 6월부터 1983년 9월까지다. 위의 사진을 보고 예배 중에 어떤 일이 일어나고 있었는지 정확하게 알기 어렵다. 그러나 이때는 일찍이 뮤직 세트(set)가 있었던 것으로 보인다. 그들이 손에 무엇을 쥐고 고개를 숙여 내려다볼 것이 없었기 때문에 사람들은 모두 눈을 뜨고 앞을 바라보고 있다. 예배자들은 프로젝트로 비춰주는 영상에 의존하지도 않았다. 당시 예배자들의 평균 연령은 아주 젊어 보인다.

출처: 빌과 낸시 파이퍼(Bill and Nancy Pfeifer). 허가받고 게재함.

경배드리고 있는 애나하임 빈야드 회중

많은 사람이 손을 위로 든 채, 경배의 시간으로 들어간다. 이 사진은 캐논고등학교 체육관에서 찍은 또 하나의 사진이다. 카메라에 가까이 있는 경배자들은 접이식 의자에 앉아있거나 그 앞에 서 있다. 왼쪽 상단에 노란색 커튼이 쳐있는 앞에 음악인들이 보인다. 이 공간은 1980년 어머니날에 큰 부흥이 일어났던 장소다. 그러나 아마도 위의 사진은 그때의 모습을 찍은 것이 아니다.

출처: 빌과 낸시 파이퍼(Bill and Nancy Pfeifer). 허락받고 게재함.

공동체의 워십을 기록하기 – 사람들과 그들이 남긴 문화 유산

워십팀

이 사진에서 기타(acoustic Guitar, 전자 기타가 아닌)를 치고 있는 칼 터틀(Karl Tuttle)이 워십팀을 인도한다. 이 사진과 다른 사진에서 볼 수 있는 음악인들은 존 윔버(키보드), 에디 에스피노사(전기 기타), 딕 헤잉(Dick Heying, 드럼), 마크 커티스(Mark Curtis, 색스폰) 그리고 제리 데이비스(Jerry Davis, 베이스 기타)다.

출처: 빌과 낸시 파이퍼(Bill and Nancy Pfeifer). 허락받고 게재함.

딕 헤잉(Dick Heying)과 그의 아내 린(Lynn)은 윔버 내외를 성경공부에 초청한 사람들이다. 그 성경공부에서 윔버 내외는 회심했다.

존 윔버가 회중에게 말한다

겉 치레 없는 평상복 차림으로, 윔버가 회중에게 말한다. 여러 가지 중에서 마이크로폰과 키보드가 이 회중과 함께하는 사역에서 두 가지 중요한 면을 드러낸다.

출처: John Wimber, "Zip to 3,000 in 5 Years"(5년 내 0에서 3,000명으로), *Christian Life*, 44, no. 6 (1982년10월): 19. 허락받고 게재함

공동체의 워십을 기록하기 – 사람들과 그들이 남긴 문화 유산   71

빈야드 경배자들 가운데 서로하는 기도 사역

 빈야드 경배자들은 서로에게 기도 사역을 한다. 기도 사역이 필요한 사람들은 주위에 삼삼오오 모여서 그룹으로 사역하기도 한다. 존 윔버가 키보드 앞에 앉아 바라보고 있다.

출처: John Wimber, "Zip to 3,000 in 5 Years"(5년 내 0에서 3,000명으로), *Christian Life*, 44, no. 6 (1982년 10월): 21. 허락받고 게재함

워십을 리드하고 있는 워십팀

 1982년에 출판되었을 때, 이 사진을 위한 원래의 설명문(caption, 캡션)은 빈야드의 간증 같은 것이었다: 하나님께서 우리를 쓰시기 시작하셨다 – 탈진한 바리새의 한 무리들을 – 그리고 우리가 열광적이 될까봐 겁내거나 혹은 사람들이 우리에 대해서 말하는 것에 더 이상 좌우되지 않는, 온전히 그리스도를 따르는 추종자로 우리를 변화시키셨다.

출처: John Wimber, "Zip to 3,000 in 5 Years"(5년 내 0에서 3,000명으로), *Christian Life*, 44, no. 6 (1982년 10월): 22. 허락받고 게재함

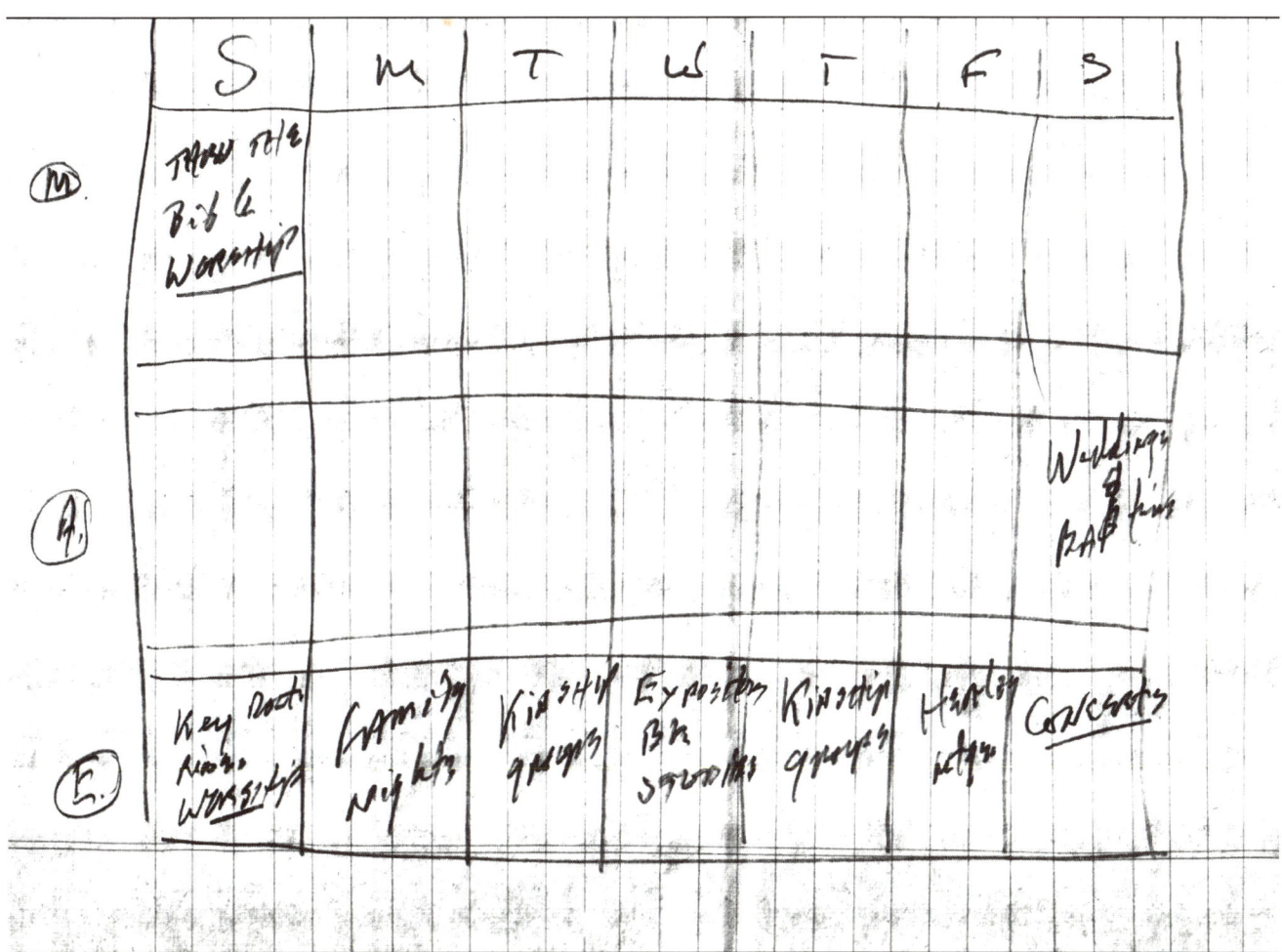

워십과 교회생활을 위한 주중 스케줄

새로 시작한 회중(교회)임에도 불구하고, 애나하임 빈야드의 주중 스케줄은 여전히 바쁘다. 회중 예배는 주일 아침과 저녁에 드렸다. 다른 때의 예배는 가정에서 모이는 소그룹 킨십 모임(Kinship meeting)과 다른 경우에서 드려졌다. 아마 윔버가 손으로 쓴 것 같은데, 이 손으로 쓴 도표에서 행사의 리듬감이 느껴진다. 이것은 "78년을 위한 계획"(plans for '78)이란 제목이 써진 폴더에 다른 계획 서류들과 함께 보관되어 있었다. 여기서 주목할 것은 월요일 밤에 가족 모임이 있고, 매주 화요일과 목요일에는 소그룹 킨십 모임으로 모였고, 수요일 저녁에는 성경 강해 시간을 가졌다. 매주 금요일 밤에는 치유 집회가 있고, 결혼식과 세례식은 토요일 오후로 배정했고, 매주 토요일 밤에는 찬양 콘서트를 실시한 것이었다.

출처: 존 윔버 소장품 Box 16. 리전트대학교 도서관 기록보관소, 버지니아 비치, 버지니아주, 허락받고 게재함

빈야드 노래
커버와 광고문

구약성서에서 가져온 이 경배자들의 이미지는 초기 빈야드 운동에서 찬양집 출판과 교육 컨퍼런스 자료 출판에서 즐겨 사용하던 이미지다. 옆에서 보는 것처럼 빈야드 노래 첫 모음집의 표지는 구스타브 도레(Gustave Dore)의 "그녀의 아버지를 만나러 오는 예프다의 딸"로서 삿 11:34에 근거한 그림이다.[1] 주목할 것은 몸으로 표현하며 노래하는 모습과 여러 개의 악기들의 모습이다. 이 점에 있어서, 이 성서적 워십의 화상은 빈야드 워십의 이미지를 드러내는 것으로 홍보물에 실려졌다. 또한, 밑의 사진은 갓 태어나는 교단 잡지 첫 열매(First Fruits), 1985년 5월호에 실린 송 북(songbook)의 홍보다.

출처: 이 커버의 이미지는 원래의 것에서 따온 것이다. 홍보는 첫 열매지 1985년 5월호에 실린 것이다. 역시 존 윔버 소장품 Box 2. 리전트 대학교 도서관 기록보관소, 버지니아 비치, 버지니아주, 허락받고 게재함

워십... 우리의 기초
빈야드에서 태어난 가장 아름다운 노래 모음 9곡에서 10곡이 포함되어 있고, 각 노래마다 가사, 피아노 악보와 기타 코드가 들어 있다.
각곡: $3.50 / 전체 세트: $12.00

---

1) 표지 사진 설명에는 마크 토저슨의 도움을 받았다.

1981년 남 아프리카 전도 여행 스케줄

  1980년대 초에, 애나하임 빈야드 교회의 사역 팀(ministry team)이 초청받아 해외 전도 여행을 하기 시작했다. 설교하고, 치유와 축제와 다른 능력 사역을 위한 기도 사역 시간을 갖는 것에 더하여 워십에 관해서 가르치는 시간을 별도로 마련했다. 이렇게 해서 애나하임에서 발전한 워십에 대한 접근법이 전 세계로 확산되었다. 스케줄에서 보는 것처럼, 1981년 10월 South Africa 전도 여행 스케줄은 두 토요일의 더 좋은 시간으로 – 한번은 요하네스버그와 또 한 번은 케이프 타운에서 실시되었는데 – 칼 터틀이 가르치는 워십 세미나에 할애되었다. 웜버가 터틀에게 보낸 편지에는 터틀이 오버헤드 프로젝트, 가르칠 노트 그리고 판매용으로 300-400개의 카세트 테이프를 가져오라고 부탁했다.

출처: Box2에 소장된 첫 열매(First Fruits, 1984년 6월호): 14에서 발견됨. 존 웜버 소장품 리전트대학교 도서관 기록보관소, 버지니아 비치, 버지니아주, 허락받고 게재함

  임시 스케줄 남아프리카 연방 사역 비행 1981년 10월 5일 – 26일. 사역팀에는 목회자들과 평신도들이 함께 포함되어 있다. 프리스비는 평신도 사역자요, 특히 웜버는 홀랜드(네델란드, 화란) 개혁교회에서 전도사역하고, 톰슨은 하트휠드침례교회에 가서 사역한다. 스티프(stipe)는 Jesus People Movement 때 회심하고 잠시 갈보리채플에 다니다 후에 성령 은사 활용에 열려있는 웜버와 함께 사역했다. 그는 콜로라도로 가서 빈야드교회를 개척하고 크게 성장시켰다. 그 도시 목회자 컨퍼런스 때에 주로 웜버가 주 강사였다. 한 집회시간에 여러 강사들이 참여하는 것도 이채롭다. 이들은 누가 무엇을 전해도 그 내용은 한결같이 하나님의 임재 역사하심의 영광을 전한다. 또한, 이들의 사역 여행엔 항상 워십 팀과 함께 동행했고, 도시 총동원 전도집회(City Wide Rally)를 갖는 것도 특이하다. – 역자 주.

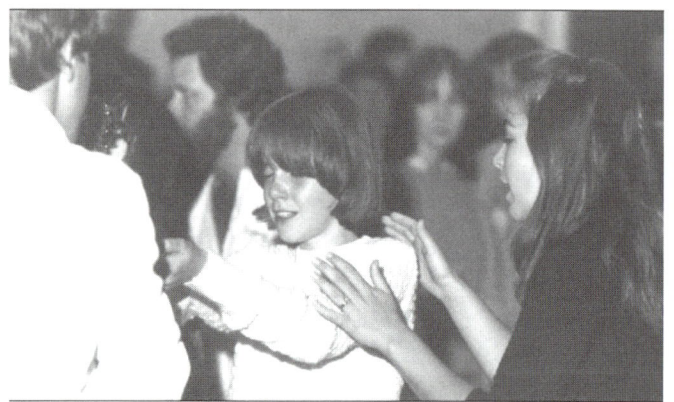
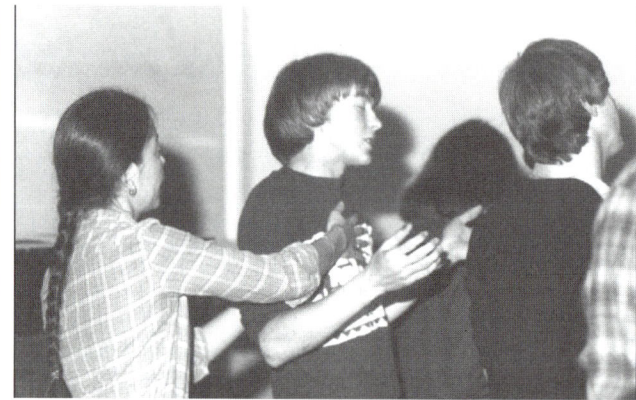

1982년 영국 전도 여행

남아프리카 공화국에 전도 여행을 한 후에, 애나하임 빈야드의 사역 팀은 교회가 설립된 후 초기에 영국으로 전도 여행을 떠났다. 캘리포니아주 남부에서 일어난 워십과 사역이 이들의 전도 여행을 통해 빠르게 퍼져나갔다.

존 윔버의 사역을 포함한 이런 전도 여행은 특히 영국 성공회 내 복음주의 교회에 큰 영향을 주었다.

이런 영향은 1982년에 애나하임 빈야드 교회의 두 번째 전도 여행으로 영국에 전도사역을 하는 중에 크게 확대되었다. 첫 번째 사건에서 캘리포니아주에서 일어난 Jesus People Movement 때 회심한 잘 알려진 전도자 로니 프리스비(Lonnie Frisbee)가 설교하며, 사역하고 있다. 다른 두 사건은 참석자들에게 기도 사역을 하고, 그들이 기도받는 모습이다. 기도받기를 원하는 사람들에게 기도 사역을 하는 것이 널리 퍼졌고, 그런 사역은 결코 목회자들만의 일이 아니었다.

잘 알려진 영국의 워십 리더며 송 라이터인 맷 레드만(Matt Redman)은 빈야드 팀이 영국에 가서 전도 사역할 때, 그 집회에 참석해서 빈야드 워십을 처음으로 경험하게 되었다. 그는 그때의 경험이 그에게 끼친 영향을 말한다: "내가 처음으로 빈야드 워십에 참석해서 그들의 핵심 가치를 경험하게 된 때는 7살 때였다. 존 윔버와 그들의 큰 워십 팀이 내가 살고 있던 영국, 촐리우드(Chorleywood)에 와서 집회를 할 때, 어머니는 나를 데리고 그 집회에 두 번 참석했다."[2] 그때의 경험이 여전히 레드만에게 영향을 주고 있다: "무엇보다도 나는 그들의 경배가 너무나 진실된 것에 내가 매료되었다. 거기에는 – 하나님의 백성들이, 하나님의 임재 안에서, 하나님을 만나는 강한 느낌이 있었고, 그들은 하나님께 간절한 찬송을 풍성히 드리고 있었다. 두 번의 참석으로 내가 받은 영향을 돌아보면 – 지금도 여전히 내가 예수님을 경배하는 방법에 영향을 주고 있다." 빈야드 워십 팀이 레드만에게 영향을 끼친 것처럼, 빈야드는 전 세계 크리스천 워십에 영향을 끼쳤고, 계속해서 영향을 끼칠 것이다.

출처: 신디 레트마이어, 허락받고 게재함.

---

2) John Wimber, *"The Way In Is the Way On"* (Atlanta Ampelon Publishing, 2006), 105.

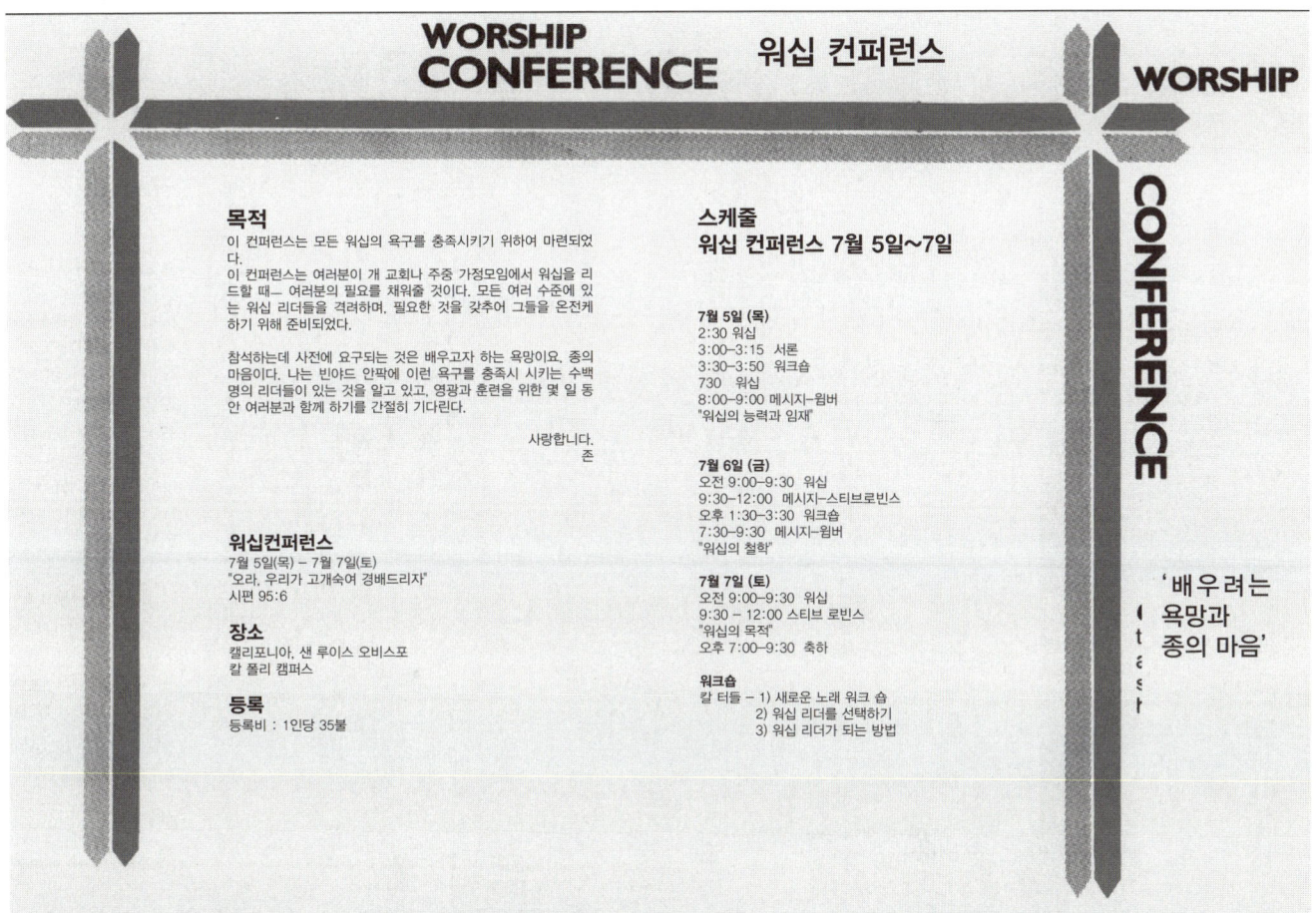

1984년 워십 컨퍼런스 일정표

위의 1984년 워십 컨퍼런스 광고는 빈야드 교단지인 *첫 열매*에 인쇄된 것으로, 워십 리더들, 즉, 회중이나 소규모 집회 혹은 킨십 모임에서 워십을 리드하는 음악인들을 훈련하기 위한 노력의 한 예를 보여준다. 1980년대에 기타 연주로 공동 예배나 소그룹 예배의 워십을 리드한 것이 애나하임 회중에서만이 아니라 다른 교회에서도 널리 행해지고 급격히 확산되었다. 강사들과 그들이 전할 토픽이 함께 언급된 것에 유의하라.

출처: Box. 2에 소장된 *첫 열매*(1984년 6월호): 14에서 발견됨. 존 윔버 소장품 리전트대학교 도서관 기록보관소, 버지니아 비치, 버지니아주, 허락받고 게재함

워십 환경과 공간

표현의 자유

 이 사진은 캐논(Canyon)고등학교 체육관 바닥에서 예배드리는 광경을 촬영한 것이다. 뮤직 팀이 찬양을 인도할 때, 경배자들이 다양한 표현을 하고 있는 것을 보여준다. 어떤 사람들은 앉고, 다른 사람들은 손을 위로 들고 앉아있다. 손을 들고 서 있는 사람도 있다. 그들은 하나님께 그들의 경배를 드리며, 마음을 드린다. 이 사진에서 회중 가운데 남자들이 먼저 일어선 것처럼 보이는 것에 유의하라.

출처: 빌 앤 낸시 파이퍼. 허락받고 게재함.

경배자들의 바다

  거의 모든 회중이 밖으로 사랑을 나타내며 경배에 열중하고 있다. 이 사진에서 회중은 일어나서, 손을 들고, 하나님을 향해 그들의 사랑을 노래하는 것이 음악인들의 눈에 가득 들어오고 있다. 옆의 벽에는 캐논고등학교의 교가가 쓰여 있고, 그 학교의 마스코트인 코만치(Comanche, 북미 인디안의 한 족속 – 역자 주)가 그려져 있다.

출처: 빌 앤 낸시 파이퍼. 허락받고 게재함.

옆에서 본 음악인들의 플랫폼

이 사진은 고등학교 체육관에서 예배드릴 때 회중과 음악인들이 가까이 있는 모습을 보여준다. 플랫폼(강단)은 회중석보다 조금 높게 만들었다(약 45cm 정도). 비록 이 사진에서는 남자 음악인들만이 서 있는 모습이 보이나, 찬양에 여성 보컬리스트가 필요한 경우, 신디 레트마이어가 함께 찬양을 드렸다. 윔버는 여성이 워십 리더로서 워십을 리드하는 것을 지지했고, 격려했다.

출처: 빌 앤 낸시 파이퍼. 허락받고 게재함.

이사 후의 공간 배열

초기 체육관에서 공간을 배열할 때는 뮤직 팀이 회중과 가까이 있게 했으나, 후에는 뮤직 팀이 널리 퍼진 상태로 배치되었다. 그 후 1980년대 중반부터 애나하임 워십 팀의 사진을 보면, 음악인들이 회중 앞에 있는 스테이지(강단)에 여유있게 서서 워십을 인도한다.

출처: 팀 스태포드(Tim Stafford), "존 윔버네 포도원의 포도주 맛을 보기"(Testing the Wine from John Wimber's Vineyard) *Christian Today* 30, no. 11 (1968년 8월 8일): 21. 허락받고 게재함.

워십을 설명하기

1. 가정 예배: 애나하임 빈야드 회중의 기원

때때로, 존과 캐롤 윔버는 빈야드의 기원을 회고했다. 아래는 존이 1982년에 그 교회 교인들에게 나누어 준 소책자에서 발췌한 글이다. 여기서 그는 하나님께서 교회로 성장시켜주신 여정을 기록한다. 머리말에서, 존은 워십과 교회 공동체의 치유하는 특징을 언급한다.[1]

예배자들이 어떻게 하나님과의 관계를 갖게 할까? 막연히 예배에 참여하는 의무감에서 간절한 심령으로 참여하는 변화는 결정적이었다. 그들이 불렀던 찬양들은 경이롭고 생명력 넘치는 하나님의 은혜로우심을 표현했다. 기독교 역사에서 그런 변화는 종종 커다란 운동을 폭발시키는 방아쇠가 되어왔다. 예를 들면, 18세기의 감리교의 창시자 존 웨슬리는 "종의 믿음"에서 성서에 언급된 "어린이의 믿음"으로 방향을 바꿈으로 다이내믹 전도사역을 추천할 수 있었다. 이런 변화를 통하여 예배자가 예배드리고 요구하시는 하나님으로부터 보상을 받는 것이 더 이상 중요한 것이 아니라, 사랑의 하나님으로부터 큰 은혜를 입는 것이 중요하다.

1976년 후반에 믿는 자들의 한 작은 그룹이 주님을 찾기 위하여 어느 한 가정에서 함께 모이기 시작했다. 우리 중 아무도 우리가 참으로 영적으로 건강하지 못한 상태라는 것을 깨닫지 못했다. 우리는 우리가 약하고 지쳐있다는 것을 알았다. 그러나 우리가 얼마나 약했는지는 몰랐다. 함께 모인 사람 중에 몇몇은 여러 해 동안 주님을 섬기기 위해 애쓴 사람들이었다. 다른 사람들도 그곳에서 새로운 믿음을 발견하고 감격했으나, 어디까지 가야 할지는 정말 몰랐다. 그러나 하나님께서 그분의 자비하심으로 우리의 눈을 여셨다. 우리는 우리 자신을 보았다. 그것은 참으로 고통스러운 경험이었다. 빈야드 크리스천 휄로우쉽이라는 교회는 1977년 어머니날에 태어났다.

우리가 함께 모였을 때, 우리가 하는 모든 것은 주님께(to the Lord) 노래하는 것이 전부였다. 우리가 경배드릴 때, 우리는 건강하게 되기 시작했다. 우리는 우리의 삶 속으로 오는 영적인 힘(strength)을 느끼기 시작했다. – 그 힘은 우리가 전에 전혀 알지 못했던 힘이었다. 워십은 전적으로 우리에게 새로운 하나님과의 관계로 들어가는 문을 열어주었다. 우리는 더 이상 "하나님을 위하여 무슨 일을 하라"는 압박감을 느끼지 못했다. 우리는 그분과 그리고 우리가 그분과의 관계를 기뻐하기(to enjoy) 시작했을 뿐이었다….

하나님과 우리와의 관계는 서로 서로를 향한 우리의 관계에 영향을 주었다. 우리는 더 이상 다른 사람들을 어떤 형태로 만들기 위해 압박할 필요성을 느끼지 않았다. 사람들은 자유롭게 그들 자신이 되어갔고, 그들 자신의 페이스(pace, 진행속도)에 맞게 그들의 믿음을 자유롭게 성장시켰다. 우리가 영적인 힘과 영적인 충만함을 얻기 시작하면서, 우리는 건강을 되찾고 앞을 향해 나아가게 되었다. 하나

---
1) 회중에게 나눠준 출판되지 않은, 날짜가 없는 원고. 허가를 받고 게재함.

님과의 관계, 서로 서로와 세상과의 관계가 우리의 휄로우쉽에 참여한 사람들을 위해 영원히 새롭게 변화되었다.

마침내 주님께서 지난 5년간에 걸쳐 행하신 것은 치유하는 환경을 조성하신 것이다. 사람들은 그냥 여기에 우리와 함께 있기만 하여도 도움을 받았다. 우리는 가끔 우리를 가리켜 "걸어가는 상한 자의 교회"(The Church of the Walking Wounded)라고 자주 말한다. 그것이 바로 어제의 우리였고, 오늘도 여전히 그러하다.

1983년 어느 한 설교에서, 존 윔버는 가정에서 드렸던 예배의 첫 경험을 회상한다. 특별히 그 자신이 당황하고 불쾌했던 것을 언급한다.[2]

몇 년 전에 하나님께서 우리 그룹에 말씀하실 때, 우리는 아주 작은 그룹이었다. 6-7명이 캐논(Cayon) 건너편에 있는 한 가정에서 모임을 갖고 있을 때, 하나님께서 예배에 대하여 그들에게 말씀하시기 시작하셨다. 그들은 그냥 모여 찬송을 드렸는데, 어떤 때는 2-3시간씩 계속해서 찬송을 불렀다. 내가 그 모임에 처음 참석했을 때는, 그 그룹은 이미 50 - 60명으로 성장해 있었다. 참으로 그때는 워십을 열심히 드렸다. 내가 처음으로 거기 앉아있으면서 그들의 워십하는 모습을 보고 생각한 것을 기억한다. "그들이 무엇을 하고있는 것인가?" 왜냐하면, 여러 곡의 찬양만 계속해서 부르고 있었기 때문이었다. 어떤 예배의 구조나 순서도 없이 찬양만 부르면서, 그들 중에 어떤 사람들은 무릎을 꿇고 부르며, 어떤 사람들은 아예 거실 바닥에 누워있고, 또 어떤 사람들은 벽에 기대어 서서 손을 높이 들고 부르며, 또 어떤 사람들은 의자에 앉아서 부르고 있었다. 그런 광경은 정말로 나를 언짢게 했다. 이런 것을 통제하는 사람도, 모임을 질서있게 관리하는 사람도 없었다.

나는 집으로 돌아가면서 아내에게 한 말을 기억한다.

"그곳에 아무 것도 오는 게 없네요. 그들에게는 지도자도 없고, 무엇을 하라고 말할 사람도 없군요". 아내는 나를 쳐다보며 숨이 막힐 듯이 말했다.

"주님은 어때요(주님이 있잖아요)?" 그래서 내가 말했다.

"그래요. 그분은 어때요? 라고"(그리고 그녀는 대답했다).

"그분이 사람들에게 말할 것을 말씀하고 계시지요." 그래서 내가 말했다.

"정말로?" 그녀가 말했다.

"맞아요"(Yes). 나는 말했다.

"그분은 저 멀리 계신데, 그것은 엉뚱한 대답이요. 요바린다 바로 여기에, 그런데 그런 일이 어떻게 가능해요?".

그 후 몇 달에 걸쳐, 하나님은 나에게 경배드리는 방법을 가르치기 시작하셨다. 그리고 그것은 나에게 몹시 힘들었다고 내가 앞에서 여러분에게 말했다. 이 모든 것이 모든 사람에게 쉬운 것인지 나는 알 수 없다. 왜냐하면, 우리 중에 많은 사람은 다른 사람들보다 더 힘들어 하기 때문이다. 그들은 실제

---

2) "빈야드 크리스천 휄로우쉽 기본적 우선순위"에서 "워십"이란 제목으로 제시된 문서에서 게재함. Box 13. 존 윔버 수집물, 리전트대학교 도서관 기록보관소, 버지니아 비치, 버지니아주, 1-2, 10-11.

적으로, 공개적으로 어떤 현상이 노출되는 모습에 전혀 익숙하지 않거나, 반대로 그런 노출 현상을 옹호하고, 혹은 감정이 노출되는 것에 마음이 열려있거나, 혹은 이렇게 공개적으로 노출되는 어떤 현상에 참여하고 있기 때문이다. 나는 이런 현상 노출에 참여자가 되기보다는 오히려 관망자가 되는 게 훨씬 편했다. 그래서 나는 참여하기보다는 그냥 거기에 가서 편하게 관망하며 뒤에 앉아있기로 했다.

> 여러분이 빈야드 워십에 처음 참석하고 불편함을 느꼈다고 상상해 보라. 워버 자신도 불편함을 느꼈다고 말한 것이 여러분에게 어떤 영향을 미치는가?

... 내가 처음 이 그룹에 참석하기 시작했을 때, 그들은 경배드리기 시작했고, 정말로 나는 몇몇 사람들의 경배드리는 모습을 보고 겁이 났다. 몇몇 사람들이 그냥 그런 현상을 나타내고 있었다. 여러분은 내 말이 무슨 뜻인지 알 것입니다. 마치 그들은 몸에 뼈가 없는 사람 같이 보였다. 그들의 손은 공중으로 높이 들려졌고, 몇 명은 바닥에 누워있고, 어떤 이들은 울고, 또는 무릎을 꿇고 있었고, 몇 명은 앉아있고, 몇몇은 얼굴을 바닥에 대고 죽은 듯이 엎드려 있었다. 그런 모습은 정말로 나를 괴롭혔다. 나는 그 모든 것들을 좋아하지 않았다. 나는 그들이 자신들을 컨트롤 하기를 바랬다. 나는 그들이 너무 감정적이라고 생각했다. 그런 후 어느 날 밤에 주님께서 나를 터치하셨다. 나는 그때 무슨 일이 일어났는지 다 기억하지 못한다. 그러나 나는 나 자신이 그와 같은 실제적인 일들을 하고 있는 것을 발견했다. 처음에 나는 그것이 한 사람의 인격적 특성(혹은 기질)이라고 생각했다. 만일 그렇다면, 그것은 매력적인 것이다. 하나님께 순종하는 데는 경배의 훈련이 필요하다. 하나님께서는 그분을 경배하라고 우리를 부르셨다.

> "워십"은 시간을 연장해서 계속해서 찬양을 드리는 것과 가장 밀접하게 관련된 것으로 재정의 되고 있다. 이 워십은 하나님을 만나고 경험하는 것을 포함한다.

캐롤 윔버는 그 회중의 초기 역사에서 "워십"이란 말에 대해 정교하게 말한다. "워십"을 생각하는 새로운 방법은 특히 찬양을 통하여, 혹은 찬양을 드리면서 주님께 직접 말하며, 사랑을 드리는 것에 강조한다(speaking directly, and lovingly to the Lord).[3]

우리는 다른 어떤 계획도 없이 다만 주님께서 그분과의 더깊은 관계로 들어오라는 부르심을 느껴 워십을 시작했다. 우리가 1977년에 작은 가정교회 모습으로 모임을 시작하기 전에,[4] 성령은 이미 내 마음에 역사하기 시작했고, 하나님을 향한 엄청난 갈망을 조성해 주셨다.

어느 날 내가 기도하고 있을 때, "워십"이란 단어가 마치 신문의 헤드라인처럼 내 마음에 나타났다. 나는 전에 그 말에 대하여 결코 많이 생각해 본 적이 없었다. 복음주의 크리스천으로서 나는 항상 주일 아침에 모여서 예배로 드리는 모든 것이 "경배"라고만 생각했다. – 그리고 어떤 의미에서, 나는 옳았다. 그러나 다른 의미에서 특별히 헌신적으로 경배드리는 예배(service)에 몇 가지 특별한 요소가 있다. 가르치고, 광고하고, 음악을 연주하고, 그리고 전형적으로 주일 아침에 모여서 예배드리는 모든 활동이 아닌 독특한 요소들이다. 나는 그런 예배 활동 중에서 어떤 부분이 경배로 여겨져야 하는지를 내가 확실히 몰랐다고 인정해야만 했다.

우리가 가정 모임을 시작한 후에, 내가 예배 중에 자주 알게 된 것은 통상적으로 우리가 찬양을 드릴 때 – 그 찬양 중에 하나님을 깊이 경험하는 것이었다. 우리는 많은 찬양을 불렀다. 그러나 대부분의

---

3) 캐롤 윔버가 회상한 것이 존 윔버가 쓴, *워십에 관한 견해*(애나하임, CA: 빈야드 뮤직 그룹, 1996), 1-3의 "워십: 하나님과의 인터머시"에서 발견된다.
4) 아마도 이 날짜는 인쇄가 잘못된 것 같다. 왜냐하면, 다른 기록을 보면 기원(출발)이 1976년으로 되어있기 때문이다.

찬송은 워십에 대한 것(about), 혹은 한 크리스쳔이 다른 사람에게 말하는 간증 같은 찬송들이었다. 그러나 가끔 우리는 개인적으로 예수님께(to Jesus) 친밀한 찬송을 불렀다. "예수님, 내가 당신을 사랑합니다"(Jesus, I Love you) 같은 가사를 가진 노래들이다.[5] 그런 타입의 찬송은 내 마음을 더 감동시켰고(stirred), 내 안에 있는 하나님을 향한 갈망을 채워주었다.

이때쯤에 나는 워십 리더에게 왜 어떤 찬송은 우리 안에 스파크(불꽃) 같은 것을 일으키고, 다른 찬송은 그렇지 못하냐고 묻기 시작했다.[6] 우리가 경배에 대해서 서로 이야기를 하면서, 우리는 종종 경배에 대한 노래를 불렀지만, 우리가 우연히 "주님, 내가 당신을 사랑합니다"(I Love You, Lord)와 "나는 내 음성을 높입니다"(I Lift My Voice) 같은 친밀한 찬송을 불렀던 때를 제외하면, 결코 진정으로 경배드리지 않았다는 것을 깨달았다.[7] 그래서 우리는 예수님에 대한(about Jesus) 찬송과 예수님께 드리는 (to Jesus) 찬송 사이에 어떤 차이를 발견하기 시작했다.

이제, 우리가 함께 모여 경배드리며 우연히 이런 것을 발견하는 기간에도, 우리 중 많은 사람이 집에서 혼자 경배를 드렸다. 이렇게 혼자 경배드리는 시간에는, 우리가 반드시 찬송만 드리는 것이 아니라 고개를 숙이고, 무릎을 꿇고, 손을 들고, 자연스럽게 성령 안에서 기도했다. - 때로는 말로 기도드리고, 어떤 때는 말을 사용하지 않고 기도드렸다. 심지어 전체가 말을 하지 않고도 기도드렸다. 우리는 우리의 개인적 경배의 삶이 깊어지면서, 우리가 함께 모여 경배드릴 때, 하나님을 향한 더 큰 갈망이 있는 것을 발견했다. 그래서 우리는 우리가 혼자 주님과 함께 있을 때 일어나는 것이, 우리가 함께 모여 경배드릴 때 얼마나 더 친밀하고 더 깊은 경배로 들어가게 하는 결정적 요인이 된다는 것을 깨달았다.

그때쯤 우리는 우리의 경배가 하나님을 송축했다는 것을 인식했다. 그것은 오직 하나님만을 위한 것이었지, 단순히 목회자의 설교를 돕는 보조 수단이 아니라는 것을 깨달았다. 이것은 하나님의 감격적인 계시였다. 우리의 모임에서 경배가 중심적 위치라는 것을 깨달은 후에, 우리가 모여서 하는 모든 것은 한, 두 시간 동안 하나님을 경배하는 것이었고, 그렇게 하는 때가 많았다.

이때, 또 우리는 노래부르는 것만이 하나님을 경배하는 유일한 방법이 아닌 것을 발견했다. 왜냐하면, 워십이란 말은 실제로 고개를 숙여 몸을 숙여 굽히는 것(bow down)을 의미하기 때문에, 우리의 몸과 영이 말하고 있는 데 참여하는 것은 중요하다. 성경에서 이것은 고개를 숙이고, 손을 들며, 무릎을 꿇는 것을 통해 이루어지고, 심지어 하나님 앞에 죽은 듯이 누워있는 것을 통해서도 이루어진다.

우리가 하나님을 경배하고 송축한 결과는 그분에 의해 우리가 복되게 되는 것이다. 우리가 복되게 하기 위하여 경배하는 것이 아니라, 우리가 그분을 경배하면서 복되게 하는 것이다. 그분은(우리 눈에 보이던, 안 보이던) 성령이 나타나심으로 그의 백성들을 찾아오신다(괄호 안은 역자 첨가).

그래서 경배는 두 가지 면을 가지고 있다: 찬양드리며 기도하는 기본적 수단을 통한 하나님과의 의사소통과 말씀을 가르치고, 선포하고 예언과 권면의 말 등을 통해서 하나님과 의사소통을 하는 것이다. 우리가 찬양을 통해 그분을 높여드리면, 그 결과 우리는 그분이 우리에게 말씀하시는, 그분의 임

다시 하나님께 (to) 찬양하는 것과 하나님께 대하여 (about) 찬양하는 것 사이에 구별이 얼마나 중요한가에 유의하라. 그 구별이 지나치게 중요시 될 수 있는가? 어쩌면 그럴 수도 있다. 그러나 워십 중에 하나님께(to) 직접 드리는 성서의 기도와 찬양을 보면, 독자는 성서의 예배자들이 종종 하나님께 대하여 자세하게 길게 말하는 방법으로 하나님께(to) 말하는 것을 볼 수 있다. 하나님이 행하신 것을 기억하는 것은 하나님께(to) 말하는 성서적이며 고전적인 방법이다.

---

5) 정확하게 어떤 찬양을 가리키는지 알 수 없다.
6) 이것은 분명히 칼 터틀을 가리킨다.
7) "I love You, Lord"를 언급한 것은 아마도 Laurie Klein이 쓴 노래 같다. 1978년, 1980년에 Mercy Music에 의해 저작권 설정됨. "I Lift My Voice"는 정확하게 어떤 찬양인지 알 수 없다. 여기서 언급한 것은 아마 Laurie Klein이 쓴 노래 가사 중의 한 구절인 것 같다.

재 안으로 끌려 들어간다.

애나하임 빈야드 초기 스태프 맴버 중의 하나인 밥 펄톤(Bob Fulton)은 1976년 후반에 그가 가정 모임에 참석했던 것을 깊이 회상한다. 이 모임이 그 회중의 경배드리는 방식에 끼친 영향과 친교와 예배와 기도 사역하기 위한 장소로서 그들이 가정에서 모이는 소그룹(킨십 그룹)을 계속 강조하게 된 것도 회상한다. 펄톤은 점점 성장해서 전국으로 확산된 빈야드 운동을 설명하기 위해 그의 회고담을 썼다.[8]

> 사람들은 여러 가지 느낌을 가지고 문을 통해 들어왔다. 어떤 이들은 감격하고, 기뻐하며, 열성적이었고, 반대로 다른 이들은 조용하고, 유보적인 태도를 취했다. 한편 다른 이들은 여전히 혼돈스러워하고 당혹감을 가졌다. 그들은 많은 사람이 앉아서 이야기할 장소를 찾았다.
>
> 이제 우리는 8-9주간 계속해서 모이고 있었다. 그래서 내게는 이름보다도 얼굴이 더 의미가 있었다. 왜냐하면, 그들의 얼굴이 하나님의 역사하심을 반영했기 때문이었다. 몇 년 전에는 크리스천이었으나, 다시 그의 옛 생활 스타일로 돌아간 한 남자는 그의 얼굴에 전염성이 있는 큰 미소를 짓는 사람이었다. 바로 2주 전에 그는 실망하고 기가 푹 죽어 우리 모임에 왔다. 그러다가 우리가 경배드리고 하나님께서 우리 가운데 행하시는 것을 이야기할 때, 그는 울며 자기의 죄를 고백하기 시작했다. 그는 소그룹 모임의 사람들에게 울며 자기의 이야기를 나누고, 그들이 그에게 사역을 했을 때, 그는 다시 자유케 되었다. 이제 그는 우리 모든 사람과 함께 하나님을 더 잘 알기 위하여 기도하게 되었다.
>
> 하나님과 접촉하며 머무는 데 어려운 시간을 가졌던 한 여인은 그녀의 삶이 변화되는 것을 보았다. 그녀는 성서를 읽고, 기도하며, 교회에 가서 예배를 드리려고 노력했다. 그러나 그녀의 과거 유혹이 너무 강했다. 그녀가 계속 죄를 짓는 것에 실증을 느끼고, 그밖의 모든 사람이 잘 지내고 있는 것을 곰곰히 생각한 후, 그녀는 다음날부터 그런 크리스천의 나쁜 생활을 포기하기로 결심했다. 그런 그녀의 삶에 변화가 시작된 것은 그녀가 그 그룹에 와서 사람들과 좋은 관계를 갖기 시작하면서다. 그룹에 있는 다른 사람들은 그녀에게 용서의 복음을 전하고, 힘을 북돋아 주고, 간곡한 권면의 말을 주었다. 하나님께서는 그룹 안에 있는 다른 사람의 헌신을 통하여 그녀의 과거 유혹을 극복할 수 있도록 도우셨다. 파괴적인 생활 패턴이 변화되면서, 그녀와 하나님의 동행은 더 친밀해지고, 건실하게 되었다.
>
> 이 그룹이 빈야드에서 소그룹 사역의 시작이었다. 적어도 우리가 킨십 그룹(Kinship Groups, 속회나 구역모임 같은 소그룹 모임 – 역자 주)이라 부르는 패턴이었다. 우리가 언제 모이며, 무엇을 하고, 왜 하는가를 이해하기 위하여 하나님께서 우리에게 행하셨던 것을 기억하는 것이 유익하다. 그분은 우리를 영접하셨고, 용서하셨으며 그리고 우리의 마음에 있는 모든 것을 가지고 그분에게 담대히 나아갈 자유를 주셨다.
>
> 존은 이 그룹이 형성된 후, 여러 달 지나서 그 그룹에 참여했다. 그리고 그는 우리에게 무슨 일이 일어나고 있는 것을 이해하도록 도와주었다. 교회성장 상담원으로서의 그의 경험이 우리에게 행하시고

가정이나 공공 건물에서 모일 때도, 이 갓 태어난 교회는 빠르게 성장했다. 어떤 방법으로 이와 같은 경험이 새로운 맴버들을 끌어당겼는가?

---

8) 밥 펄톤 "빈야드 킨십의 기원(The Genesis of Vineyard Kinship group)", 첫 열매(First Fruits, 1985년 2월): 6-7. 계간지. (Kinship group은 빈야드교회에서 우리의 구역 모임 같이 가정에서 모이는 그룹 명칭 – 역자 주)

있는 하나님의 역사를 분석하는 데 도움을 주었다. 소그룹 훈련 환경에서 그는 우리가 그동안 겪었던 것을 다시 회상하게 했다.

"그의 얼굴을 구한다"(seek his face), "하나님을 향한 갈망"(hunger for God) 그리고 "살아계신 하나님과의 친밀함"(intimacy with the living God) 같은 말들은 우리에게 일상적인 말이 되었다. 칼 터틀이 우리에게 가져온 찬송들은 우리의 내적 존재 속으로 깊숙이 들어왔다. 우리의 영이 하나님의 음성을 듣기 위하여 열리기 시작했고, 우리는 우리가 얼마나 절망적인가를 깨달았다. 존은 우리들이 하나님을 경험하고 있는 워십이 우리의 최고의 우선순위라고 가르치기 시작했다. 만일 우리가 하고 있는 모든 것을 멈춰야 하고, 단 한 가지만 남겨둬야 한다면, 그것은 워십이다. 워십은 우리가 하나님과의 친밀함(intimacy)을 개발하도록 도와주었고, 그래서 우리는 그분이 우리에게 말씀하시는 것을 들을 수 있었고, 다른 모든 음성으로부터 그분의 음성을 식별해 들을 수 있게 하였다.

경배드리는 가장 분명한 방법 중의 하나는 하나님께 드리는 찬양을 통해서이다. 우리는 경배에 대한 지식이 없었고, 그런 것을 알지도 못했다. 우리는 종교적이었고, 마음은 상해 있었고, 하나님의 음성을 듣지 못하는 영적인 귀머거리였다. 그런데, "주님, 내가 당신을 사랑합니다"(I Love You, Lord),[9] "당신은 나의 피난처이십니다"(You Are My Hiding Place),[10] 그리고 "오 하나님, 내 마음을 변화시키소서"(Change My Heart, O God)[11]와 같은 1인칭과 2인칭으로 부르는 찬양은 정면으로 하나님을 만나도록 인도했다. 전에 우리는 하나님에 대한(about God) 찬송을 많이 부르기만 했으나, 이제 우리의 가사는 하나님을 향한(to God) 열정과 친밀한 표현으로 경배를 드리게 되었다. 눈을 감은 채, 손을 들고, 우리는 우리가 무엇을 하고 있는지도 깨닫지 못하고 습관처럼 무릎을 꿇고 주님을 경배하곤 하였다. 그러나 이 바디 랭귀지(몸의 언어)는 우리의 영이 그분께 드리는 우리의 생각을 표현하도록 돕는다.

우리는 오랫동안 우리를 더욱 흥겹게 하는 찬양을 꾸준히 불러왔다. 그러나 이런 찬양 형식은 우리가 경배드리는 새로운 형식을 배우면서 점점 더 멀리하게 되었다. 전에 우리가 우리 자신의 예배를 통제하던 전통적 방식은 사실상 우리의 영을 억압해 왔다. 하나님 안에서의 삶을 노래하는 것은 아주 편안하다. 그러나 그것은 우리의 내적 존재의 갈망을 채워줄 수 없었다. 이것을 깨는 과정은 전혀 편한 일이 아니었으나, 그것은 영혼의 갈망을 충족시켜 주었다. 하나님에 대한 더 많은 갈망을 발견한 사람들의 한 그룹으로 시작했던 우리는 빈야드에서 그렇게 계속하기를 원하며, 워십을 통해 그분에게 더 간절한 음성으로 부르는 찬송을 계속 드리기 원한다.

워십이 창출하는 확실한 분위기가 있다. 워십은 사람들에게 안도감을 주어 마음을 열게 한다. 사람들은 "우리" 대신에 "나"라는 말을 사용해서 개인의 견해로부터 말할 수 있도록 고무되었다. 하나님과의 친밀함이 증가하면서, 서로 서로의 친교는 더 깊고 진실하며 마음이 열린 자세로 서로를 대하게 만

> 가사의 단순함과 반복은 예배자들이 워십 중에 몸을 자유롭게 할 수 있게 한다. 찬송가 책을 손에 쥐고 가사를 보며 부르는 것이 육체적 표현을 제한하는가?

---

9) "I Love You, Lord"를 언급한 것은 아마도 Laurie Klein이 쓴 노래 같다. 1978년, 1980년에 Mercy Music의 저작권 설정됨. 주목할 것은, 캐롤 웜버가 회상하면서 위의 노래가 Laurie가 쓴 노래와 동일하다고 확인한 것이다.
10) 이 노래는 Michael Lender의 "You Are My Hiding Place(당신은 나의 피난처)" 같다. 1981년 CCM Music/Universal Music에 의해 저작권 설정됨. – Brentwood Benson Publishing.
11) 아마도 펄톤은 빈야드 회중의 초기 뮤직 리더들 중의 한 사람인 Eddie Espinosa를 언급하는 것 같다. "Change My Heart, O God(오 하나님, 나의 마음을 바꾸소서)"의 가사는 Mercy/Vineyard Publishing에 의해서 1982년 저작권 설정됨. 펄톤은 이 후기의 노래를 그의 마음속에 있는 노래의 타입의 한 예로 초기의 노래로 여기는 것 같다.

margin note (left): 찬양 가사 중에 "우리들"이라는 언어보다 "나는"이라는 언어를 더 많이 이용한다고 종종 비판받기도 한다. 펠튼은 일인칭 언어를 사용하는 것에 유익한 면이 있다고 말하는데, 그 유익한 면이 무엇인가? 여러분은 동의하는가?

든다. 사람들은 실제로 배척되거나 거절되는 두려움이 없는 편안한 곳에서 자유롭게 말할 수 있었다.

우리가 죄에 빠졌거나 연약한 사람들을 의식적으로 비난하던 방법도 변했다. 어쩌면 우리는 서로를 위해 존재하고, 서로 서로가 올무에서 자유롭게 되는 것을 보기 원한다. 이제 우리가 모일 때 우리는 보호받는다는 느낌을 갖는다. 그것은 우리의 잘못도 스스럼 없이 드러내놓고 말하게 하여 우리가 용서받고, 그 올무의 권세에서 해방하게 한다.

2. 초기 참석자들의 증언

초기 애나하임 빈야드에서 함께 하던 사람 중에 많은 사람이 아직도 우리 주변에 있다. 여기에 워십에 대한 그들의 기억에서 몇몇 회고담을 전한다. 여기에 언급된 회고담 중에서 몇 개의 짧은 이야기가 앞에서 언급되었다.

먼저 토드(Todd Hunter)의 간증이다. 그전에 빈야드에서 파송한 개척교회 목사였고, 후에 빈야드교회연합회에서 존 윔버를 도왔다. 그는 초창기부터 윔버의 가까운 목회 보조자였다. 그와 그의 부인 데비(Debbie)는 1979년에 웨스트 버지니아주 윌링(Wheeling)으로 가서 처음으로 빈야드교회 밖에서 개척교회를 세우고 섬겼다. 헌터는 처음으로 빈야드 회중이 드리는 경배의 독특한 특성을 말한다.[12]

25년 동안 나는 전 세계를 여행하며 많은 예배, 컨퍼런스, 세미나, 수양회 그리고 다른 환경에서 드리는 크리스천 예배에도 참석했다. 나의 판단으로는 초기 <u>요바린다 갈보리 채플/빈야드에서의 경배는 다른 곳의 많은 예배보다 훨씬 뛰어나다 — 그것은 완전히 다른 성격의 예배이다.</u>

비록 존 윔버가 전문 음악인으로 편곡자요, 연주자요, 그리고 음악팀의 다른 멤버와 싱어들이 매우 능력있는 사람들이라 하더라도, 이런 특성들이 어떤 차이를 만들어내는 것은 아니다. 나는 이보다 더 좋은 음악인들과 더 좋은 보컬리스트들의 음악을 들었다. 나는 매주 우리 교회에서 익숙한 것보다도 훨씬 복잡하고 전문적으로 각색된 음악도 많이 경험했다.

margin note (left): 헌터의 간증은 빈야드 초창기에 회중의 이름과 예배 장소가 유동적이었던 것을 보여준다. 처음에 회중은 캘리포니아 남부에서 일어난 또 하나의 운동인 갈보리채플에 가입되어 있었고, 집회 장소는 애나하임이 아니라 요바린다였다.

토드 헌터는 초기 빈야드 워십에서 세 가지 구별되는 특성은 (1) 하나님과의 인티머시 (2) 성령의 임재가 나타남 (3) 하나님께서 매 워십 때마다 그분의 교회에 찾아오시고 능력으로 행하실 것이라는 기대라고 말한다. 아래에서 그는 인티머시를 향한 회중의 욕망과 뜨거운 기대 속에 함께 경배드리기를 열망하는 회중의 모습을 말한다.[13]

우리 중의 절대다수는 진솔하고 순진하게 하나님을 대하려고 노력했다. 왜냐하면, 그분이 우리와의 관계를 주도하시고, 우리는 그분을 더 알기 원했기 때문이었다. 그래서 우리는 경배드리며 찬양하고,

---

12) 토드 헌터, 신디 레트마이어에게 보낸 이메일, 2006년 5월 20일
13) 토드 헌터, 신디 레트마이어에게 보낸 이메일, 2006년 5월 20일

송축하며 간구하는 여러 일에 마음이 열려 있었다. 우리는 양순하게, 그러나 우리의 목사님들의 숙련된 안내로 정직하고 자유로운 분위기에서 경배드렸다. 흥미로운 일은, 초기에, 이런 "자유" 혹은 "정직"이 유별나거나 이기적인 행동은 전혀 존재하지 않았다. 전체 분위기는 단순하고, 부드럽고, 그리고 하나님 중심이었다.

우리는 실제로 경배드리는 시간까지 기다릴 수 없을 정도였다. 회중과 함께하고, 경배드리고, 하나님께서 오늘은 우리에게 무슨 일을 하실 것인가를 보기 원했다. 우리는 기대감을 느꼈다. 그리고 우리는 하나님께서 경배 중에 우리를 찾아오실 것이라는 합당한 소망을 가졌다. 왜냐하면, 그분은 한결같이 그렇게 하셨기 때문이었다.

몇 년 동안, 이 세 가지 요소들 – 인티머시(친밀함), 임재의 나타남, 그리고 기대 – 는 돌이켜 보면, 참으로 놀랍고 훌륭한 경배를 창조하는 "악순환"(vicious cycle)이 아닌 "선순환"(benevolent cycle)이 되었다. 우리는 하나님을 갈구했고, 우리가 캘리포니아주 남부의 속어(slang)로 말하는 것처럼, 그분은 눈에 띄게 "나타나셨다"(showed up). 그리고 그런 후에 우리는 더 많은 기대를 하게 됐다. 이것이 여러 해 동안 계속되었다. 그 결과 많은 사람이 처음으로 교회 예배에 참석하기 위하여 들어와서는 경배에 대한 어떤 의식적인 생각조차 할 수 없는 분위기와 그 선순환에 사로잡혔다. 지나고 나서 보니까 그렇게 되었지, 그때는 몰랐다: "방금 나에게 무슨 일이 일어났지?" "왜 내가 몹시 사랑받은 것을 느끼고, 사랑으로 충만하고, 하나님께 아주 가까이 해서, 기꺼이 경배드리며 하나님께 내 마음을 쏟아냈을까? 그리고 다른 사람들을 섬기게 되었을까 등등?".

나는 사람들이 체육관을 걸어 나가면서 훌륭한 기타 연주, 쿨한 키보드 음악, 혹은 놀라운 보컬리스트들의 찬양을 언급하지 않고 걸어 나가는 사람을 한 사람도 보지 못한 것을 기억한다. 그것은 모두 하나님의 임재를 알고 느끼는 것에 대한 것이고 워십 중에 그분을 향한 응답이었다.

뉴욕시 빈야드 휄로우쉽의 담임목사인 마이크와 차 터리지아노(Mike and Char Turigiano)는 그들이 빈야드 워십에서 최초로 경험한 것을 말한다. 그들이 빈야드 운동과 관계를 갖기 시작한 때는 1980년이다. 그때 그들이 존 윔버를 만났고, 그의 제자가 되어 배웠다. 먼저 차 터리지아노가 증언한다:[14]

내가 고등학교에서 예배드리는 빈야드교회를 방문하기 전에는, 나는 참된 경배가 무엇인지 정말 알지 못했다고 말해야 하겠다. 나는 체육관으로 들어가 자리에 앉았을 때, 내가 전에 다녔던 어떤 교회와 다른 자연스럽고 실제적인 경험에 완전히 압도되었다. 존 윔버가 키보드 앞에 앉아 첫 코드를 시작했을 때, 나는 이내 울기 시작했다. 그리고 몹시 압도되는 임재를 느꼈고, 나는 이것이 틀림없이 성령이라고 인식했다(잘 모르지만). 그리고 내가 전에 경험해보지 못했던 (하나님과의) 인티머시를 경험했다. 나는 말씀이 내 가슴을 찌르는 것처럼 느꼈고, 내가 사랑, 은혜, 자비와 하나님 자신이 나와 함께 그곳에 계신 것을 경험하고 있는 것을 깨달았다. 나는 갑자기 워십은 하나님과 나 사이의 경험이고,

---

전체적인 기독교 역사에서 빈야드 워십은 17세기에 독일에서 일어난 경건주의 흐름과 그 맥을 같이 한다. 경건주의는 하나님을 아는 것과 마음 사이에 밀접한 관계를 강조한다. 워십 중에 하나님의 임재를 느끼는 것을 강조하는 것은 수백 년 동안 교회사에서 흔히 있는 일이었다.

---

14) 차 터리지아노, 신디 레트마이어에게 보낸 이메일, 2006년 5월 19일

이 경우에 음악은 그것을 통해 그분이 나를 만나는 도구(tool)라고 깨달았다. 나는 "오 하나님, 내 마음을 변화시키세요"(Change my heart, O God)[15]를 부른 것을 기억한다. 그리고 즉시 나는 내 마음을 변화시키기 원했다. 그래서 내게는 이것이 영원히 내 삶을 변화시킨 놀라운 경험이었다!

이처럼 마이크 터리지아노, 빈야드 워십에 참석하고 처음으로 놀랍고 감동적인 경험을 맛보았다.[16]

후에 "빈야드 워십"이라고 알려지게 된 워십에 내가 처음으로 참석한 때는 멀리 1981년 캘리포니아주, 요바린다에 있는 캐논고등학교 체육관에서 예배드릴 때였다.

존 윔버가 워십을 인도하고 있던 예배에서 나의 세계가 흔들렸다. 그 시간까지 나는 오순절 예배에 익숙해 있었다. 활기 넘치는 찬양 집회 - 주로 하나님에 대한 찬송가와 합창 - 그러나 그날, 칼 터틀이 "그분이 아름답지 않은가요?(Isn't He Beautiful? Beautiful, Isn't He?)[17]을 부르기 시작했을 때, 성령이 내 마음을 녹이시면서 하나님을 향한 압도적인 사모함에 내가 사로잡혔다. 나는 울기 시작했다.

린다 파디와 그녀의 남편 데이브(Linda Pardee and her husband, Dave)는 캘리포니아주 남부에서 자랐고, 1981년 존 윔버가 목회하던 초기에 그의 사역을 통해 크리스천이 되었다. 그 후 몇 년 동안 그들은 서부 해안지역(West Coast)에 두 개의 빈야드교회를 개척했다. 그리고 초창기 애나하임 빈야드교회의 스태프로 사역했다. 아래는 초기 빈야드 워십에 대한 린다 파디의 회고담이다:[18]

초기 빈야드 워십 경험/체험에 대한 많은 간증은 그런 강력한 개인적 워십의 귀한 특성을 특별히 언급한다. 인티머시와 은혜의 감수성에 대한 개념은 기독교 워십의 긴 역사에서 그렇게 흔한 것은 아니다. 1960년대 후반부터 1970년대의 캘리포니아주 남부의 문화가 어떻게 예배자들로 하여금 그런 방법으로 하나님을 경험/체험하기를 갈망하게 만들었는가?

내가 다른 사람들이 손을 들고 무릎을 꿇고 울며, "오 주여, 당신은 아름답습니다"(O Lord, You're Beautiful/Beautiful, isn't He?)[19] 같은 노래를 부르고 있는 것을 바라보면서, 처음에는 이것이 너무 친밀하고 마음에 감동을 주는 방법이라 찬양 속으로 들어갈 수 없다고 생각했다. 그러나 내가 음악에 따라 가사를 노래하기 시작할 때, 무엇인가 내 마음속에 찾아왔고 나는 마치 내가 어린 아이 같이 노래하면서 나 자신이 울고 있는 것을 발견했다. 그때 나는 나의 굳은 마음이 부드럽게 되기 시작하는 것을 느꼈다. 내가 알았다고 생각한 이 하나님은 아주 멀리 계시고, 돌보지도 않으시는 분이라고 생각했으나, 이제 그분이 가까이 계셔 내가 전에는 결코 알지 못했던 사랑을 나에게 보여주실 수 있는 곳으로 나를 이끄셨다.

캐롤 윔버의 여동생이요, 밥 펄톤의 아내인 페니 펄톤(Penny Fulton)은 애나하임 빈야드의 초창기부터 스태프 멤버였다. 그녀는 경배 중에 성령이 구애하시고, 이끄시고, 죄를 깨닫게 하시는 역사를 지적

---

15) 터리지아노는 "Change My Heart, O God"를 빈야드 회중의 초기 뮤직 리더들 중의 한 사람인 Eddie Espinosa가 쓴 노래라고 말하고 있다. 이 노래의 가사는 Mercy/Vineyard Publishing에 의해서 저작권 설정됨.
16) 마이크 터리지아노, 신디 레트마이어에게 보낸 이메일, 2006년 5월 20일
17) 노래 "Isn't He"(그분이 아닌가)는 존 윔버가 쓴 노래. 1980년 Mercy/Vineyard Publishing에 의해서 저작권 설정됨.
18) 린다 파디, 신디 레트마이어에게 보낸 이메일, 2006년 5월 31일
19) 노래 "O Lord, You're Beautiful"은 Keith Green이 쓴 노래. 1980년 Capital CMG에 의해 저작권 선정됨 - Brentwood Benson Publishing.

한다.[20]

내가 워십을 경험한 것은 친구들과 함께 가정 모임에 참석하면서 시작되었다. 나는 그러기 12년 전에 크리스천이 되었다. 이 그룹이 결과적으로 빈야드 운동의 시작이 되었다. 우리는 전부터 사람들이 말하는 크리스천 체험에 오히려 거부반응을 갖고 있어서, 우리가 일찍이 가졌던 무엇이 일어나는가에 대한 기대감을 이해하기 어려웠다.

... 처음에, 나는 직접 하나님께 큰소리로 표현하는 친밀감에 몹시 당황했다. 그런 친밀감을 표현하는 것에 내 눈을 감게 하였고, 다른 사람들을 쳐다보지 않게 했다. 찬양의 가사는 모두 하나님을 송축하는 것이었고, 내 삶을 그분 앞에 내려놓는 것이었다. 나는 전에 하나님께(to) 직접 드리는 찬송을 부른 적이 결코 없었다. 다만 그분에 대한(about) 찬송을 주로 불렀다. 그래서 이것이 나를 불편하게 만들었다. 무엇인가 좀 "너무하다"(to much)는 생각이 들었기 때문에, 한번은 그 모임을 떠날 생각을 했던 것을 기억한다. 그러나 내가 아주 감사하게도 도망가지 않았다.

내가 그 가사들로 찬송을 하면 할수록, 내가 그분에게서 멀리 떨어져 있는 것을 나는 깨달았다. 나는 그것에 불편함을 느껴, 어디에 숨어버리고 싶었다. 그러나 진실에 직면했을 때, 파도처럼 내 위에 몰려오는 하나님의 사랑을 느끼게 되었다. 더 이상 종교성 뒤로 숨을 수 없었다. 경배드려지는 찬송의 가사들은 아주 단순하고, 진실했으며, 그러면서도 내 마음을 관통하며 바로 그 하나님의 마음으로 향하게 하였다.

하나님께선 치열한 삶의 전쟁과 교회 리더십의 엄격한 자세로 인해 굳어진 헌신적인 크리스천들의 종교적 외면을 깨고, 그들의 심령속으로 들어가셨다. 그리고 간단하며 은혜충만한 말씀을 주셨다. "내게 오라, 너의 짐을 내려놓아라... 너의 주님, 너의 기업, 너의 보화인 나를 찾으라... 내가 너를 사랑한다".

초기 빈야드의 많은 자료는 예배자의 마음과 하나님의 마음을 나란히 강조하는 것을 보여준다. 워십은 많은 면에서 "마음과 마음에 대한 것"이다. 하나님께서는 예배자의 마음에 거룩한 사랑의 깨달음을 부어주시고, 예배자의(찬양의) 워십은 하나님의 마음을 터치하는 찬송을 올려 드린다.

3. 음악에 대한 초기 참석자들의 회고

뮤직 팀의 리더인 칼 터틀은 초기 회중을 위해 계획하고 리드하는 워십의 단순함에 대해서 말한다. 이 단순함은 경배 중에 음악을 통하여 회중이 주님 한 분에게만 집중하는데 알맞다.[21] 또한, 터틀의 회상은 이 회중의 모든 역사를 기술하는 것이 어려운 일인 것을 알려준다: 초기 역사에서 예배의 특징을 문서로 남긴 것이 별로 없기 때문이다. 이에 더하여, 이 기억들이 암시하는 것처럼, 비록 빈야드 운동의 초기 역사에서 카리스마틱한 담임 목사, 존 윔버보다 더 넓게 스포트라이트를 받게 하는 것은 어렵지만, 터틀과 다른 사람들도 이 공동체의 워십을 형성했던 주요 인물들이었다.

우리는 1977년 5월 10일 어머니날에 정식 교회 모임으로 출범했다. 워십 팀은 존 윔버, 나와 그리고

---

20) 페니 펄톤, 신디 레트마이어에게 보낸 이메일, 2006년 5월 20일
21) 칼 터틀, 앤디 팍에게 보낸 이메일, 2008년 8월 1일

딕 헤잉(Dick Heying), 이렇게 세 사람으로 구성되었다. 존이 로즈(Rhodes) 피아노를 연주했고, 나는 어코스틱 기타를 쳤다. 그 당시 음악이 마이크로 전달되었는지는 잘 모르겠다. 딕은 드럼을 쳤다. 존이 밤에 찬양을 마치고 걸어 나가면서 제리 데이비스(Jerry Davis)에게 여전히 베이스 기타를 치느냐고 물으면서 그에게 함께 하자고 부탁해서 그가 워십 팀에 합류했다.

우리의 준비는 예배시간 전에 도착해서 로즈에 맞추어 악기를 조율했다. 처음 시작한 5월부터 1983년 5월까지, 우리는 결코 무엇을 연습하거나 리허설(예행 연습)을 하지 않았다. 왜냐하면, 무슨 찬양곡, 리스트라는 것이 없었고, 여성 보컬리스트도 없었기 때문이었다. 내가 먼저 첫 코드를 치기만 하면, 항상 다른 사람들이 따라왔다. 나는 결코 찬양곡 리스트를 만들어 주지도 않았고, 나 자신을 위해서도 그런 것은 쓰지 않았다. 찬양 중에 여성 파트가 있으면, 강단에서 조금 떨어진 바닥에 있는 신디 [레트마이어]에게 마이크를 건네주어 그곳에 서서 찬양을 부르게 하였다. 그것은 강단이 가로 2.4m, 세로 4.8m밖에 되지 않아 신디가 강단에 올라와 설 공간의 여유가 없었기 때문이었다. 이때쯤 에디 에스피노사(Eddie Espinosa)가 리드 기타를 연주했다.[22]

이 기간에, 팀 멤버의 관점에서 워십에 접근하는 일관성과 모델링에 강조했다. 1977년부터 83년까지 똑같은 팀이 연주했다. 그동안 나는 3-4번 결석했고, 존은 몇 번 빠졌을 뿐이었다. 그는 첫 5년간 우리의 모임이 교회로 확정되면서 주일마다 빠지지 않고 참석했다. 존이 풀러신학교 전도와 교회성장원으로 부임해서 떠났을 때 믿는 젊은이들의 모임인, "그날의 어린이들"(Children of the Day)이란 그룹에서 피터 제이콥스(Peter Jacobs)가 존의 자리를 채웠고, 드럼을 치는 딕이 주일에 빠지게 되면 (Elvis Preesley와 Neil Diamond를 위해 연주하던) 론 터트(Ron Tutt)가 빈자리를 채웠다. 그것은 아주 쿨(cool, 잘한 일이었다)했다.

그 당시 존은 또 다른 하나의 워십 팀을 만들 생각을 하지 않았다. 워십 팀 멤버들이 로테이션해서 들어오고 나가게 하지도 않았다. 그와 캐롤 웜버는 - 그들이 옳았는데 - 우리가 워십 팀의 한 원형(a prototype)을 확립하고 있었다.

후에 우리는 수십 명의 워십 리더들을 양육했다. 신디와 내가 일찍이 최초로 워십 훈련 카셋트 테이프의 하나를 만들었다고 생각한다. 그 당시 "워십"이라는 말이 아직 일상의 용어가 되지 못할 때였다. 우리는 두 개의 카셋트 테이프를 "출시했다". 그 안에 내가 기타를 조율해서 사람들이 그 테이프에 따라 음악을 조율할 수 있게 하였다. 신디와 내가 조용한 화장실에서 작업하면, "엔지니어"는 밖의 거실에서 카셋트 테이프에 녹음된 것을 재생할 수 있게 하기 위해 역시 카셋트 테이프로 녹음했다. 우리는 이렇게 녹음된 카셋트 테이프를 소그룹을 위해 워십을 리드하기 위해 배우고 있는 사람들에게 나눠주었다.

이제 이것은 온전한 사실이다: 그 사실은 - 이 기간 동안 교회의 담임목사인 존 윔버는 어느 한 번이라도 우리에게 무엇을 찬양하라고 요구한 적이 결코 없었다! 그 시간에, 그는 결코 내가 무엇을 하고, 무엇을 하지 말라고 지시한 적이 절대로 없었다. 어린아이 봉헌 때 혹은 그와 같은 때를 이유로 시간을 절약하기 위하여 부를 찬양곡 수를 줄이라고 말한 것 이외에는 다시, 나는 존이 이 기간을 하나의

---

22) 에스피노사는 잘 알려진 "Change My Heart, O God"를 작사, 작곡했다.

형성기(formational period)로 보아, 워십이 그릇되지 않도록 자제하는 지혜를 가졌다고 생각한다. 비록 워십이 단순하고 솔직히 반복적이라 하더라도 - 그때는 오늘날처럼 많은 찬양곡이 없었기 때문에 - 그것은 매우 강한 영향을 주게 되어 사람들이 우리의 저녁 예배에 참석하기 위해서 많은 시간을 운전해서 달려오곤 하였다.

그렇다고 내가 이렇게 한 것이 최선의 어프로치라고 암시하는 것은 전혀 아니다: 모니터(충고자)도 없고, 리허설도 없고, 어떤 분명한 지시사항도 없었으나, 그 당시 그냥 우리가 하는 방식 그대로 했을 뿐이었다. 그리고 그것은 좋았다. 존이 보여준 자제력은 놀라운 것이었다. 그가 훈련된 직업 음악인이요, 교회의 담임목사였는데도 말이다. 그는 분명히 그의 권위를 행사할 수 있었고, 자신의 의견을 주입시킬 수 있었음에도 불구하고, 그는 그렇게 하지 않았고, 그래서 그것이 놀라웠다. 특별히 그가 바로 워십 팀을 인도하는 플랫폼에서 우리 가까이서 키보드를 치며, 자기 앞에 놓인 마이크로 노래를 부르며 앉아 있었기 때문이다.

우리가 드렸던 찬양 시간은: 주일 아침 예배 때는 약 30분, 주일 밤 예배 때는 약 45분간 계속해서 드렸다!

캘리포니아주 카포 비치(Capo Beach) 갈보리 채플의 담임목사이며, 캘리포니아주 남부에서 일어난 새로운 워십 운동에 일종의 "모교회"(Mother Church) 같은 코스타 메사 소재, 갈보리 채플의 담임목사, 척 스미스의 아들인 척 스미스 주니어(Chuk Smith Jr.)는 윔버의 교회의 워십에 참석한 후, 신선한 충격을 받아 어떻게 그가 자신의 교회에서 새롭게 음악 개혁을 계속 추진할 수밖에 없었던 사정에 대해 상세하게 말한다. 스미스의 코멘트는 가장 최선의 맞는 말로 여겨진다 - 그는 때때로 갈보리 채플 예배를 특정짓는 몇 가지 "전통적인 요소"(traditional elements)를 기억한다. 즉, 모교회인 코스타 메사 갈보리 채플의 주일 아침 예배에서의 찬송은 설교의 주제와 연결되는 주제를 가진 전통 찬송을 조심스럽게 선택해서 부른다.[23] 스미스의 회상은 이 회중(빈야드 회중)을 연구하는데 상당한 어려움이 있는 것을 드러낸다: 그가 이 교회의 워십(빈야드 워십) 중에 느낀 다이내미즘(역동성)을 언급하는 동안, 독자는 그 워십에서 무엇을 느꼈고 그들의 워십 찬양이 어떻게 들렸는가를 상상해야 한다.

찬양은 "자, 지금이 주님을 찬양할 시간이라는 것을 모르세요?"(Well, Don't You Know It's Time to Praise the Lord)라는 곡으로 시작했다.[24] 곧 모든 사람이 일어났다. 처음에 부른 몇 곡의 노래는 나에게 완전히 새로운 찬양이었다. 그러나 나는 그 노래들을 즐겨 따라 불렀다. 찬송의 가사는 하나님 혹은 예수님께 직접 부르는 사랑과 헌신의 가사들이었다. 그리고 뮤직은 매우 컨템포러리로 들렸다(록

---

23) "성경 본문에 따른 공동체와 멀티미디어 시대의 새 노래: Jeus Movement에서의 은사의 일상화"(Texual Communities and New Song in the Multimedia Age)(Ph. D. 학위논문, 풀러신학교, 2006), 270-71.
24) 찬송. "주님을 찬양할 시간인 것을 알지 못하세요"(Don't You Know It's Time to Praise the Lord)는 Bruce와 Judi Borneman이 쓴 노래로, 1981년 마라나타!뮤직에 의해 저작권이 설정됨. 이 찬송은 시편 23:3을 사용해서 쓴 찬송의 한 실례다 ("이스라엘의 찬송 중에 거하시는 주" - KJV 성경). 그리고 이 구약성서의 구절은 교회가 하나님을 찬양할 때, 그분이 찬양 중에 거하신다는 신학을 발전시키기 위해 자주 인용되는 구절이 되었다. 이 신학은 20세기 후반에 오순절-카리스마틱 서클에 널리 확산되었다.

스미스 주니어는 그가 체험한 감동적이며 참된 예배를 복사하기 원한다. 음악에 속임수의 능력이 있을 수 있다는 것을 일찍이 윔버가 목회적으로 깨달은 것을 기억하라. 예배자가 어떻게 단순히 음악에 의해서 감동받는 것과 하나님에 의해서 감동하는 것의 차이를 분별할 수 있을까?

음악이 아닌, 성인 컨템포러리 뮤직이다). 찬양드리는 사람들 가운데 열정이 넘쳤는데 그것이 전염되는 것처럼 느꼈다. 그 밤에 나는 참으로 하나님을 경배했다. 일주일 전만 하더라도 나는 워십에 대한 정의를 내릴 수도 없었고, 워십이 어떻게 보이는 것이라고 설명할 수조차 없었다. 그러나 나는 그 밤에 하나님께 경배드렸다: 나는 예수님과 일대일로 대면해서 내가 그분을 사랑한다고 그분에게 말하였다고, 그분을 찬송했고, 그 결과 그분은 참으로 놀라웠고(awesome), 나는 "영적인 슬픔"(spiritual mourning)의 상태로 CCYL를 떠났다[당시 요바린다 갈보리 채플(CCYL)이었으나, 후에는 빈야드 휄로우쉽이 되었다]. 그 감격은 여러 날 동안 계속되었다. 왜냐하면, 내가 그 교회와 우리 교회를 비교해 봤을 때, 우리 교회는 죽었기 때문이었다(our church was dead). 우리 교회의 워십에는 성령의 생기(활기, the life)가 분명히 우리와 함께 있지 않았다. 그래서 우리는 즉시 변화를 시도했고, 마침내 변화시켰다.

뮤직은 빈야드교회가 처음 식작했을 때부터 빈야드 워십의 중요한 부분이었다. 다음에서 현재 애나하임 빈야드교회 담임목사의 아내인 쉐릴 핏트럭(Cheryl Pittluck)으로부터 먼저 초기 뮤직에 대한 몇 가지의 회상을 듣기로 한다.[25]

찬송들은 간단했고 배우기 쉬웠다. 스크린이나 어떤 것으로도 가사를 제공하지 않았다. 그래서 그냥 따라 불러야 했다. 그때의 음악은 내가 일찍이 보았거나 경험했던 것보다 매우 달랐던 것을 기억한다. 내가 기뻐한 것은 – 존이 피아노를 치며 리드를 했고, 그의 음성은 아주 부드러웠고, 따라 부르기 쉬웠다. 어떤 쇼맨십도 없었고, 무슨 연기나 흥행을 시도하는 것이 전혀 없었다. 음악 소리는 그의 음성과 섞여 조화를 이루었다. 예배의 최고의 부분은 워십이었던 것을 기억한다.

캐롤 윔버는 하나님께(to God) 찬양하는 중요성을 말한다.[26]

워십은 아마도 하나님께서 우리에게 하라고 말씀하신 첫 번째 일이었다. 그다음에 그분은 우리에게 어떻게 하라고 가르치셔야만 했다. 이것은 우리에게 혁명이었다: 예수님께(to Jesus) 직접 찬양을 드리는 것, 우리는 예수님께(to Jesus) 사랑의 노래를 불렀다. 그리고 우리를 압도한 것은 그분과의 친밀함(인티머시)이었다....

여러분은 그동안 여러분이 지켜온 믿음에 대한 신학적인 찬송을 여전히 불러도 좋다. 이 찬송들은 원더풀이고(굉장히 훌륭하고), 나는 그 찬송 하나, 하나에 감사한다. 그러나 여러분이 "주께서 나를 영원히 축복하나이다"(You Bless Me, Lord, Forever), 혹은 "내겐 오직 당신뿐이예요"(Whom Have I But You)을 부를 때[27], 그 찬양은 여러분의 내적 존재를 관통해서 여러분의 영이 말하고 싶어 하는 것

예수님은 예배를 받으시는 분이다. 이 강조는 복음주의자들 사이에 오랫동안 계속되는 경향이 되어 왔다. 이는 단순히 예수님이 아버지 하나님께 드리는 예배의 중재자로서만이 아니라, 이들은 예수 그리스도를 예배의 대상으로 삼아 그분에게 헌신하는 데에 초점을 두었다. 놀랍지 않게도, 지난 몇 년 동안 가장 많이 불리는 대부분의 "컨템포러리 찬양"이 아버지 하나님이 아닌 예수 그리스도를 우선적으로 예배를 받으시는 분이 되게 하였다(*사도행전의 사도들은 "예수님의 이름"으로 사역하고 세례를 베푼 것을 참고하라 – 역자 주).

---

25) 쉐릴 핏트릭, 신디 레트마이어에게 보낸 이메일, 2006년 5월 19일.
26) John Wimber, *The Way In Is the Way On* (Atlanta Ampelon Publishing, 2006), 108-9.
27) 캐롤 윔버는 최근에 출시된 2개의 빈야드 찬송을 언급하고 있다: "You Bless Me Lord"(주께서 나를 축복하십니다)는 Scott Underwood가 쓴 노래로, 1997년에 Mercy/Vineyard Publishing에 의해서 저작권 설정됨. "Whom Have I But You"(나에겐 오직 주님뿐이예요)는 Luis Ruis가 쓴 노래로, 1996년에 상기 빈야드 출판사에 의해 저작권 설정됨.

을 말하게 한다.

그것은 물론 모든 사람의 찻잔(cup of tea)이 아니었다(누구나 다 마실 수 있는 차가 아니라는 뜻 – 역자 주). 많은 교인이 이런 깊은 인터머시를 편하게 생각하는 것이 아니다. 그러나 주께서 성경을 통해서 이런 식으로 주님을 경배하라고 우리에게 가르쳐 주셨다: "그분께 노래하라, 그분께 찬양을 드려라"(대상 16:9).

우리는 종종 긴 시간을 드려 하나님을 경배하곤 했다. 우리가 원했던 만큼 길게. 우리가 원했던 어디서나: 그래서 우리는 먼저 경배를 드렸고, 마지막에도 경배를 드렸다. 두, 세명이 경배드리기 위해서 모였다. 우리는 다른 나라에 가서 전도사역을 하기 위해 워십 팀을 데리고 공항으로 가는 차 안에서도 경배(찬양)드렸다. 워십 팀이 경배드리는 것에 열중하던 나머지, 공항에 늦게 도착해서 문제가 된 적도 여러 번 있었다.

우리는 하나님을 경배했다. 그분은 우리의 경배를 받으실만한 분이기(worthy) 때문이다. 경배하는 것(to worship)은 현재의 예수님과 내일의 예수님 그리고 과거에 그분이 우리를 위해 행하신 것에 대한 유일하고 합당한 우리의 응답이다.

10대 때 애나하임 빈야드에 참석했던 베브 마틴(Bev Martin)의 증언은 빈야드 워십에서 회중 찬양의 중요성과 함께 경배 중에 성령의 능력과 임재를 느낀 것을 말한다. 유의할 것은 – 그녀의 애큐메니컬 카리스마틱 운동의 배경이 어떻게 빈야드 워십 사역을 감명깊게 여기게 되었을까 하는 것이다.[28]

내가 성령의 능력을 처음 경험하게 된 것은 빈야드에서가 아니다. 오히려 성 노버트(St. Norbert) 카톨릭교회의 카리스마틱 운동에서 성령 세미나에 참석해서 성령의 능력을 처음으로 만나게 되었다. 내가 고등학교 2학년 때이다. 나는 한 컨퍼런스에 참석했고, 그때 거기서 일어난 일에 놀랐다. 사람들은 성령 안에서 능력있게 사역하고 있었다. 그들이 나에게 기도했을 때, 나는 곧 방언을 말하고, 방언으로 찬양하기 시작했다. 사람들은 예언하며, 치유 사역을 했고, 나는 성령의 능력으로 바닥에 넘어졌다.

컨퍼런스 후에, 나는 카톨릭 카리스마틱 기도 모임에 참석하기 시작했다. 내가 차 안에서 기도했던 것을 기억한다. "주님, 나는 일생동안 당신을 알고 있던 것처럼 느낍니다. 그러나 지금 나는 당신의 임재를 압니다. 만일의 경우를 위해서, 나는 지금 내 생애를 당신께 드립니다!" 그것은 성 노버트 카톨릭교회의 신부님이 카리스마틱 운동을 폐쇄하기 바로 몇 주 전의 일이었다. 그 결정은 많은 카톨릭 성도들에게 끔찍하고 고통스러운 사건이 되어 많은 성도가 어쩔 수 없이 그 카톨릭교회를 떠나게 되었다. 그때 나는 17살이었고, 5남매 중의 맏이고, 진실한 크리스천 교인으로 카톨릭교회에 헌신했다. 나는 혼자 남게 되는 고독감을 느꼈으나 당시 그 교회를 떠날 수는 없었다.

이런 고통의 순간에 있을 때, 기적적으로 나의 몇몇 고등학교 친구들이 주일 저녁에 엘도라도 고등학교 찬양대 연습실에서 모이는, 많지 않은 사람들이 모이는 작은 모임에 함께 가자고 나를 초대했

---

28) 베브 마틴, 신디 레트마이어에게 보낸 이메일, 2006년 5월 23일.

다. 내가 그곳에 참석하는 첫 번째 모임인데, 작은 강단에서 한 사람이 무릎을 꿇고 있었다. 그는 울면서 성령이 능력으로 우리에게 오시기를 간구하고 있었다. 그의 이름이 존 윔버였다. 나는 그날 밤 그의 스위트한 정신과 성령을 사모하여 더욱 간구하는 그의 모습에 사랑을 느꼈다. 나는 성 로버트 카톨릭교회에서 짧은 기간이나마 성령의 능력을 다이내믹하게 만났기 때문에, 나는 그가 무엇을 사모하며 간구하는가를 알았다. 주께서 확실하게 존의 기도를 응답하셨다. 그들의 초기 모임은 역사에서 한때이지만, 주의 임재 역사는 압도적이었다. 우리는 우리의 구세주를 찬송하며 친밀하게 경배드리며 아름다운 찬양을 많이 드렸다. 성령의 능력이 임재해서 그날의 백성들을 터치하셨다. 하나님의 역사가 일어나고 있는 것이 확실했다. 사람들은 계속 오기 시작했다. 얼마 지나지 않아 우리는 캐논고등학교 체육관에서 모였고, 우리는 하나의 교회가 되었다.

> 이 예배자가 윔버가 예배를 위해 어떤 성서의 언어들에 관해 가르친 것은 어떻게 문화적 로맨스의 이미지로 이해했는가에 유의하라.

사람들의 마음을 열게 하여 하나님의 인티머시를 경험하게 하는 빈야드 워십에 두 가지 중요한 요소가 있다. 존 윔버는 워십을 "예수님의 얼굴에 키스하는 것"이라고 말했다. 우리가 단순히 찬양의 노래만 부른 것이 아니라, 그보다 오히려 우리는 전능자를 경배했다! 우리는 무릎을 꿇고, 손을 위로 들고 예수님께(to Jesus) 사랑의 노래를 불렀다. 우리는 노래를 부르면서 찬양 가사로 간절히 기도했다. 그것은 마치 우리들이 하늘의 보좌 곁에서 천사들과 함께 노래하는 것 같았다!

> 윔버는 목회를 하면서, 자신이 잘못 해석한 것을 정정했다. 희랍어 proskuneo의 의미를 더 조사하고 그는 좀 더 정확한 번역을 하고 "예수님의 발에 키스하는" 것으로 정정했다.

1983년 윔버가 한 설교에서 왜 빈야드 회중이 옛날 전통적 찬송가를 부르기보다 컨템포러리 언어(idiom, 어법)로 된 찬양을 부르는 이유를 설명했다.[29] (회중에게 하는 설교라서 존댓말로 번역했음 – 역자 주).

> 워십 중에 어떤 것을 하라고 주님이 감동주신 것에 헌신하게 된 것은 퀘이커나 오순절에 뿌리에서 나올 수 있었다. 어떻게 워십 계획자와 리더들이 예배 중에 이런 특별한 감동받은 사항을 이행하기 위해 성령의 능동적인 가이던스에 의존해야 하는가?

… 주께서 우리를 부르셔서 하라고 하신 첫 번째 일은 경배드리라는 것입니다. 그리고 이 교회는 소수의 사람이 모인 가정모임에서 시작됐고, 오늘 아침 여러분이 들은 찬송들과 같은 찬송으로 주님을 경배하는 것을 배우기 시작했습니다. 때때로 사람들이 방문해서 말하기를 "왜 옛날 전통적인 찬송가를 더 많이 부르지 않습니까?" 이에 대한 나의 대답은 "하나님께서 새로운 예배를 개발하라고 우리를 부르셨습니다." 그것과 함께 우리는 여기 우리 회중에 속한 사람들이 썼거나 혹은 우리에게 큰 의미가 있는 노래들을 다른 형제들이 우리에게 가지고 와 함께 부르는 수백 곡의 찬양을 하나님께 우리의 사랑을 표현하기 위해 컨템포러리의 언어(즉, 오늘의 말)로 된 찬양을 부르며 경배하기를 시도하고 있습니다. 그리고 우리에게 맞는 오늘의 언어, 우리의 감각에 적합한 오늘의 뮤직을 가지고 경배드리고 있습니다. 어쨌든 어떤 면에서나 하나님께서 다른 교회에서 행하시는 것에 부정적인 태도를 갖는 것이 아니고, 교회의 전통적 유산과 과거의 위대한 찬송가나 합창곡에 부정적으로 반응하는 것은 전혀 아닙니다. 나는 솔직히 그들 중의 많은 찬송가를 좋아하고, 그들을 사랑하며, 때때로 그들을 부르기를 원합니다. 그러나 주님께서 옛날 찬송가를 부르라는 어떤 감동도 주신 것을 느끼지 못했습니다. 나는 우리가 주님이 원하시는 것을 하고 있다고 생각합니다. 만일 누구도 그들을(즉, 전통적인 찬송가) 부르지 않는다면, 나는 정말로 실망할 것입니다.

---

29) "빈야드 크리스천 휄로우쉽의 기본적 우선순위"에서 "Call to Mission(선교/사명에 부르심)"이란 제목의 강의로부터, Box 13, 존 윔버 수집물, 리전트대학교 도서관 기록보관소, 버지니아 비치, 버지니아주, 1–2.

4. 경배자들은 워십 중에 성령의 드라마틱한 역사(ministry)를 말한다

빈야드의 경배자들은 경배드리는 동안에 성령이 운행하시고 역사하시는 것을 보았다. 신디 레트마이어는 어떻게 성령의 은사들이 찬양 음악과 함께 역사했는가를 설명한다:

존 [윔버]는 그가 키보드를 치면서 전체 예배시간을 통해 종종 회중들을 바라보곤 했다. 그런 후 그는 하나님께서 회중에 있는 사람들에 대해서 그에게 주신 메시지를 우리에게 말하기 시작했다. 그는 통상적으로 어떤 사람을 지목해서 그들에게 직접 말을 하지 않았다 – 그는 "그의 마음의 눈으로 본"(saw in his mind's eye) 것을 말하곤 했다. 그는 이런 류의 계시를 "지식의 말씀"(word of knowledge)이라고 불렀다. 우리는 우리가 워십을 드릴 때, 하나님의 임재가 우리에게 임하고, 성령의 은사들이 방출되는 것을 알았다. 우리는 성령의 은사들이 방출되는 것을 위해 경배드리지 않았다. 그보다 오히려, 은사들은 우리가 그분을 경배하며 하나님 앞에 시간을 보내는 동안 차고 넘쳤다.

성령이 회중 위에 임하였을 때 내면의 정서적 고통이 치유되는 것은 흔하게 일어나는 일이었다. 신디 레트마이어는 그녀의 남편 스티브(Steve)에게 일어났던 일을 말한다.

어느 날 밤 경배드리고 있을 때, 나는 우리가 함께 경배드릴 때, 스티브의 얼굴에 눈물이 흘러내리는 것을 보았다. 후에 그는 어디서인지 모르지만, 그가 과거의 고통스러운 경험을 기억했다고 말했다. 경배 중에, 마치 하나님께서 과거에 상처받은 기억으로 그를 데리고 가신 것 같았다고 말했다. 그때 하나님께서 아픈 기억의 상처로부터 그를 치유하셨다. 과거의 마음의 상처를 치유받고, 육체적 치유를 체험하고, 마귀로부터 구출되어 구원받는 이 모든 일이 자연발생적으로 워십 중에 일어났다. 가르치고 사역하는 시간 전에도 치유는 일어났다. 하나님께서 운행하셨다!

매리 걸리서리언(Mary Guleserian)은 그녀의 개인적 바람이 얼마나 간절했으면, 주님이 치유하시는 손길이 어떻게 치유했고, 소그룹 미팅 그리고 초기 빈야드 사랑의 사역이 합쳐서 그녀에게 기도의 응답을 주시고 경배드리는 새로운 크리스천 가정을 주신 것을 기억한다.[30]

뒤로 돌아가 빈야드 회중이 캐논고등학교 체육관에서 모이던 초기의 영광스럽던 날에 대하여 내가 여러분에게 무엇을 말할 수 있을까? 나는 그때 새 신자에 지나지 않았고, 주님을 믿은 지 몇 년밖에 되지 않았을 때다. 나는 나의 목사인 랜스 핏트럭(Lance Pittluck)과[31] 그의 아내이자 나의 친구인 쉐릴이 주일 저녁 예배에 참석하기 시작하였기 때문에, 나 역시 그들과 함께 빈야드 예배에 가기 시작했다.

카리스마틱스(은사주의자들)와 오순절 교인들은 성경이 제시하는 성령의 은사(희랍어 Charismata) 목록에 주목했다. 그런 은사의 목록은 롬 12장, 엡 4장 그리고 고전 12장에 자세히 언급되어 있다.

계속해서 찬양드리는 시간이 얼마나 능력이 많았는지 "워십"이란 말이 실제적으로 주님께 드리는 "찬양"과 동의어가 되었다. 레트마이어의 간증은 이런 타입의 회중(교회)에서 공동 예배순서의 큰 부분인 연속 찬양시간이 돋보이게 한다: 연장된 워십(찬양 드림), 성서적 가르침과 마지막의 기도시간("사역 시간" ministry time)으로 예배를 마치는 3부분으로 되어있다(이런 예배 구조를 "block worship service"라고 부른다 – 역자 주).

---

30) 메리 걸스세리언, 신디 레트마이어에게 보낸 이메일, 2006년 5월 21일.
31) 랜스 핏트럭(Lance Pittluck)은 1997년부터 애나하임 빈야드교회의 담임목사로 재직.

쉐릴과 나에게는 린다라는 친구가 있었는데, 그녀는 척추 골절로 고통을 받고 있었다. 대학에서 춤을 전공한 그녀는 오래전부터 댄서로 일해 왔다. 댄스는 그녀의 삶이요, 정열이었다. 그녀가 수술을 받은 후 몇 달이 지나, 그녀는 다시 춤을 추려고 노력했으나, 불행하게도 척추에 새로운 파열이 일어났다. 린다는 고통에 몹시 시달려서 다시 수술을 받기로 했다.

랜스와 쉐릴은 그녀를 데리고 빈야드에 갔다. 그들은 그곳에서 드리는 경배에 열심히 참석했다. 우리는 아무 것도 모르고 그냥 따라가서 예배를 드렸을 뿐이었다.

내가 여기서 잠간 멈추고 나의 과거 이야기를 조금 해야겠다. 19살에 나는 아들을 낳았으나 양자로 보낼 수밖에 없었다. 그 후 21살에 결혼해서 아들 요엘(Joel)을 낳았다. 그러나 남편이 나를 떠나 다른 여자에게 갔을 때 나의 꿈은 끝났다.

내가 두 번째 남편인, 알멘(Almen)과 결혼 후 4년 동안, 나는 연속해서 두 번의 유산을 하는 고통을 겪었다. 나는 비참했다. 랜스와 쉐릴이 어느 주일 저녁 예배 때 기도받게 하기 위해, 내 친구 린다를 데리고 빈야드에 참석한 후, 며칠 후 린다와 쉐릴이 나에게 전화를 했다. 그들은 린다가 치유받았다고 말했다! 그들은 X-레이를 찍고 린다의 골절 상태를 알아보기 원했다. 그러나 지금 새로운 X-레이 촬영엔 골절된 상태가 전혀 나타나지 않았다. 쉐릴은 또한 빈야드에서 일어났던 다른 기적적인 일들을 나에게 말해주었다. 그때 나는 나 자신에게 말했다. "어머나! 나도 그런 것을 원해요!" 나의 남편과 함께 아기를 갖는 나의 꿈은 내게는 매우 중요했다.

우리는 랜스와 쉐릴과 함께 매 저녁 예배에 참석하기 시작했다. 우리는 그렇게 하는 것을 좋아했다. 워십은 놀라웠고, 그래서 우리에게는 새롭고 영광스러웠다. 나는 성경공부를 하기 위해 여자들이 모이는 와그너(Peter Wagner, 풀러신학교 교수)의 집으로 갔다. 나의 산부인과 의사는 내가 더 많은 난자를 건강하게 생산하도록 약을 처방해 주었다. 나는 그 약을 복용하면 몸이 매우 불편했고, 매스꺼움을 느꼈다.

어느 주일 저녁 예배 때, 한 여인이 내게 느닷없이 왔다. 나는 그녀가 누구인지 오늘까지도 모른다. 그녀는 좀 불안해 보이더니, 마침내 나에게 이렇게 말했다. "보세요. 주님께서는 당신이 현재 복용하고 있는 약을 끊기를 원하십니다." 그녀는 좀 기묘하고 익살맞은 웃기는 말을 했다. "아휴! 됐다. 내가 분명히 그것을 말했지요." 나는 그녀에게 말했다. "보세요. 오케이! 알겠습니다." 그 말을 믿는 것을 넘어 나는 스릴을 느꼈다. 하나님께서 나를 내려다보고 계시다니! 나는 그분이 무슨 계획을 갖고 계신지 아무 것도 몰랐으나, 나는 그분을 더욱 원했다(more Him).

와그너 집의 오피스는 우리 여자들이 성경공부하며 출입하던 곳과 매우 가깝기 때문에 밥 펄톤(Bob Fulton, 존 윔버의 동서 - 역자 주)이 내가 이 여자에 대하여 누군가에게 말하는 소리를 듣고 말했다. "당신이 원하는 것이 무엇이냐구요?" 나는 말했다. "오, 나는 유산을 두 번 했어요. 그래서 나는 임신하려고 노력했으나, 성공하지 못하고 있습니다." 그리고 캐논고등학교에서 나에게 나타나 말했던 그 여인에 대해서 그에게 말했다.

그는 말했다. "내가 당신을 위해 기도해드리기를 원합니다." 주위의 관심이 내 자신에게 집중되는 것에 당황스러웠으나, 나는 긍정적으로 고개를 끄덕이며 말했다. "좋아요, 감사합니다. 기도해주신다

존 윔버는 회중이 체험하는 "위로부터의 능력"에 대해 다음과 같이 요약한다: "오늘날 우리의 크고, 작은 모임에서 내가 오직 교회 역사책에서나 볼 수 있는 성령의 현상들이 나타나고 있다. 몸을 떨음, 진동함, 하나님의 능력으로 넘어짐, 그리고 지식의 말씀, 예언 같은 신령한 은사들이 흔하게 나타나고 있다." 출처: John Wimber, "5년 동안에 0에서 3,000명으로", Christian Life, no. 6(1982년 10월), 21

니 감사합니다." 그리고 나는 몸을 돌려 외면했다. 밥이 손을 뻗으며 말했다. "외면하지 마세요. 지금 기도해드리겠습니다." 그는 함께 기도하자고 여자들을 불렀고, 6명쯤 되는 우리는 와그너의 집 2층 방으로 올라갔다. 나는 정말 굴욕스러웠고, 기겁을 했다. 지금 내가 생각하면 웃음이 나올 일이지만 나는 주께서 나를 위해 무엇인가 하실 것에 굴욕감과 당혹감을 느꼈다. 나의 존재가 무시되는 느낌이었다. 나는 하나님이 무엇을 하실지 몰랐다. 그러나 기억할 것은 – 나는 크리스천이 된지 얼마 되지 않았고, 믿음에 익숙하지도 않았다. 그리고 나는 내가 믿는 것을 확실히 알지 못했다.

그날, 다섯 명의 여자와 밥이 내 허리에 기름을 바르고 나를 위해 기도했다. 나는 아무 것도 느끼지 못했다. 성령도, 어떤 것도 느끼지 못했다. 그래서 나는 밖으로 나가 내 차 안으로 들어가 나에게 부어진 올리브 오일을 닦아내고 싶었다. 그것은 내가 얼마나 무지한가를 나타냈다. 좋은 것은 우리가 생각했던 것보다 우리의 하나님은 훨씬 더 놀라운 분이라는 사실이다. 나는 그분이 백치 같은 나의 행동을 보고 웃으셨을 것이라고 생각한다.

그러나 여기에 중요한 일이 생겼다. 나의 새로운 믿음, 어린애 같은 걸음, 나의 상처 때문에 이제 나에게 가장 중요한 일은 하나님의 얼굴을 구하는 일이었다. 아기를 갖는 것이 더 이상 가장 중요한 문제가 아니었다. 이것은 나에게 대한 것이 아니라 하나님에 대한 것이었다.

이제 중요한 일은 나를 택하신, 예수 그리스도를 아는 것이었다. 그분은 내가 그분의 팀 멤버가 되기 원하셨다. 그러면 내가 기꺼이 경기할 것이다. 나는 진지하게 하나님을 구하기 시작했다. 나는 성경 공부에 모두 참석했고, 우리 집에서 킨십(소그룹 모임)을 갖기도 했다. 매주 화요일 저녁 모임마다 빈야드교회와 다른 교회에 다니는 사람들로 넘쳐났다. 그들은 모두 경배드리며 하나님의 임재를 기대했고, 성령의 능력을 경험하기 원했다. 참 놀라운 시간이었다.

내 머리에 기름 부음을 받은 다음 주일마다, 나는 주님을 간절히 기다리게 되었다. 나는 고등학교 체육관 야외석 의자에 앉아 시 127:3-5을 큰소리로 암송하며 울었다:

> "자식은 여호와의 주신 기업이요, 태의 열매는 그의 상급이로다"(시 127:3-5).

나는 그 말씀에 스릴을 느껴 말씀을 마음에 두었다. 어느 날 저녁 예배 때 존 윔버가 시 139:13-16을 읽었다:

> "주께서 내 장부를 지으시며 나의 모태에서 나를 조직하셨나이다. 내가 주께 감사하옴은 나를 지으심이 신묘막측 하심이라. 주의 행사가 기이함을 내 영혼이 잘 아나이다. 내가 은밀한데 서 지음을 받고 깊은 곳에서 기이하게 지음을 받을 때에 나의 형체가 주의 앞에 숨기우지 못하였나이다. 내 형질이 이루기 전에 주의 눈이 보셨으며 나를 위하여 정한 날이 하나도 되기 전에 주의 책에 다 기록이 되었나이다"(시 139:13-16).

나는 존을 따라 이 말씀을 읽으며 말문이 막힌 채 꼼짝도 하지 않고 있었다. 나는 주님께서 나에게 말씀하신다고 느꼈다. 그리고 나는 감사함에 복받쳐 울었다. 아마 존이 나의 우는 소리를 들었을 것이다.

따뜻한 날씨에 고무된 저녁, 내가 체육관 좌석에 앉아 예배드리고 있었을 때, 나는 내가 임신된 그림(혹은 환상)을 보았다. 나는 기뻐하며 눈을 떴다. 내 앞 오른쪽에서 한 임신한 여인이 지나갔다. 나는 하나님께서 나를 준비시키시는 것을 느꼈다. 그러고 나서 나는 게임을 했다. 눈을 감고 오른쪽으로 고개를 돌려 잠시 기다린 후 눈을 떴다. 또 임신한 한 여인이 내 앞에 저만치 앉아있었다. 또다시 찬양이 연주되는 동안 나는 눈을 감았다. 그리고 반대 방향으로 고개를 돌리고 더 이상 참을 수 없을 때까지 기다렸다가 눈을 떴다. 그리고 임신한 한 여인이 화장실로 가는 것을 보았다. 나는 하나님께서 나에게 말씀하시는 것을 느꼈다. "이런 일이 일어날 것이다. 그러나 나의(하나님의) 때에" 나는 의사의 처방약을 약 6-8주간 끊고 있었다. 그리고 다시 정상적인 느낌을 갖기 시작했다.

나는 몇 주가 지나도 멘스가 나오지 않았다. 그래서 나는 곧 임신했다는 것을 알았다. 그러나 무엇보다도 내가 이번에는 유산하지 않을 것을 알았다. 나는 그것을 확신했다. 그래서 나는 돌아오는 월요일에 임신 테스트를 하기로 결정했다.

그러기 전 금요일에, 나는 밤늦게 침대에 앉아 조용히 성경공부를 하며, 성경을 읽고 하나님의 말씀을 묵상하고 있었다. 소등할 시간이 되어 나는 램프로 손을 뻗어 스위치를 껐다. 달빛이 침실 안으로 비춰왔다. 나는 눈을 감고 머릿속으로 하나님께 말했다. "주님, 아시지요. 나는 내가 임신한 것을 알고 있습니다. 내가 월요일에 임신 테스트를 하러 가려는 것도 알고 계시지요. 그러나 나는 내가 임신했다고 당신이 나에게 말씀해주시길 원해요." 어떤 예고도 없이, 세 가지 그림(혹은 환상)이 내게 보였다. 그들은 심장이 뛰고 있는 한 태아의 살아있는 모습이었다. 이 세 가지 사진은 각각 다른 각도에서 본 태아의 모습이었는데, 분명하고, 간결하게 빛났다. 문득, 문득, 문득 눈앞에 보이는 그림들! 그리고 나는 알았다. 그리고 내 온 마음으로 스릴을 느꼈다. 왜냐하면, 그것은 나의 아기라는 것을 알았기 때문이었다. 그 후 몇 달 동안, 나는 이 사진들(혹은 그림, 환상)을 내 머릿속에 다시 회상시키려고 노력했으나, 그렇게 되지 않았다. 그들은 하나님에게서 온 하나의 선물(은사)이었다. 23년 전 나의 구세주를 의지하고, 그분을 신뢰하고, 그분을 기다리는 은혜를 통해 기적을 선물받았다. 그리고 나의 마음이 열망했던 것을 받았다.

1983년 빈야드교회 사역의 우선순위에 대한 시리즈 강의에서, 존 윔버는 때때로 그 회중이 시작했을 당시부터의 교회의 여정을 회고하며 우선순위를 말했다.[32] 아래의 글에서, 윔버는 빈야드 회중의 워십안에 오순절/카리스마틱 성향이 전증하는 것을 암시한다. 교회 멤버들에게까지도 그런 것을 경험하는 것이 항상 편한 것은 아니었다.

여러 해 전에 하나님께서 우리에게 크게 역사하셨을 때, 성령께서 나에게 말씀하신 것을 기억할 수 있다. 그때의 말씀은 나도 처음 듣는 내용이었다. "회중 가운데 성령으로 찬양하는 사람을 내세워라."

---

32) "빈야드 크리스천 휄로우쉽의 기본적 우선순위"에서 "Fellowship"이라는 제목의 강의로부터 Box 13, 존 윔버 수집물, 상기 기록보관소 18-20.

[여백 주석: 카리스마틱과 오순절 영성과 예배에서 마음에 드는 것 중의 하나는(어쩌면 어떤 사람에게는 놀랍게 느껴지겠지만) 하나님의 임재를 직접, 강렬하게 의식하는 것이다. 이 예배에서 하나님은 일반적인 예배자가 추상적인 개념으로 예배드리는, 멀리 떨어져 계신 하나님이라기보다, 오히려 하나님은 친밀하게 예배자와 연결되고 만나시는 하나님이시다.]

[여백 주석: 윔버가 방언으로(glosso-lalia) 찬양하는 것에 대해서 말하는 것 같다.]

삼 년 반 전의 일이었다. 그러자 여러 사람이 성경을 내동댕이치고, 문을 쾅 닫고 떠났다. 그들은 화가 났다. 그런 후 며칠 동안 나는 많은 전화를 받고 편지도 받았다. "성서에 그런 것이 어디 있는지 보여 주십시오!" 나는 그때 그런 말씀이 성경 어디에 있는지 알지 못했다. 물론 지금은 분명히 알고 있지만. 그러나 나는 그들이 무엇에 대해서 말하는지를 알지 못했다. 내가 아는 모든 것은 그들이 나에게 불평을 하며, 화를 내고 있었다는 것이다. 내가 하는 모든 것은 하나님께서 나보고 하라고 하신 것을 한 것 뿐이다. 그들은 나에게 묻지 않았다. "하나님께서 당신에게 그렇게 하라고 말씀하셨습니까?" 그들은 단순히 말했다. "성경 어디에 그런 것이 있는지 저에게 보여주십시오!" 몇 달이 지나서 하나님께서 치유에 대하여 나에게 말씀하시기 시작했다. 우리는 몇몇 사람들에게 손을 얹고 기도 사역을 하며 그들을 치유하려고 노력했다. 나는 자주 말했다. "하나님께서 사람들을 치유하시기 원하시는 말씀이 여기 있다고 생각합니다." 사람들은 서로 쳐다보며 말하고 있었습니다. "당신은 그를 믿습니까?" "나는 그를 믿지 않습니다." "그분은 항상 우리에게 이런 것들을 말씀하십니다." 내 기억으로는 그것은 "큰 일"이었다. 나는 그런 것들 때문에 거의 도시에서 쫓겨날 뻔했다. 도대체 "내가 누구인가?" 그것은 재미있었다. 실제로 진리를 말한다는 것이 아주 즐거운 일만은 아니었다. 그러나 그것은 오케이였다. 그것은 교회가 성장하면서 겪는 진통이었다. 하나님께서는 교회안에서 능력으로 그분 자신을 나타내기 시작하셨다. 그 일 때문에 나는 사람들로부터 많은 전화를 받았다. "그 사람이 거기서 무엇을 하고 있습니까?" "나는 모릅니다. 나는 그를 거기에 세우지 않았습니다." "왜 그가 거기에 있었습니까?" "어쩌면, 하나님께서 그렇게 하셨기 때문이지요." 여러분은 때로 하나님께서 교회에 오셔서 그분이 하나님으로 행하시는 때를 알고 있다. 그분은 우리의 허락을 요청하지 않으시고 그분이 하고 싶은 것을 무엇이든지 행하신다(예, 행 2:1-4, 11:44 등).

이 모든 일에 대해 충분히 대화를 나누었고, 지금은 대부분 그런 것들을 이해하고 있어, 이상하거나 잘못된 일로 여기지 않게 되었다. 최근에 하나님께서는 교회 안에서 그런 놀라운 능력으로 운행하고 계셔서 우리는 많은 종류의 일들이 나타나는 것을 보아왔다. 그들 중 어떤 일들은 설명하기 조차 어렵다. 나는 너무 많은 사람에게 일일이 설명할 필요가 없었다. 왜냐하면, 우리는 그런 일들이 일어나는 것에 기뻐했고, 기뻐하는 일에 바빴기 때문이었다. 이런 것을 다 깨달은 사람들이 집회에 오는 것을 보는 것도 기뻐했다. 그 사람들은 성령이 하시는 일에 기뻐하는 것을 배우는 사람들이다.

더 최근에 그분은 귀신들린 사람들에게 역사하고 계셨는데, 그것은 우리들에게 힘든 일이었다. 처음으로 나는 내가 좋아하지 않았던 귀신을 만났다. 내가 지금까지 좋아한 귀신을 결코 만난 적이 없다. 혹시 귀신을 좋아하는 사람이 있는지 나는 모른다. 나는 그들이 자신들을 좋아한다고 생각하지 않는다. 종종 그들은 미치광이 같은 짓을 한다. 나는 하나님께서 귀신들로부터 사람들을 자유케 하시고, 귀신들이 하는 일, 정말 무서운 파괴적인 일로부터 자유케 하심을 감사드린다.

나는 전날, 우리가 하고 있는 여러 가지 사역 목록을 점검했다. 유일하게 하지 않은 한 가지 사역은 죽은 자를 살리는 일이다. 우리는 그밖의 모든 것을 보아왔다. 전날 성령께서 나에게 말씀하시기를, "네가 앞으로 죽은 자가 살아나는 일을 보게 될 것이다. 이제 그 일이 일어날 것이다. 계속 기도하라." 말씀을 배우고, 행하기 위해 배우라. 왜냐하면, 네가 한 번에 거기에 도달하지 못하기 때문이다. 성숙은 하룻밤 사이에 일어나지 않는다. 시간이 걸린다. 우리는 서로 신뢰하고 사랑하는 것을 배워야 한다. 만일 우리가 죽은 사람이 살아나는 것을 볼 정도로 교회가 한 몸으로 성장한다 해도 우리는 그때까지도 그분을 신뢰하는 것을 배워야 한다. 나는 그런 일이 일어나리라고 믿는다. 나는 주님께 잠시 기다리시라고 기도드리고 있다. "예수님, 너무 일찍 역사하지 마세요. 이것을 먼저 하세요. ... 우리 모두가 다 당신 안에서 하나 되게 하옵소서." 아멘

캐롤 윔버는 워십 중에 성령께서 한 소년을 능력으로 치유하시고, 그에게 확실한 증거로 기름을 부으시고 방언으로 찬양하게 한 예를 말한다. 그 장면은 영국에서다. 초기 빈야드 사역이 전 세계로 퍼질 때에 있었던 일이다.[33]

... 우리는 최초로 10대들로 구성된 사역 팀을 데리고 영국 요크(York)에 있는 성 마이클 레벨프리(St. Michael's Le'Belfrey)교회에 갔다. 1981년 일이다. 존과 나는 그날 저녁 집회를 위해서 기도했고, 그때 주님께서 나에게 역대하 29:27-28의 말씀을 주셨다.

> "히스기야가 명령하여 번제를 제단에 드릴 새 번제 드리기를 시작하는 동시에 여호와의 시로 노래하고 나팔을 불며 이스라엘 왕 다윗의 악기를 울리고 온 회중이 경배하며 노래하는 자들은 노래하고 나팔 부는 자들은 나팔을 불어 번제를 마치기까지 이르니라"(대하 29:27-28).

존은 이 말씀을 "하나님께서 그에게 그 말씀을 주실 때는 요크에 있을 때"라고 늘 말하곤 했다. 그곳에서 놀라운 일이 일어났는데, 그날 저녁 성령께서 굉장한(tremendously) 능력으로 역사하시기 시작했다. 소경이 눈을 뜨고, 귀머거리가 들으며, 절름발이가 걸었다. 그러는 동안 한 어린 소년이 성령의 능력으로 계속해서 찬양을 했다. 13-14세쯤 되는 한 소년이 성령이 그에게 임하셨을 때 그냥 거기 서 있었다. 성령이 그에게 임하셨고, 그는 머리를 들고 성령으로 찬양하기 시작했다(began to sing in the Spirit, 방언으로 찬양했다는 말 - 역자 주). 그는 집회가 계속되는 동안 내내 한 번도 멈추지 않고 계속 찬양했다. 또한, 주님께서 많은 표적, 기사와 치유로 그분의 임재를 나타내셨다. 그 어린 소년은 집회가 다 끝날 때까지 찬양을 멈추지 않았다. 존과 나는 그날 저녁에 우리 빈야드를 위해서 성령의 임재와 나타나심에 그 노래와 찬양이 항상 함께할 것이라고 이해했다.

5. 초기 교회 개척자들로부터 온 워십에 관한 보고

초창기에도 애나하임 회중은 교회를 떠나 새로운 지역으로 가서 새로운 빈야드교회를 개척하는 교회 개척자들을 양육했다. 그들이 개척을 하면서, 이 개척자들은 빈야드 워십 방식의 씨를 가지고

예수님의 증거와 마 11:5에 나오는 세례 요한의 증거와 비교하라. 성서시대와 오늘의 시대 사이에 계속해서 하나님께서 기적적인 능력을 나타내시는 것을 보는 것은 종종 카리스마틱 세계관의 중요한 면이다(하나님께서는 예나 지금이나 계속해서 기적적인 능력으로 역사하신다고 믿는 성서의 기적 등 초자연적인 것을 믿는 세계관으로 17세기 이후 형성된 합리주의 혹은 이성주의 세계관과 다르다 - 역자 주).

[33] 캐롤 윔버가 쓴 "하나님의 임재의 불꽃(The Flame of God's Presence)", 존 윔버의 *The Way In Is the Way On*(Atlanta Ampelon Publishing, 2006), 106-7에서.

갔다. 워십을 우선순위에 두고, 하나님을 열심히 섬기며, 하나님과 친밀하게 되고 하나되는 인티머시를 추구했고, 말씀 안에서 주시는 은사와 능력으로 그리스도를 증거했다. 처음에는 미국 전 지역으로 나갔고, 그다음에는 전 세계로 나갔다. 예를 들면, 우리가 유의해서 들으면, 1984년에 웨스트 버지니아주, 윌링(Wheeling)에 가서 처음으로 개척한 그 교회의 예배자들의 이야기를 들어보면, 그것은 마치 애나하임 홈 처치(church) 워십을 말하는 것처럼 들린다.[34]

빈야드에서 워십을 드리는 특권은 진실로 하나의 기도의 응답이었다. 우리가 주님께 더 가까이 갈 때, 내가 여러 해 동안 다녔던 교회에서는 가능하지 않은 방법으로 경배를 경험하려는 깊은 욕망을 갖게 되었다. 우리는 하나님의 임재 안으로 들어가길 바랐고, 그분과 함께 "거기에 있기"(be there)를 원했다. 빈야드에서의 워십은 우리에게 놀라운 기회를 주었다. 매 예배 때마다 우리는 살아계신 하나님의 성령에 터치되었다. 우리는 새롭게 되었고, 소생되고, 깨끗이 씻기었으며, 치유되고, 악령으로부터 구출되고, 바르게 고침받고 그리고 풍성하게 축복받았다. 우리는 언제나 우리가 진실로 하나님의 임재 안에 있으므로 그분의 사랑과 은혜, 자비와 부드러운 사랑의 터치를 경험한 것을 알면서 교회를 떠난다(그러나 누구도 진실로 예배가 끝난 후 즉시 교회를 떠나기를 원하지 않았다).

마침내 우리들은 "우리 자신"이 될 수 있었다. 우리는 우리 자신의 가면을 벗을 수 있었다! 빈야드에서 모든 삶들은 환영받고 영접되며, 사랑받는 것을 발견했다. "어떤 틀에 맞출"(fit into the mold) 필요가 없었다.

우리는 서로 주고받는 한 장소를 발견했다. 사람들이 서로가 간구하는 것을 돌보며, 그들이 영의 치유, 몸의 치유, 관계의 치유, 직장이나 가족을 위해서 기도 사역을 할 때, 하나님께서 그분의 종들을 통하여 역사하시는 것을 바라보는 것은 아름다운 일이다. 하나님과 그분의 백성들이 진실로 서로를 돌보며, 서로의 이야기를 기꺼이 들으며 도우려는 것을 모르고 집으로 갈 이유가 전혀 없다.

우리의 새로운 킨십(kinship) 모임이 형성된 지 몇 주 지나지 않아, 우리는 하나님께서 모은 사람들을 진실한 마음으로 깊이 사랑하는 데까지 성장했다. 우리는 킨십 모임을 갖는 목요일 저녁을 노심초사하며 학수고대하고, 서로 친밀한 친교를 함께 나누고, 함께 경배드리며, 우리의 친구들과 함께 나누고, 위해서 함께 기도하는 시간을 고대하며 기다린다.

우리는 하나님께서 우리에게 주신 그분의 풍성한 은사에 감사드린다. 우리의 영혼을 만족시키는 경배의 처소 – 내가 알기엔, 이는 또한 그분을 기쁘게 하신다.

콜로라도주, 두랑고(Durango)에 빈야드교회를 개척한 제럴드 마티네즈(Gerald Martnez)는 빈야드 교단지인 "첫 열매"(First Fruits), 1984년 9월호에서 아래와 같이 인터뷰를 했다. 인터뷰에서 마티네즈는 워십이 그 교회의 첫 우선순위라고 말했다.[35] 그는 또한 오늘날 컨템포러리 문화에 대한 욕구를 교회가 만족시켜줘야 한다고 말했다. 이 사고방식은 1990년대에 미국내 주류교회들이 의도적

> 하나님의 임재, 하나님의 확실성, 하나님의 치유하심과 하나님과의 친밀한 교통을 의식하는 것은 이 보고서에서 인정된 빈야드 워십과 삶의 특징이다. 오늘날 미국인들이 교회에서 이와 같은 것을 여전히 추구하고 있는가? 이런 특성에 대한 욕구가 신약성서의 교회 모습에서 나오는 것인가 혹은 미국인의 문화적 민감성에서 나오는 것인가? 혹은 위의 두 사항에서 다 나오는 것인가?

---

34) Grace and Marc Dallanegra, "Touched by the Spirit"(성령에 터치되다), *First Fruits*(June 1984):13.
35) "교회 개척하기(Church Planting)": 제럴드 마티네즈와 인터뷰, *First Fruits*(1984년 9월): 9, 14.

으로 새로운 워십 형식을 채택하기 시작하면서 공통적인 것이 되었다.

Q. 두랑고에는 이미 30여 개의 교회가 있는데, 왜 당신은 또 하나의 교회를 시작했는가?

A. 그곳에 아직도 구원받지 못한 사람들이 있어 영접받고 사랑받는 것을 기다리고 있기 때문이다. 이 사람들은 그들의 소망을 충족시킬 교회를 찾고 있다. 그들은 전통적인 교회를 관찰했고, 그 교회가 그들의 바람을 배척하는 것을 보았다. 그들은 어떤 기존의 전통적인 접근방식과 다른 교회를 원한다. 그리고 우리는 하나님께서 빈야드를 통하여 그것을 제공하실 것이라고 믿는다.

Q. 하나의 교회로서 당신의 우선순위는 무엇인가?

A. 우리의 넘버 원 우선순위는 **워십**이다. 나는 워십은 사람들이 하나님을 만나게 하는 데 중요한 요소라고 믿는다. 우리 교회는 신령과 진정으로 하나님을 **경배**하는 교회로 알려지기를 원한다. 우리의 계획은 워십 팀을 계발하고, 드라마, 댄스 그리고 뮤직 분야에서 섬길 사역 팀(ministry team)을 개발, 발전시키는 것이다. 워십은 하나님과 우리 관계에서 매우 중요한 요소이다. 이것은 빈야드가 실제로 워십을 통하여 우리를 도운 한 가지 일이고, 대부분의 사람이 워십에 대해서 말하는 것이다. 우리의 두 번째 우선순위는 **친교**다. 이것은 형제, 자매를 그리스도의 삶으로 연결하여 모두 함께 그리스도의 몸이 될 수 있게 한다. 우리의 세 번째 우선순위는 **전도**다. 예수님은 잃은 자를 찾아 구원하시려고 오셨다. 바로 이것이 교회의 모든 사역이 참여해야 할 일이다. 우리의 네 번째 우선순위는 사역자를 **훈련**시키는 것이다. 내가 바라는 것은 이 공동체 안에 여러 사역을 세우는 일이며, 나아가 넓은 공동 사회에서 이런 사역을 세우는 일이다.

> 목사는 드라마 팀과 댄스 팀에 대해 언급한다. 이들은 초기 빈야드 워십으로부터 변화된 모습이다.

Q. 왜 빈야드가 오늘날 많은 교회와 다르다고 생각하는가?

A. 나는 오늘날 우리가 보고 있는 많은 교회는 종교개혁 동안에 태어난 전통적 교단 교회들이고, 그 교회들 역시 그 당시의 문화의 컨템포러리였다고 믿는다. 오늘날 우리는 이 지구 상에서 과거의 어떤 다른 문화보다도 더 빠르게 진행하고 발전하는 문화 속에 살고 있다. 오늘날 많은 교회는 컨템포러리 사회[현 사회]에 침투하는 데 실패했다. 나의 판단으로는, 빈야드는 우리 사회와 그 사회가 바라는 것을 관련시키기 시작한 하나의 선교사역이다. 성서는 새 부대(new wine-skins)를 말한다. 그리고 여러분은 새 포도주를 낡은 부대에 넣을 수 없다고 말한다. 오늘날 사람들은 빈야드의 사역과 관계를 맺을 수 있다. 왜냐하면, 빈야드 사역은 새로우나, 여전히 하나님의 말씀에 충실하기 때문이다. 워십은 새롭고 감동적이다. 그리고 성령의 역사는 신선하고 실제적이다. 바로 이것을 사람들이 찾고 있다. 존 윔버는 말했다. "사람들은 예수님에게 어떤 문제도 제기하지 않는다. 그러나 그들은 교회에 대해 많은 부정적인 문제를 제기한다. 그래서 교회가 변화될 필요가 있다. 우리는 그들이 이해할 수 있는 우

> 비록 마티네즈가 "컨템포러리 워십"이란 말을 사용하지 않았지만, 그는 컨템포러리 문화나 혹은 사회를 말하고 있다. 10년이 채 안되어 미국 주류교회들이 "컨템포러리" 문화에 맞는 새로운 예배형식을 갖기 원한다고 말하기 시작했다. 이런 다이나믹스(원동력, 활기)와 이미 사용하고 있는 "컨템포러리 크리스천 뮤직"(CCM)이란 말을 고려한다면 – 마침내 누군가가 "컨템포러리 워십"이란 말을 새로 만들어낸 것이 당연한 것이었나?

리의 문화에 관계를 갖고, 그들이 복음을 더 쉽게 받아들이게 하는 것이 필요하다."

찬양 순서와 가사 주제

대표적 찬송

경배자들은 하나님께 연결시키는데 있어서 회중 찬양의 역할을 과대평가될 수 없다. "당신은 여기 계십니다"(You Are Here)는 빈야드 경배자들이 불렀던 하나의 좋은 예가 되는 찬송타입(type)이다. 이 찬양은 경배를 드리면서 하나님의 임재를 느끼게 하는, 하나님에게("You") 직접 부르는 가사로 시작한다. 멜로디는 제한된 범위의 음(notes)을 가진 단순한 것이 특징이다. 이런 특징은 경배자들이 찬양하는데 기술적인 면에 대한 걱정으로부터 자유케하여 회중 찬양의 질을 고양시킨다. 그래서 그들의 찬송을 받으시는 분, 주님께 집중하게 한다. 당시 교회는 인쇄된 주보나 프로젝터를 통해서 경배자들에게 가사를 제공하지 않았기 때문에, 또한 단순한 가사가 회중 찬양을 도왔다. 이 노래는 1985년에 판권이 설정되었고, 또한 이 노래가 빈야드가 지금도 계속되고 있는 쇄도하는 많은 송 라이터의 부상(surge, 큰 파도)에 발단(도화선)이 되었다.

You Are Here   당신은 여기 계십니다
You are Here   당신은 여기 계십니다
I behold your beauty   나는 당신의 아름다움을 봅니다.
Your glory fill this places   당신의 영광이 이곳에 충만합니다.
Carm my heart to …   내 마음을 진정케 하여 …

출처: "You Are Here," Patty Kennedy- Marine이 작사, 작곡한 노래. *Songs of the Vineyard*. Vol. 4에 출시되었고, 1985년 국제빈야드목회원과 Mercey Records에 의해 판권 설정됨. 허락받고 게재함.

존 윔버가 쓴 여러 노래들

초기 빈야드 워십은 1970년대 캘리포니아 워십 운동(California Worship Movement)을 특징짓는 쇄도하는 송 라이팅의 큰 파도와 함께 하였다. 그 현상은 "컨템포러리 워십"이 성하고 확장의 시간이 지나면서도 쇄약해지지 않고, 오히려 "컨템포러리 워십"으로 계속 성장하고 더 널리 퍼져갔다. 비록 존 윔버는 그의 회중이 결코 송 레퍼토리를 확장하는 데만 공헌한 것이 아니지만, 그 자신이 우선적으로 애나하임 빈야드를 위한 찬양 송 라이팅에 공헌했다. 다음의 두 노래는 윔버의 다재다능한 면을 나타내는 좋은 예가 된다. 첫 번째 "스윗 향기"(Sweet Perfume)는 마음 상한 자들을 향한 하나님의 사랑이 어떻게 그들을 얻으려고 힘쓰시는가 하는 윔버의 사역의 공통적 관심을 주제로 사용한다. 두 번째, "함께"(Together)는 하나님 안에서 크리스천이 서로 공유하는 연합에서 기뻐한다. 위의 두 노래는 빈야드가 하나님께 직접 부르는 찬양(singing to the Lord)에 강조하면서도, 워십과 교회생활의 다른 차원을 추구하는 찬양을 포함하고 있는 모습을 나타낸다. 다음의 두 찬양은 같은 동료 경배자들에게 부르는 간곡한 권고의 찬송이다.

Sweet Perfume   스윗한 향기

1: Consider how He loves you,
　 His arms of love enfold you,
　 Like a sweet, sweet perfume.

2: He left His word to guide us,
　 His presence live inside us,
　 Like a sweet, sweet perfume.

Chorus: Don't ever think that you're worthless,
　　　　You have His life within
　　　　You are a sweet, wholesome fragrance.
　　　　So valuable, to Him.

3: He'll light up all your darkness
　 And fill you with His Spirit
　 Like a sweet, sweet perfume.

1절: 그분이 당신을 어떻게 사랑하시는가를 생각하라,
　　 그분의 사랑의 팔이 당신을 감싸시네,
　　 스윗(한), 스윗(한), 향기처럼.

2절: 그분은 우리를 인도하시기 위하여 그분의 말씀을 남기셨네,
　　 그분의 임재가 우리 안에 살아계시고
　　 스윗(한), 스윗(한), 향기처럼.

합창: 당신이 가치없다고 절대로 생각하지 마세요,
　　　당신은 그의 생명을 안에 갖고 있소.
　　　당신은 스윗하고, 온전한 향기입니다.
　　　아주 가치있는, 그분에게.

3절: 그분은 당신의 모든 어두움을 밝히실 거네
　　 그리고 성령으로 당신을 채우신다네
　　 스윗(한), 스윗(한), 향기처럼

향기의 의미는 문화 안에서 쉽게 이해될 뿐만 아니라, 또한 성서에서도 몇 군데 이와 같은 이미지가 언급된다(고후 2:15와 요 12:3을 보라). 성서는 하나님께서 그리스도 안에서 사람을 변화시키는 것과 하나님께 사랑의 찬송을 드리는 것과 관련해서 향기의 이미지를 사용한다.

4: Your prayer are very precious
   They reach the heart of Jesus
   Like a sweet, sweet perfume.

4절: 당신의 기도는 매우 귀해요,
   그들은 예수님의 마음에 닿아요
   스윗(한), 스윗(한), 향기처럼.

Together

Verse 1: I am yours(echo: I am yours),
   You are mine(You are mine),
   We are one(We are one).
   With the Father(With the Father),
   In the Spirit(In the Spirit),
   By my Son(By my Son).

Chorus: And we know that
   we will always be together.
   Through all eternity, together.

Verse 2: Jesus You(Jesus You)
   Are the Lord(Are the Lord)
   Of us all(Of us all)
   You are here(You are here),
   Always near(Always near),
   When we call(When we call).

Chorus: And we know that
   we will always be together.
   Through all eternity, together.

Verse 3: Brothers and(Brothers and)
   Sisters, we(Sisters, we)
   Are all one(Are all one).
   With the Father(With the Father),
   In the Spirit(In the Spirit),
   By my Son(By my Son).

Chorus: And we know that
   we will always be together.
   Through all eternity, together.

함께

1절: 나는 당신의 것(반복: 나는 당신의 것)
   당신은 나의 것(당신은 나의 것)
   우리는 하나(우리는 하나)
   아버지와 함께(아버지와 함께)
   성령 안에서(성령 안에서)
   아들에 의해서(아들에 의해서)

합창: 그리고 우리는
   우리가 항상 함께 할 것을 아네.
   영원히, 함께.

2절: 예수님 당신은(예수님 당신은)
   주님이십니다(주님이십니다)
   우리 모두의(우리 모두의)
   당신은 여기 계시네요(당신은 여기 계시네요).
   항상 가까이(항상 가까이)
   우리가 부를 때에(우리가 부를 때에).

합창: 그리고 우리는
   우리가 항상 함께 할 것을 아네.
   영원히, 함께.

3절: 형제들과(형제들과)
   자매들, 우리는(자매들, 우리는)
   모두 하나(모두 하나)
   아버지와 함께(아버지와 함께)
   성령 안에서(성령 안에서)
   아들에 의해서(아들에 의해서)

합창: 그리고 우리는
   우리가 항상 함께 할 것을 아네.
   영원히, 함께.

이와 같이 삼위일체를 명시하는 찬양은 그때나 지금이나 전체 "컨템포러리" 워십에서 드물고 귀한 것이다. 또한, 이 찬양이 연합과 같은 교회 문제에 대해 말하는 것도 드물고 귀한 것이다.

출처: "Sweet Perfume"는 *Songs of the Vineyard*, Vol.1에 출시되었고, "Together"도 같은 노래집에 포함되어 있음. 둘 다 1982년 국제빈야드목회원과 Mercey Records에 의해 판권 설정됨. "Sweet Perfume"은 1982년에 출시된 빈야드 첫 앨범 *"All the Earth Shall Worship"*에 수록되었음. 허락받고 게재함.

애나하임 빈야드 송 레퍼토리(86곡)

위의 증언에서 나타난 워십의 특징 중의 하나는 참석자들이 불렀던 새로운 노래에 대해 그들이 자주 감사함을 표명했다. 다음의 이미지는 1980년대 중반에 음악인들에 의해서 사용되었던 찬양 곡목 내용을 보여준다. 어떤 곡들은 빈야드 멤버에 의해 써졌고, 또 다른 곡들은 "주께 새 노래로 찬양하는"(singing a new song unto the Lord) 다른 교회에서 온 것이다. 많은 노래가 당시 갈보리 채플 운동에 연합되었던, 마라나타!뮤직(Maranath!Music)에서 왔다.

몇몇 찬양곡들은 오늘날까지도 계속되는 "컨템포러리 워십"을 통해 가장 많이 불러지는 찬양곡이 되었다. 오른쪽 아래의 찬양, "영가"(Spirit Song)는 1970년대 후반에 존 윔버가 쓴 곡이다.

TABLE OF CONTENTS	Page No.		Page No.
All Hail, King Jesus	11	Jesus What A Wonder You Are	65
All That I Can Do Is Thank You	26	John 16:33	56
Amen, Praise the Lord	1	Joshua 24:15	25
Behold What Manner of Love	38	Kingdom of Children	31
Bless Thou The Lord	10	Let All That Is Within Me	41
Cause Me to Come	3	Let's Forget About Ourselves	4
Charity	5	Let's Just Praise The Lord	84
Christ in Me	73	Love	75
Clay Vessell	6	Love, Him	68
Come To The Cross	59	Love, Love, Love	27
Come To The Water	83	Matthew 16:24	82
Father, I adore You	55	More of Thee	30
Freely, Freely	51	My Peace	67
Galations 2:20	22	O Come Let Us Adore Him	32
Hallelujah!	80	Open My Eyes, Lord	57
Happy, Happy!	7	Our God Reigns	35
Happy In Jesus	53	Pass It On	76
He Died On The Cross	79	Psalm 25	34
He Is Exalted	8	Psalm 34:1-4	16
He Is Here	12	Psalm 100	36
He Is Lord	15	Psalm 139:23-24	37
He Touched Me	64	Psalm 148	40
He Will Rise Again	18	Praise Him	61
Holy Father	71	Praise Song	42
Holy, Holy, Holy	47	Right On Relationship	44
Holy, Thou Art Holy	19	Savior of My Soul	28
Humble Thyself	86	Seek Ye First	45
I Cast My Cares Upon You	60	Set My Spirit Free	2
I Keep Falling In Love	21	Shepherd's Song	33
I Live	43	Since I've Opened Up	46
I Love You Lord	14	Something Beautiful	69
I See The Lord	78	Spirit Song	48
Jesus	39	Sweet Sweet Spirit	74
Jesus I Love You	66	Thank You	72
Jesus Is The One	20	Thank You, Lord	29
Jesus My Lord	24	The Greatest Thing	13
Jesus Name Above All Names	62	The Love Of My Lord	70

TABLE OF CONTENTS Continued	Page No.
The Lord of the Dance	49
There's Something About That Name	77
This Is My Commandment	50
Thou Shalt Love The Lord Thy God	81
Two Hands	63
Thy Loving Kindness	52
Trust In His Love	85
Turn Your Eyes Upon Jesus	54
You Are My Goodness	9
Walking In The Will	58
We are gathering Together	17
Zephaniah 3:17	23

SPIRIT SONG (48)

1. O Let the Son of God Enfold You
With His Spirit and His Love
Let Him Fill Your Heart
And Satisfy Your Soul
O Let Him Have The Things That
Hold You - And His Spirit Like A Dove
Will Descend Upon Your Life And Make
You Whole.

(CHORUS) Jesus, O Jesus Come And Take Your Lamb
Jesus, O Jesus, Come And Take Your Lamb

2. O Come And Sing This Song With Gladness
As Your Hearts Are Filled With Joy
Lift Your Hands In Sweet Surrender
To His Name
O Give Him All Your Tears And Sadness
Give Him All Your Years Of Pain
And You'll Enter Into Life In Jesus' Name.

(CHORUS) .... Come And Fill Your Lamb
(CHORUS) .... Come And Heal Your Lamb

SPIRIT SONG 나의 자비로운 주여

1. O Let the Son of God Eniford You   1절 오 나의 자비로운 주여 나의 몸과 영혼을
With His Spirit and His Love   주님 은혜로 다 채워주소서
Let Him Fill Your Heart   이 세상 모든 괴롬 걱정 근심 주여 받아주시고
Will Decend Upon Your Lift and Make You Whole   힘든 세상에서 인도하소서.

(Chorus) Jesus, O Jesus Come and Fill Your Lamb 후렴) 예수 오 예수 지금 오셔서
Jesus, O Jesus Come and Fill Your Lamb 예수 오 예수 채워주소서.

2. O Come and Sing This Song With Gladness   2절 모여라 주께 찬양하라 나의 귀한 친구야
As Your Hearts Are Filled With Joy to His Name   주 이름 앞에 두 손 모으고
O Give Him All Your Tears and Sadness   오, 너의 슬픔 세상 눈물 너의 쌓인 아픔을
Give Him All Your Years of Pain And You'll Enter into Life in Jesus' Name 십자가 앞에 너 모두 버리고

(Chorus) Jesus, O Jesus Come and Fill Your Lamb 후렴) 예수 오 예수 지금 오셔서
Jesus, O Jesus Come and Fill Your Lamb 예수 오 예수 채워주소서.

차례	페이지	차례	페이지	차례	페이지
모두 기뻐하세, 왕 예수를	11	기이하신 예수님	65	춤추시는 주님	49
내가 할 수 있는 모든 것은 당신께 감사	26	요 16:33	56	그 이름에 뭔가 있네	77
아멘, 주를 찬양하라	1	수 24:15	25	이것이 나의 계명이요	50
놀라운 사랑의 모습을 보라	38	어린이들의 하늘나라	31	주 너의 하나님을 사랑하라	81
주님을 송축하라	10	내 안에 있는 모든 것	41	두 손	63
나로 오게 하소서	3	우리 자신을 잊어버리자	4	당신의 사랑스러운 친절	52
자비	5	주님만 찬양하자	84	그의 사랑을 신뢰하라	85
내 안에 계신 그리스도	73	사랑	75	예수님께 눈을 돌려라	54
질그릇	6	사랑하라, 그를	68	당신은 나의 선함	9
십자가로 나오라	59	사랑, 사랑, 사랑	27	뜻 안에 거함	58
물가로 나오라	83	마 16:24	82	우리가 함께 모입니다	17
아버지, 내가 당신을 송축하나이다	55	당신을 더욱	30	스바냐 3:17	23
자유케, 자유케	51	나의 평안	67		
갈라디아 2:20	22	와서 그를 칭송하세	32		
할렐루야!	80	주여! 내눈 열으소서	57		
기쁘고, 기쁘고!	7	우리 하나님이 통치하시네	35		
예수 안에 기뻐함	33	전하세	76		
그는 십자가에서 죽으셨다	79	시 25	34		
그는 높이 들리셨다	8	시 34:1-4	16		
그는 여기 계시네	12	시 139:23-24	37		
그는 주님이시다	15	시 148	40		
그는 나를 터치하셨네	18	그를 찬양하라	61		
거룩한 아버지	71	찬양 송	42		
거룩, 거룩, 거룩	47	바른관계	44		
당신은 거룩하시다	19	내 영혼의 구세주	28		
당신 자신이 겸손하게	86	너희는 먼저 구하라	45		
내 근심을 당신께 맡깁니다	60	내 영을 자유케	2		
나는 계속해서 사랑에 빠지네	21	목자의 노래	33		
나는 산다	43	내 마음을 연 이후	46		
내가 주님을 사랑합니다	14	아름다운 것	69		
내가 주님을 봅니다	78	영의 노래	48		
예수	39	스윗, 스윗 성령	74		
예수님, 사랑합니다	66	감사합니다	72		
한 분이신 예수님	20	주여 감사합니다	29		
예수 나의 주님	24	가장 위대한 일	13		
예수 모든 이름 위에 뛰어나신 이름	62	내 주님의 사랑	70		

출처: 원래의 찬양모음 책에서 자례를 스캔한 것. "Spirit Song"은 1979년 Mercey Records에 의해 판권 설정됨. 요바린다 빈야드의 Sean and Christy Wimber의 허락받고 게재함.

1982년 앨범에 있는 노래들

1982년에, 존 윔버는 회중 음악이 기록되어야 할 필요가 있다고 결정한 후에, 하나의 스튜디오 앨범을 편집해서 출시했다.[1] 제목은 **온 땅이여 찬양할지어다(All the Earth Shal Worship)**인데, 이는 앨범에 들어있는 회중 찬양 중의 하나다. 비록 앨범에 있는 노래들이 주로 그 교회의 워십 팀 멤버들에 의해서 작곡되었지만, 대부분의 음악인들은 아티스트였다: 칼 터틀, 존 윔버 그리고 에디 에스피노사였다. 캐뇬고등학교 체육관에서 경배드리는 회중의 사진은 앨범 뒤 커버에 나온다. 이때 이후로 새 노래들과 그들의 레코딩 기술이 개발되었고, 그 후 빈야드의 공헌은 전국적으로는 물론, 마침내 전 세계적으로 영향을 끼치게 되었다. 이 첫 앨범에 10곡이 수록되어 있다.

Side A
출애굽기 15장[가사와 음악은 프랭크 갈리언(Frank Gallian)에 의해]
나는 당신을 경배합니다(가사와 음악은 칼 터틀에 의해)
나는 새 노래를 노래한다(가사와 음악은 칼 터틀과 존 윔버에 의해)
주님은 거룩하시다[가사와 음악은 브라이언 L. 베쉐어즈(Brian L. Beshears)에 의해]
가장 높으신 주 하나님(가사와 뮤직은 칼 터틀에 의해)

Side B
당신께 더 가까이(가사와 음악은 에디 에스피노사에 의해)
당신만을 사랑하기 원합니다(가사와 음악은 에디 에스피노사에 의해)
스윗(한) 향기(가사와 음악은 존 윔버에 의해)
온 땅이여 찬양할지어다(가사와 음악은 칼 터틀에 의해)
알렐루야(가사와 음악은 칼 터틀에 의해)

---

1) 칼 터틀, 레스터 룻과의 전화 인터뷰, 2013년 2월 1일

설교

"하나님을 사랑하기"에 관한 존 윔버의 설교

참된 워십의 본질(real heart of Worship)이 실종되었거나 오해된 것을 우려해서, 윔버는 워십의 참된 본질에 대해서 자주 빈야드 경배자들에게 설교했다. 다음의 설교는 윔버가 설교를 시작하면서 언급한 단어를 근거로 1990년대 후반으로 추정된다. 설교하는 과정에, 그는 워십에 대한 균형잡힌 이해를 확립하려고 다양한 주제를 언급한다. 워십은 주님을 위해 온 마음과 온 삶의 애정을 드려 섬기는 것에 관한 것이다. 그리고 워십은 예배자를 위해 풍성한 은혜를 베풀어 주신 그 한 분을 사랑으로 찬송하는 것이다. 설교에서 특별히 신학적 관심을 표명한 것은 한 인간의 세 가지 차원과 어떻게 워십이 서로에게 관계를 갖는가를 설명한다. 이에 더하여, 윔버가 방언을 포함해서 성령의 은사들을 성경적으로 바르게 사용하는 것에 대해서도 언급하는 것을 보면, 카리스마틱(은사주의) 운동이 그 회중에 영향을 끼친 것을 확실히 알 수 있다. 그의 설교에 반복적으로 나타나는 윔버의 인격적 자질이 우리의 흥미를 끌고, 여기엔 그의 유머어 감각과 서민적 스타일이 포함된다(* 아래는 교인을 상대로 한 설교이기 때문에 존댓말로 옮깁니다 – 역자 주)

> 이런 예배방식이 윔버가 이런 예배방식을 기꺼이 채택하기 전에도 존재했다는 것을 깨닫는 것은 매우 흥미롭다. 이 가정교회가 경험하고 있는 것은 그 당시 캘리포니아주 남부에서 일어난 전체 현상의 일부분이었다.

우리 중의 어떤 사람들은 우리가 살아오면서 결코 경배를 많이 드리지 않았습니다. 나는 크리스천이 된 지 이제 16년밖에 되지 않았습니다(윔버는 1963년에 회심했다). 그리고 나는 경배에 대해서 조금밖에 알지 못했습니다. 때때로 나는 워십을 어렴풋이 이해했으나, 진실로 워십이 의미하는 바를 몰랐습니다.

> 윔버는 자신을 비난하는 유머를 말한다. 그는 종종 그랬다.

약 1년 반 전에 이 모임이 교회로 발족하기 전에 가정에서 모일 때 그곳에 갔습니다. 그들은 집에 앉아 한 시간 반 동안 찬양을 했습니다. 그런 후 성경 구절을 몇 절 읽고 의미를 새긴 후에 함께 기도했습니다. 솔직히 말해서 그때 나는 몹시 지루하고 따분한 느낌이었습니다. 나는 실제로 무엇이 일어나고 있는지 알지 못했습니다. 나는 그냥 그곳에 앉아있었습니다. 그러나 그곳에 있는 모든 사람이 내가 그곳에 참석한 것에 기뻐했습니다. 내 존재감을 드러낸 것뿐이었습니다. 그러나 그 모든 것에 대해 알지 못했습니다. 나는 집으로 오면서 캐롤이 한 말을 기억합니다. "당신은 그것을 어떻게 생각하세요?"

그녀는 가정에서 모임이 시작한 이래 4-5주 동안 계속 참석했습니다.

나는 말했습니다. "저런! 난 모릅니다. 난 이미 노래하는 방법을 알고 있지요. 나는 당신들이 부르는 대부분의 노래를 알고 있어요. 그러나 당신들이 무엇을 하고 있는지 모르겠군요." 그녀는 말했습니다. "그것이 경배드리는 거예요." 나는 말했습니다. "오, 그래요. 알겠어요." 나는 어떤 테스트가 이뤄지고 있는 것을 몰랐습니다. 때로 여러분은 테스트를 받는 중이었으나, 여러분은 그것을 알기조차 못합니다. 그리고 이 특별한 경우 나는 매우 흥미로운 방법으로 하나님에 의해 테스트를 받고 있었습니다.

우리 사회에서, 우리는 지식과 정보를 수집하고 배우는 것을 강조합니다. 그리고 우리는 그것을 학습이라고 부릅니다. 그러나 나는 실제로 이런 의미에서 정보와 이해를 수집하는 것을 학습과 구별합니다. 나는 이해라는 것도 여러분이 습득한 것이라고 생각합니다. 학습은 여러분의 행위에 의해서 배우는 것입니다. 나는 무엇인가를 이해할 수 있습니다. 그러나 그것이 내 삶에 적용되지 않는다면, 그런 의미에서, 실제로 그것을 학습한 것이 아닙니다. 그래서 나는 학습은 행위와 함께해야 한다고 생각합니다. 이해는 정보/지식을 습득하는 것과 함께해야 합니다. 자주 나는 내가 학습하지 않은 것에 대한 정보/지식을 갖고 있습니다. 내가 어떻게 해야 할지를 학습하지 않았습니다. 나는 워십에 관한 정보/지식을 갖고 있었으나, 워십을 드리는 방법은 결코 배우지 못했습니다. 나는 워십을 하나의 학습된 과정으로 봅니다. 실제로 그것은 우리 문화에서는 자연스럽지 않은 것입니다. 우리는 실제로 경배드리는 것에 대해서 많이 모르고 있습니다.

경배드리는 것에 대한 몇 가지 기본적인 이해를 개발하려고 노력하면서, 나는 몇 개의 희랍어와 히브리어 단어를 찾아보았습니다. 여기서 그것을 발음하지 않겠습니다. 그러나 기본적으로 워십엔 네, 다섯 가지 개념이 들어있는데, 성경에는 이 말이 다른 방법으로, 다른 장소에서, 반복적으로 언급되어 나옵니다. 구약성서에서 중요한 개념 중의 하나는 희생 제사를 준비하는 것입니다. 즉, 여러분의 희생 제사를 준비하고 있을 때, 여러분은 경배드리고 있는 것입니다. 또 하나는 칭송하는 것(to adore)이고, 또 하나는 몸을 굽혀 절하는 것(to bow down)이고, 또 하나는 하나님께 거룩한 존귀를 드리는 것(to pay divine honor)입니다. 그리고 워십은 우리가 하나님 앞에 와서, 하나님께 우리 자신을 드리는 것에 참여하는 것입니다.

미가 6장으로 가겠습니다. 만일 여러분이 2분 안에 미가서를 찾으면, 신앙이 매우 좋습니다. 아하, 이것은 여러분의 신앙을 잠간 체크하는 것이지요. 실제로 알아보기 위해 잠간 체크를 하는 것입니다. 여러분은 정말로 잘하시네요. 오, 여러분이 곧바로 찾으셨나요? 그러면 여러분은 다음 주엔 맨 앞줄에 앉아도 됩니다. 여기 매뉴얼(Manuel) 아래를 보세요. 그 한 사람만 지금도 그것을 찾고 있네요. 매뉴얼, 그것은 구약성서 안에 있어요. 신약성서가 아니고. 만일 여러분이 전형적인 정통 유대인 공동사회에 있는 회당에서 성장했다면, 여러분은 이 본문을 매우 잘 알고 있을 것입니다. 왜냐하면, 그들의 예배 중에서 그 구절이 자주 암송되기 때문입니다. 그리고 그것은 움(um)을 이해하는 데 중요합니다. 이제 나는 말라기로 가겠는데, 여러분이 그것을 어떻게 생각하세요? 내가 매뉴얼 때문에 지체했지요. 여깁니다. 그것이 유대인의 전통을 많이 이해하고, 총체적으로 하나님과 인간 사이의 관계를 많이 이해하는데 매우 중요한 구절입니다. 6절에서 시작해서 8절까지 읽겠습니다.

> 그런 말은 많은 빈야드 예배자들이 새로운 예배방법을 배우는 것이 얼마나 근본적인가를 보여준다. 그들의 "회심"은(크리스천이 되는데) 기본이라기보다는 오히려 최종적으로 하나님을 경배하는데 깊고 의미 있는 확실한 통로를 여는 것이었다.

> 성서 어휘 연구를 기초로 해서 예배의 신학을 발전시키는 것은 윔버와 다른 사람들에게 잘 알려진 방법처럼 보인다.

"내가 무엇을 가지고 여호와 앞에 나아가며 높으신 하나님께 경배할까 내가 번제물 일 년 된 송아지를 가지고 그 앞에 나갈까 여호와께서 천 천의 수양이나 만 만의 강수 같은 기름을 기뻐하실까 내 허물을 인하여 내 맏아들을, 내 영혼의 죄를 인하여 내 몸의 열매를 드릴까 사람의 혼의 죄를 인하여 내 몸의 열매를 드릴까 사람아 주께서 선한 것이 무엇임을 네게 보이셨나니 여호와께서 네게 주시는 것이 오직 공의를 행하며 인자를 사랑하며 겸손히 네 하나님과 함께 행하는 것이 아니냐"[1]

이제 우리는 죄를 씻고 한 생명을 희생시키기 위하여 하나님이 주신 희생 제사 시스템과 여기 구약성서 소 선지서에서 숨겨진 것은 하나님께서 언제나 우리를 보고 계신다는 사실 사이에 대비되고 있는 것을 봅니다. 그분의 관심은 우리가 그분을 위해서 무엇을 했는가를 보시는 것이 아니고, 우리 죄의 용서를 위해 우리가 무엇을 했거나 우리의 희생 제물을 보시는 것이 아닙니다. 그분은 처음부터 우리를 보고 계셨습니다. 그리고 그분이 나와 여러분에게 원하시는 것은 우리가 그분 앞에 겸손히 행하는 것입니다. 즉, 하나님은 우리와 친밀히 교제하고, 우리와 사랑을 나누기 원하십니다.

이것이 세분화되어 언급되는 것을 신약성서에서 보겠습니다. 로마서 12:1-2입니다. 바울은 여기 로마서에서 총체적으로 죄와 인류의 문제를 통해 가르칩니다. 여기 12장에서 그가 이전에 준 가르침과 관계되는 것으로 몇 가지 적용에 대해 말합니다:

그러므로 형제들아 내가 하나님의 모든 자비하심으로 너희를 권하노니 너희 몸을 하나님이 기뻐하시는 거룩한 산 제물로 드리라 이는 너희가 드릴 영적 예배니라 너희는 이 세대를 본받지 말고 오직 마음을 새롭게 함으로 변화를 받아 하나님의 선하시고 기뻐하시고 온전하신 뜻이 무엇인지 분별하도록 하라(롬 12:1-2).

삼위일체의 학문적이고 신학적인 설명에 관련해서, 웜버의 유추에 의한 설명(analogy)은 썩 잘 된 말 같지 않다. 하나님의 본질은 세 인격으로 되어있지, 세 부분으로 되어있지 않다. 그러나 다른 수준에서 그 유추는 인간의 다른 차원(몸, 혼과 영)에 대하여 설명하는 데 유용하다. 이 세 차원이 함께 합쳐 통합된 전체를 형성한다. 이 전체(whole)가 하나님을 예배하는 데 관여한다. 웜버의 기본적인 요점은 중요한 것이다: 하나님을 향한 우리의 워십은 모든 차원을 통한 (몸, 영혼과 영) 우리의 전 인격(persons)을 포함해서 진심으로 드려야 한다.

"온전하신"이란 뜻은 완전한 것을 의미합니다. 즉, 하나님의 의도는 우리가 몸, 영혼과 영으로 그분을 경배드리기를 배우라는 것입니다. 우리의 세 가지 모든 영역으로 경배드리는 것입니다.

하나님은 삼위일체 – 아버지, 아들과 성령으로 존재하시는 것처럼 – 우리도 세 부분의 존재가 하나를 이루고 있어, 우리의 몸, 영혼과 영이 삼위일체 하나님을 반영하는 존재입니다. 내가 얼마 전에 이것에 대해 시리즈로 설명하며 세 부분이 하나되어 함께 역사하는 것을 말씀드렸습니다. 다만 복습하기 위하여, 여러분의 영은 여러분의 인격의 속사람인 것을 기억하십시오. 이것이 여러분과 여러분의 영의 본질입니다. 나와 여러분은 소생되고(regenerated) 갱신되어야(renewed) 할 필요가 있는 영(a spirit)을 가지고 태어났습니다. 그런 소생과 갱신이 없이는, 나와 여러분은 결코 하나님을 알 수 없습니다. 그리고 요한복음 3장의 예수님과 니고데모와의 대화에서, 우리는 하나님의 영/성령이 우리의 영에 역사하심으로 우리가 거듭나게 되는 것을 알게 합니다. 이것은 오늘날 매우 잘 알려진 구절입니다. 여러분은 그것이 많은 일에 적용되는 것을 알고 있습니다. 그러나 기본적으로 그것은 하나님의 일을 의미합니다: 처음 우리가 태어날 때, 우리는 영원히 지옥에서 살기로 예정된 영을 가지고 태

---

1) 여기서 웜버는 설교 중에 The New American Standard Bible을 읽는다.

어났습니다. 그러나 예수님께서 죽으시고 부활하신 공로에 힘입어, 우리는 영적으로 다시 태어나는 경험을 할 수 있습니다. – 두 번째 탄생(birth)입니다. 나는 그것을 좋아합니다. 하나의 출생과 하나의 죽음이 사라지기 때문입니다. 그러나 두 탄생과 하나의 죽음이 남아있습니다. 이제 나는 그 나머지 하나가 필요했습니다. 그래서 나는 하나님의 성령으로 다시 태어났습니다. 즉, 내가 그리스도를 나의 구세주로 영접할 때, 나의 영은 거듭납니다. 이제 관심을 갖게 하는 것은 내가 하나님의 사람으로 다시 태어날 수 있으나, 여전히 엉망진창인 삶을 살고 있다는 것입니다. 왜냐하면, 여기 로마서 12장에 나오는 순종에 이르지 못하기 때문입니다. 다시 말하면, 내가 하나님의 성령으로 거듭나고, 하나님의 은혜를 받을 수 있습니다. 그리고 말합니다. "**오, 하나님**. 나는 구원받기 원합니다. 오 하나님, 나는 정말로 다시 태어나기 원합니다. 내 삶을 취하소서." 그런 후 진실로 나의 몸과 마음을 하나님의 목적을 위해 헌신해야 할 중요한 시점에서 애매한 태도를 취합니다.

  여기 로마서 12:1-2에서 우리가 말하고 있는 것이 바로 그 점입니다. 그는 여러분의 몸을 살아있는 거룩한 산 제물로 드리라고 말합니다. 여러분의 몸과 마음을 매일 드린다는 의미는 여러분의 마음이 새롭게 되고, 여러분의 몸이 희생 제물이 될 수 있다는 의미입니다. 바로 이것이 바울이 고린도전서 2장에서 고린도 교인들에게 말하고 있는 것입니다. "너희가 아직도 육적인 마음을 가지고 있어서, 나는 너희에게 어른의 음식을 먹일 수 없다." "육적인 마음"(carnal-minded)이란 몸이 지배하는(body-ruled) 상태를 의미합니다. 여러분의 몸은 여전히 육에 통제를 받고 있습니다: 왜냐하면 여러분이 여전히 전에 가졌던 옛 육체적 욕망을 따라 행동하고 있기 때문입니다. 맞습니다. 여러분은 하나님의 영으로 거듭났으나, 여전히 옛날 모습으로 살아가고 있습니다. 여러분은 전에 여러분이 가졌던 모든 육체적 욕망을 가지고 살아가고 있습니다. 여러분이 구원받기 이전에 여러분이 행하였던 똑같은 연료로 달리고 있습니다. 그래서 워십의 본질과 시작, 그리고 워십의 끝(혹은 목적)은 우리가 하나님의 뜻을 따르는 것입니다. 그것은 우리의 몸, 영혼과 영을 하나님을 칭송하고, 하나님을 사랑하는 데 드리는 것입니다.

  이제 워십은 우리가 모이는 것에만 국한되지 않습니다. 비록 히브리서 안에 – 여러분이 나중에 확인하기 위해서 이 구절을 적어놓길 원하실 것입니다. – 히 10:25에서 우리에게 함께 모이라고 권고합니다. 즉, "너희가 함께 모이는 것을 잊지 말라"고 말합니다. 여러분의 성장과 나의 성장을 위해 우리가 매주 그룹으로 모이는 것입니다. 누가 나에게 물었습니다. "왜 내가 예배드리러 갑니까?" 나는 말했습니다. "내가 그것을 좋아하기 때문입니다." 만일 내가 그것을 좋아하지 않으면, 나는 가지 않을 것입니다. 내가 그것을 좋아하지 않았을 때, 나는 가지 않았습니다. 나는 그들이 그것을 좋아하지 않는다면, 어느 누구도 이 교회에 오지 않을 것입니다. 때때로 나는 누군가에 떠밀려 그들의 팔꿈치가 여전히 아픈 채 교회에 들어오는 사람을 봅니다. 왜냐하면, 그들이 아내나, 친구, 혹은 누군가 그들에게 교회에 가보라고 말했기 때문입니다. 내 생각에는: "그렇게 한 번 시도해 보는 것도 좋습니다." 그것은 마치 처음으로 요구르트를 시식해 보는 것과 같습니다. 나의 아내는 나에게 누구나 한 번 요구르트를 먹어봐야 한다고 말합니다. 그래서 나는 말했습니다. "그들이 눈을 갖고 있지 않다면, 그들이 그것을 볼 수 없다면(먹어봐야 하겠지). 그것은 내가 본 것 중에 가장 이상하게 보이는 것입니다." 그러나 그 이런 간단한 방법으로, 윔버는 워십이 회중석에서 바라볼 때 "많은 관객을 동원하는 스포츠"가 되어야 한다는 견해를 근본부터 부정한다. 그곳에서 예배자들을 관객석에서 누군가가(워십 팀 멤버가) 그들을 위해 여흥적인 방법으로 예배드리는 것을 수동적으로 바라본다. 윔버가 어디선가 사용한 유추를 가지고 말한다면: 누군가가 여러분을 위해 대신 예배드리도록 허용하는 것은 마치 여러분이 배우자를 사랑하기 위하여 대리인을 고용하는 것과 같은 것이다. 여러분이 그런 여흥적인 예배 경험을 즐겼다고 하더라도 그런 구경꾼만이 드리는 워십은 위법이다.

이 점에서 윔버는 흔한 문화적 언어를 사용하고, 워십이 무엇인가를 정의하기 위해 그 말을 머리에 놓는다.

녀는 내게 말합니다. "당신도 한 번 시식해 봐야 해요." 나는 생각합니다. "여러분도 한 번 예배에 참석해 봐야 합니다. 만일 여러분이 그것을 이해하지 못하면 가지 마세요." 내 생각은 만일 그것이 여러분이 있을 곳이 아니면, 그것은 여러분이 있을 곳이 아닙니다. 그래서 왜 여러분의 마음으로 경기를 합니까? 왜 여러분의 마음과 생각이 없는 곳에 여러분의 몸을 갖고 갑니까?

솔직히 말해서, 마음과 몸도 드리지 않고 경배드리는 사람이 너무 많은 경우에는 워십은 다른 사람들에게 활기 없게 진행되는 경우가 있습니다. 나의 인식으로는 워십은 성도들을 위한 것이고, 하나님을 사랑하는 사람들을 위한 것입니다. 지난 수요일, 나는 한 사람과 점심 식사를 함께 하며 그와 대화를 나누었습니다. 그는 여기에 예배드리러 오는 것에 대해서 말했습니다. "나는 당신들이 예배드리거나 무엇을 하는데 어떤 부정적인 생각을 하고 싶지 않습니다." 그러나 "실제로 나는 그 예배에서 무엇을 얻을 수 없었습니다. 다만 나는 당신의 설교를 좋아합니다." 내가 말했습니다. "나는 형편없는 예배자인데 당신이 내 설교를 좋아했다는 말을 들으니 당신은 아주 스마트한 사람은 아니군요." 그는 말하기를 "나는 워십을 많이 좋아하지 않았습니다." 나는 지금 그것을 이해할 수 있습니다. 그가 크리스천이 된 것은 12살 때이고, 지금은 30세가 되었다고 나에게 말했습니다. 주목하십시오. 그는 말했습니다. "나는 워십을 많이 좋아하지 않았습니다." 내가 응답했습니다. "당신이 하나님을 사랑하지 않는 까닭이라는 것을 이해할 수 있군요." 그는 말했습니다. "뭐라구요?" 그래서 나는 반복해서 말했습니다. "당신이 하나님을 사랑하지 않는 까닭이라는 것을 이해할 수 있군요." 여러분이 사랑하지 않는 누군가에게 와서 사랑하는 것은 정말 재미없는 것입니다. 여러분이 그것을 기뻐하지 않으면, 여러분은 그것에 들어갈 수가 없습니다. 워십은 바로 하나님을 사랑하는 것입니다. 만일 여러분이 하나님을 사랑하지 않으면, 경배드리는 과정이 모두 우습게 여겨질 것입니다. 누군가가 당신이 그렇게 해야 한다고 생각하기 때문에 당신이 원하지 않는 일을 행하는 것은 정말 재미없지요. 그렇지요? 모든 사람이 그렇게 합니까? 그때 회중석에서 소리 지르기를, "노~~~~~." 그것은 정말 재미없습니다. 나는 다만 여러분들이 깨어있는 것을 확인하고 싶습니다. 그래서 여러분의 마음이 하나님을 향한 사랑으로 충만하지 않을 때 하나님께 경배드리는 것은 괴로운 일입니다. 이년 반전에 워십이 정말 재미없는 것이라는 것을 경험했습니다. 이제 나의 문제는 내가 하나님의 말씀에 대해 충분히 알고 있었다고 생각했지만, 내가 경배드리는 것을 기뻐하지 않은 것을 알았을 때, 정말 나에게 무엇인가 잘못되었다고 생각했습니다. 교제와 같은 것인데, 만일 여러분이 하나님의 백성들과의 교제를 기뻐하지 않는다면, 여러분도 역시 문제를 가지고 있습니다. 요한1서에서 요한은 다음과 같은 취지로 말합니다. 만일 여러분이 하나님을 사랑한다고 말하면서 여러분의 형제를 미워하면, 당신은 하나님을 사랑하지 않고(요1서3 참조) 하나님의 사랑이 여러분 안에 거하지 않습니다. 만일 여러분이 하나님을 사랑한다고 말하면서, 그분을 경배할 수 없다면, 여러분은 전혀 하나님을 사랑하지 않는 것입니다. 논리적으로 다음과 같이 말할 수 있습니다. … 만일 여러분이 하나님을 사랑하면 하나님을 사랑하는 것은 그분을 경배하는 것이기 때문에, 여러분은 그분을 경배할 것입니다. 만일 여러분이 하나님을 안다면, 그분을 경배하지 않을 수 없을 것입니다.

나는 크리스천이었고, 하나님을 안다고 생각했습니다. 그러나 나는 하나님께 경배드려야한다는 엄연한 실체를 이해하지 못한 곳에 이르렀다고 생각합니다. 미가 6장에서, 방금 우리가 읽은 것에서 – 미가는 매우 의미심장한 문제에 대해서 말합니다: 이는 하나님께서 여러분에게 바라시는 모든 것은 여러분이 친절하며 공의를 행하며, 여러분이 하나님과 함께 겸손히 행하는 것입니다. 그러나 하나님과 함께 겸손히 행한다는 것은 매일 드리는 삶을 사는 것이고, 하나님을 위해 여러분의 삶을 내려놓는 것이고, 하나님 안에서 매일 여러분의 삶을 내려놓는 것입니다. 오늘 나는 경배드리는 이 세 가지 분야를 설명하기 원합니다. 경배의 이 세 가지 측면은 – 몸, 영혼과 영입니다. 여러분과 함께 성경을 보겠습니다. 이는 가르치는 것보다 성경을 읽는 것입니다. 나는 이 본문의 구절들에 대해 너무 많이 코멘트 하지 않겠습니다. 왜냐하면, 거기에는 너무 많은 것들이 들어있기 때문입니다. 여러분 자신이 탐구할 수 있도록 기본적인 것만 코멘트 하겠습니다. 그러나 이제 우리가 처음부터 워십에 대해서 말해도 이 세 가지 분야에서 말하는 것을 명심하십시오.

여러분이 이 세 가지 측면 중에서 하나나 두 측면으로만 경배드린다면, 여러분은 완전하게 경배드리는 것이 아닙니다. 이 말은, 우리가 몸, 영혼과 영이 모두 함께하여 똑같은 범위에서 기능하고, 똑같은 방법으로 경배드리는 때를 말하는 것입니다. 내가 여러분에게 일찍이 한번 말한 것을 기억하십시오. 때로 내 몸이 경배드리고 있으나, 내 영혼은 경배드리지 않는 경우입니다. 그리고 반대로 내 영은 경배드리고 있으나, 내 영혼은 경배드리지 않는 경우입니다. 이런 경우입니다. – 여러분이 육체적으로 여기 있어 여러분의 몸이 경배드리고 있습니다. – 여기 앉아있거나 서 있으며 찬양합니다. 그러나 실제로 나는 찬양하지 않는 경우도 있습니다. 내 마음은 내 차에 가 있습니다. 나는 내일 직장에서 무슨 일을 할까 하고 생각합니다. 볶는 음식이 타지는 않을까? 샐리(Sally) 아주머니가 오지 않을까? 여러분은 여러분 영혼의 범위에 있고, 그것이 여러분의 생각/마음이 생각하고 있는 것입니다. 아, 여러분의 마음은 100만 마일 멀리 떨어져 있으면서도 여전히 찬양합니다. "예수 사랑하심을 성경에서 배웠네". 그러나 여러분의 머리, 마음은 100만 마일 밖에 나가 있습니다. 여러분은 여러분의 마음을 여러분의 몸과 상호관계로 갖고 오지 않았습니다. 여러분의 몸은 여기에 있고, 여러분의 마음은 여러분을 떠나 어딘가에 가 있습니다. 여러분, 그것이 무슨 뜻인지 이해하시지요? 왜 몸을 의자에 푹 파묻고 앉아 있습니까? 거기에 몸을 세워 똑바로 앉으세요. 됐습니다. 그래서 때로 여러분의 마음은 이곳에 있지 않습니다. 멀리 나간 여러분의 마음을 데리고 와 워십을 배우는 데 집중하십시오. 또 흥미로운 것은 – 때로 여러분의 영은 경배드리고 있으나, 여러분의 몸과 마음이 경배드리지 않는 경우입니다. 여러분이 일찍이 그런 경험을 하셨지요? 나에게도 그런 일이 일어납니다. 그리고 내가 샤워를 하러 들어가서, 여기서 그 모습을 묘사하지 않겠습니다만 – 샤워를 하면서 때로 나는 하나님을 생각합니다. 그러면 내 영이 활동하지요. 이때 나 자신이 하나님을 찬양하고 있는 것을 봅니다. 단순히 그분께 찬양드리며, 그분께 말합니다. 내 영으로, 왜 이런 일이 일어나는지 모르겠습니다만, 내 영이 잠깐이라도 경배드리고 있는 것입니다. 그러나 내 몸은 경배드리지 않고, 내 마음은 엉뚱한 곳에 가 있는 경우가 있습니다.

어느 날 나는 고속도로를 달리고 있었습니다. 나는 하나님의 선하신 모든 일에 대하여 생각하기 시작했지요. 내 마음이 경배드리기 시작했습니다. 내 몸은 여전히 고속도로 위를 운전하고 있었습니다.

그 다음에 내가 안 것은 눈물이 내 얼굴 위로 흘러내리고 있었습니다. 교통은 꽉 막혔고, 나는 로스앤젤레스에서 집으로 오고 있었습니다. 한 시간 반이나 걸리는 거리입니다. 나는 복잡한 교통에서도 잘 적응하며 운전합니다. 그런데 그 긴 시간 동안에 나는 아주 귀한 시간을 가졌습니다. 운전하면서 나는 영혼으로 하나님을 경배했습니다. 여러분은 몸으로 경배드릴 수 있고, 마음으로 경배드릴 수 있고, 그리고 여러분의 영으로 경배드릴 수 있습니다. 그러나 참된 워십의 관건(key)은 이 세 측면의 기능이 모두 동시에 기능해야 합니다. 몸, 영혼과 영.

이제 세 측면을 좀 더 고찰하겠습니다. 시편 95편을 보겠습니다. – 그것이 좋은 출발점이 됩니다. 아마도 다윗은 예수님 이외에 일찍이 살았던 모든 다른 사람들보다도 워십에 대해서 더 많이 알고 있었던 것 같습니다. 적어도 다윗은 누구보다도 워십에 대해서 더 많은 시편을 썼습니다. 그리고 우리가 시편을 읽으면서 알게 되는 것은 – 여러분이 다윗을 한 개인으로 상상할 수 있는데, 다윗에게서 그의 창조주를 사랑하기를, 열광적으로, 온 마음을 다해 사랑하는 한 개인을 보게 됩니다. 심지어 하나님께서도 다윗을 가리켜 말씀하셨습니다. "(그는) 내 마음의 사람이라. 내 뜻을 다 이루게 하시리라"[삼상 13:14를 참조]. 시 95:6은 말합니다:

> "오라 우리가 굽혀 경배하며 우리를 지으신 여호와 앞에 무릎을 꿇자. 대저 저는 우리 하나님이시오 우리는 그의 기르시는 백성이며 그 손의 양이라. 너희가 오늘날 그 음성 듣기를 원하노라. 이르시기를 너희는 므리바에서와 같이 또 광야 맛사의 날과 같이 너희 마음을 강퍅케 말지어다." "그 때 너희 열조가 나를 시험하며 나를 탐지하고..."[시 95:6-9 상을 보라].

이제 여러분은 여기서 육체적 태도를 알게 될 것입니다. [몇몇] 육체적 활동들: 몸을 굽히거나 무릎을 꿇는 행동. 전날 누군가가 나에게 워십에 대해서 물었습니다. 그리고 나는 말했습니다. "만일 내가 워십을 위한 성소를 설계한다면, 의자 주위에 많은 공간을 남겨두고 싶습니다. 그 결과 어쩌면 많은 의자를 놓지 않겠지요. 왜냐하면, 나는 워십[공간]에 중요한 가치가 있는 것을 알기 때문입니다. 내가 진실로 기뻐했던 것 중의 하나는 내가 여행을 많이 하면서 다른 종류의 많은 워십[공간]에서 경배드렸을 때입니다. 고 교회파 교회들이 그것은 통상적인 개신교 복음주의자들에게는 인기가 별로 없지만 – 내게 많은 것을 생각하게 하였습니다. 나는 루터교교인들과 영국 성공회교교인들과 장로교교인들과 카톨릭교교인들의 모든 워십을 기뻐했습니다. 나는 그들의 교회에서 워십 때 요구하는 육체적 참여를 좋아했습니다. 그들은 나를 이끌어 경배드리게 했습니다. 방문으로 끝난 것이 내 개인적인 취향에 맞지는 않았습니다만, 나는 그들의 예배에 참여하며 새로운 것을 음미하는 것을 좋아했습니다. 방문하기에는 좋은 곳이었으나, 그곳에 아주 머물기는 원하지 않았습니다. 나는 그들의 예배를 기뻐했습니다. 그러나 그 예배 중 너무 형식에 얽매이는 것을 좋아하지 않았습니다. 나는 예배에 참석하기 위하여 정장을 차려입는 것도 원하지 않았습니다. 그러나 그들이 그렇게 하는 것을 좋아했습니다. 나는 무릎을 꿇고, 머리를 숙이는 것을 좋아했습니다. 내 몸이 그렇게 하는 것은 내 마음도 그렇게 하는 데 많은 도움이 되었습니다. 통상적으로 몸이 우선 그렇게 하는 것에 중요한 의미가 있습니다. 만일

[사이드노트 1] 다윗을 이렇게 설명하면서, 웜버는 워십의 의미에 대한 그가 내리는 정의의 본질을 말한다. 그가 사용하는 부사들에 주목하라. – "열렬하게"(ardently), "매우 열심히"(enthusiastically, 열광적으로), 그리고 "전적으로"(totally).

[사이드노트 2] 웜버가 지적한 것처럼, 워십에는 전 인격(whole lerson, 전인)이 종종 연속적으로 관여한다. 첫째는 몸이 관여하고, 그다음 마음이 뒤따르고, 마지막에는 영이 참여한다. 웜버는 몸이 다른 자세로 워십드리는 것을 구체적으로 말하는 시편 구절을 언급하므로 그의 성서 해설을 시작한다.

[사이드노트 3] 웜버가 이 회중에 관여하기 전에, 그는 풀러신학교의 교회성장 상담원으로 1970년대 중반에 많은 여행을 다니며 상담 사역했다. 이 직책은 그가 다양한 교단의 목회자들을 만나게 했다 (*그는 주류 교단교회, 군소 교단교회, 파라 처치 그룹과 여러 신학교 등에서 그동안 40,000여 목회자들에게 교회성장 상담을 통해 현대교회 성장과 목회를 도왔다. – 역자 주).

내가 경배드리기 위하여 몸을 구부리고 낮추면, 나는 그것에 따라 내 마음도 낮출 수 있습니다. 그러면 내 영도 따라 합니다. 그것이 서로 어떤 관계에 있는지 아십니까?

시편 66편 4절에 나오는데 1절부터 4절까지 읽겠습니다:

> "온 땅이여 하나님께 즐거운 소리를 낼지어다. 그의 이름의 영광을 찬양하고 영화롭게 찬양할지어다. 하나님께 아뢰기를 주의 일이 어찌 그리 엄위하신지요. 주의 큰 권능으로 말미암아 주의 원수가 주께 복종할 것이며 온 땅이 주께 경배하고 주를 노래하며 주의 이름을 노래하리이다 할지어다"(셀라)(시 66:1-4).

물론, 다윗은 실제로 그것을 진척시키는 방법을 알았습니다. 그렇지 않은가요? 온 땅이여 기뻐하며 여호와께 소리쳐라. 여러분, 그것을 상상할 수 있습니까? 온 땅이 기쁨으로 소리칠 수 있는 것을 상상할 수 있습니까? 그런 일이 일어날 것입니다. 그렇지요? 바로 그것에 대해 로마서 8장과 9장이 말하고 있습니다. 6장에서 보면, 모든 피조물이 창조주가 나타날 것을 기다리며 신음한다고 말합니다.[2] 창조주가 오실 때 모든 피조물이 펄떡 깨어나 하나님을 환영하며 열광적으로 찬양할 것입니다. 나는 그때의 찬양을 듣기까지 기다릴 수 없습니다. 또한, 여러분이 기억하실 것으로 또 하나의 경우는 예수님이 예루살렘으로 들어오시기 위하여 동문에 오셨을 때입니다. 그들은 말했습니다. "보세요, 당신은 이 사람들이 이런 식으로 경배하도록 내버려 두실 것입니까?" 그래서 예수님이 대답하셨습니다. "만일 내가 그대로 두지 않으면, 이 돌들이 소리를 지를 것이다."[눅 19:40을 참조하라] 돌들이 그렇게 소리칠 수 있는지 나는 모릅니다. 그분이 그렇게 말씀하셨을지라도 돌들이 소리칠 수 있는가는 의심스럽습니다. 그러나 모든 피조물이 주님께 소리지르고, 주님께 노래하며, 주님을 찬양할 것입니다. 왜냐하면, 오늘도 그분은 살아계시며, 지난 날 우리를 위해 그분이 행하신 것에 우리가 감격하기 때문입니다.

우리가 시편 100편에서 보겠습니다:

> "온 땅이여 여호와께 즐거운 찬송을 부를지어다. 기쁨으로 여호와를 섬기며 노래하면서 그의 앞에 나아갈지어다. 여호와가 우리 하나님이신 줄 너희는 알지어다. 그는 우리를 지으신 이요 우리는 그의 것이니 그의 백성이요 그의 기르시는 양이로다. 감사함으로 그의 문에 들어가며 찬송함으로 그의 궁정에 들어가서 그에게 감사하며 그의 이름을 송축할지어다. 여호와는 선하시니 그의 인자하심이 영원하고 그의 성실하심이 대대에 이르리로다"(시 100:1-5).

여기에는 주님 앞에 오며, 소리치고, 찬양하며, 섬기는 – 모든 육체적 표현에서 – 이제는 그런 행위를 고무하는 내적 육체로 이동하는 모습을 보는데, 그것은 하나님이 누구신가를 아는 지식입니다. 3

---
2) 아마도 웹버는 롬 8:22를 의미하는 것 같다

> 웜버는 그가 일찍이 언급한 연속성을 따르고 있다. 몸으로 드리는 예배가 첫째요 (입으로 찬송부르고, 손을 드는 경우 같이), 그다음에 마음이 뒤따른다.

절을 보십시오. 주님 그분 자신이 하나님이신 것을 알게 되는 것입니다. 즉, 경험하며, 이것을 알게 되고, 이것에 관해 생각하고, 마음으로 주님이 누구신가를 생각합니다. 주님 그분 자신이 하나님이신 것을 우리가 압니다. 그분은 우리의 창조자이십니다. 우리가 우리 자신들을 만들지 않았습니다. 그분이 우리를 지으셨습니다. 우리는 그분의 백성입니다. 그리고 그분의 목장의 양입니다.

다음 절에서 표현된 태도에 주목하십시오. 감사함으로 그분의 문에 들어갑니다. 그것은 여러분이 하나님이 어떤 분이시며, 그분이 현재 누구시며, 그분이 과거에 여러분을 위해 하신 일을 생각하기 시작할 때 자연스러운 것입니다. 그것에 대한 자연스러운 반응은 감사입니다. "아, 그렇지요. 당신은 정말 위대하십니다."

언젠가 내가 워십에 관한 설교를 들은 것을 기억합니다. 그리고 생각했습니다. "그렇다면, 하나님도 우리가 그분께 아첨하기를 원하시나? 그분이 찾고 계신 것이 그것인가?" 나는 하나님의 모든 일에 대하여 매우 기본적인 것을 오해했습니다. 하나님이 하신 모든 일은 그분을 위한 것이라기보다 나를 위한 것이었습니다. 하나님께서는 나에게 주신 은택을 위해서 경배드리는 것을 나에게 가르치셨습니다.

내가 어렸을 때 그랜드 캐논(Grand Canyon, 미국 아리조나주 서부의 대협곡 – 역자 주)에 갔던 것을 기억합니다. 우리는 일리노이주에서 나와 그랜드 캐논까지 가서 그 거대한 캐논 앞에 섰습니다. 여기서 여러분이 하는 자연스러운 일은 – 무엇을 하시겠습니까? [웜버는 이 순간 회중으로부터 그에게 한 어떤 말에 응답합니다] 하하, 베니(Benny) 그를 집으로 데려가시겠어요? 우리 중에 좀 더 고상한 사람은 (익살) 말할 것입니다. "오. 아!" 그 장관에 감동되어 "아"하고 감탄사를 발하겠지요. 우리는 다른 방법으로는 그것을 표현할 수 없을 것입니다. 우리는 그 웅장함에 모두 감격할 것이고, 그 크기에도 감격할 것입니다. 그리고 우리의 영적인 면에서[우리는] 반응합니다.

그래서 우리의 영혼에서 경배의 시작은 하나님이 누구신가를 아는 것입니다. 바로 그것을 아는 것입니다. 예수님은 이것에 대해서 여러 번 말씀하셨습니다. 신약성서 안에 우리는 경험적 지식, 경험에 의해서 습득된 지식을 의미하는 한 희랍어 단어를 가지고 있는 것을 기억하십시오.

요한복음 4장에서 다음과 같이 말합니다: "우리는 우리가 아는 것을 예배하고, 당신은 당신이 모르는 것을 예배합니다. 나는 단지 들은 것을 예배하고, 우리는 우리가 경험한 것을 예배합니다."[3] 여러분이 하나님을 경험했을 때, 그분을 경험하는 것은 그분을 예배할 수 있게 하는 것입니다.

실제로, 여러분이 하나님과 함께하는 경험의 비율, 양과 질과 그것이 얼마나 쉽게 경배드리게 하는가 하는 사이에는 분명한 관계가 있습니다. 나 자신의 삶에서 발견한 것은 워십은 나의 일상적 삶이 특징인 것입니다. 워십은 정서적으로 하나님께 응답하는 것뿐만 아니라, 또한 윤리와 가치, 내가 느끼는 모든 분야에서도 하나님께 응답하는 것입니다. 나는 내가 행하는 모든 일을 통해 하나님의 임재를 나타내기를 원합니다.

시편 103편을 보세요. 이는 진실로 귀한 시편 중의 하나입니다. 1절을 읽으며 고찰하겠습니다.

"내 영혼아 여호와를 송축하라 내 속에 있는 것들아 다 그 성호를 송축하라"(1절).

---

3) 웜버는 요 4:22에 나오는 예수님과 우물가의 사마리아 여인과의 대화를 의역하고 있다.

여기서 영혼과 마음은 똑같은 영역(분야)입니다. "너희 마음으로 여호와를 송축하라"는 뜻은 여호와를 계속 생각하는 것을 의미합니다. 여러분이 하나님에 대해서 아는 모든 것을 통해서 송축하는 것입니다. 여러분이 그렇게 해보셨나요? 그것을 시작하면서 말하였나요? "주님, 나는 주님이 세상의 창조주가 되심에 찬양드립니다. 그리고 전 우주와 나와 강아지들까지도, 그리고 이 모든 것을 창조하신 것을 감사드립니다."라고?

태양과 달과 별들까지 창조하신 것에 감사드립니다. 나는 여러분이 그렇게 하시기를 원합니다. 나는 해변과 산과 팝콘(Crackerjacks, 당밀로 뭉쳐놓은) 그것이 무엇이든 하나님이 창조하신 것에 감사하기를 바랍니다. 그분은 팝콘을 창조하셨다고는 생각하지 않습니다. 그러나 어쨌든.

그리고 그분이 알파요 오메가이시고, 처음과 나중이신 것에 대해 말하겠습니다[계 21:6을 보라]. 아시는 대로, 예수님은 시간의 북앤드(bookends, 책 버팀)이십니다. 그분은 (세상의) 시간을 시작하셨고, 끝내실 것입니다. 그것을 아는 것이 얼마나 오래 걸렸는지 모르지만, 나는 그분과 함께 시작한 것처럼, 그분과 함께 끝날 것입니다. 그 안에 평안함이 있습니다. 그분이 여러분을 위해 행하신 모든 것으로 인해 하나님께 찬양하기를 시작하십시오. 여러분에게 생명을 주신 것에 대해서도, 여러분은 다음 순간에 숨 쉬는 것조차 여러분의 소유가 아닙니다. 그분이 소유하고 계십니다. 여러분의 심장이 박동하는 것도 여러분의 것이 아닙니다. 그분은 우리 몸의 모든 시스템을 멈추게 할 수 있습니다. 여러분은 아무 것도 소유하고 있지 않습니다. 그분이 여러분을 소유하고 계십니다. 그 모든 일로 인해 그분께 감사하기를 시작하십시오. "내 영혼아 여호와를 송축하라 내 속에 있는 것들아 다 그 성호를 송축하라."

"내 영혼아 여호와를 송축하라" 그리고 "네 모든 은택을 잊지 말지어다."[4] 여러분이 받은 모든 은택을 다시 생각해 보십시오. 여러분이 받은 은택이 많아졌고, 하나님과의 관계로 큰 배당도 받으셨습니다. "저가 네 모든 죄악을 사하시며" 여러분, 사하신다는 것이 무엇을 의미하는지 아십니까? 그것은 용서를 받는 것보다 더 좋은 것입니다. 사함이란 죄악을 씻어내는 것입니다. 물론 용서도 받습니다. 내가 너희의 죄악을 사하신다고 말씀하시는데, 죄악은 하나님의 법을 지키지 않는 것을 의미합니다. [여호와께서] "네 모든 병을 고치시며" 거기에 얼마나 많은 병들이 포함됩니까? "네 모든 병"이 포함됩니다. "네 생명을 파멸에서 구속하시고" 파멸을 기억하십니까? 기억하실 줄 압니다. 그분이 "인자와 긍휼로 관을 씌우시며 좋은 것으로 네 소원을 만족케 하십니다."[시 103:5 상].

나는 언젠가 한 사람과 이야기한 것을 기억합니다. 그때 그는 크리스천이었고, 나는 믿지 않았던 때입니다. 그는 예수를 믿은 지 20년쯤 되었습니다. (나는 말했습니다) "누구나 당신과 같이 훌륭한 크리스천이 되나요? 당신은 아름다운 집에, 사랑스러운 가족을 가지고 있습니다. 은행에 돈이 있고, 좋은 직업을 갖고 있습니다."(그가 대답했습니다) "그러나 내가 크리스천이 될 때에는 나는 이런 모든 것을 갖고 있지 않았습니다. 내가 이 모든 것을 갖게 된 이유는 주께서 좋은 것으로 내 소원을 만족케 하셨기 때문입니다." 그는 내게 성경 말씀을 인용했습니다. "인자와 긍휼로 관을 씌우며 좋은 것으로 네 소원을 만족케 하사 …" 아시는 대로, 그런 것을 갖게 된 것은 크리스천 삶의 배당금 같은 것입니다. 그것은 큰 패키지(package)의 일부입니다. 하나님께서는 여러분을 축복하시길 원하십니다. 만일

> 윔버가 즉석에서 말하는 재치는 여기서 팝콘을 언급하는 것처럼, 어떤 의식의 흐름으로 말하는 것처럼 보인다. 그러나 다음의 문장에서 그는 가장 의미 깊은 이슈로 다시 돌아온다.

---
4) 시 103:2. 윔버는 "은택"을 열거하면서, 이 시편의 3절과 그 이후를 인용하고 있다.

여러분이 그런 축복된 것을 갖고 있지 않다면, 어쩌면 여러분은 그분이 여러분을 축복하시도록 하지 않았기 때문입니다. 여러분, 하나님이 축복하시는 곳으로 들어가세요.

"좋은 것으로 네 소원을 만족케 하사 네 청춘으로 독수리 같이 새롭게 하시는도다." 그리고 귀한 축복의 말씀과 권면이 계속됩니다. 여기서 워십의 한 측면은 하나님께서 여러분에게 행하신 것을 마음 속에서 다시 생각하는 것입니다. 하나님께서 여러분을 위해 전체적으로 그리고 특별하게 행하신 것을 회고하는 것입니다.

신약성서로 가서 요한복음 4장을 보겠습니다. 우리는 우리의 경배드리는 행위에서 몸의 분야에서 경배드리는 것을 고찰했습니다. 또한, 우리의 마음의 분야에서 경배드리는 것을 보았습니다. 이제 우리는 영의 분야에서 경배드리는 것을 고찰하겠습니다. 여러분은 예수님이 우물가의 여인과 대화하신 것을 기억합니다. 그들은 종교에 관한 대화를 했습니다. 요한복음 4장 22절을 읽겠습니다.

"너희는 알지 못하는 것을 예배하고, 우리는 아는 것을 예배하노니 이는 구원이 유대인에게서 남이니라." 기억하실 것은 예수님이 한 여인에게 말씀하시는데, 그 여인은 부분적으로 유대인이었습니다. 그녀는 시리아인(Syrian)과 유대인이었습니다. 즉, 시리아인과 유대인이었습니다. 23절에서 계속해서 말씀하십니다: "아버지께서 참으로 예배하는 자들은 신령과 진정으로 예배할 때가 오나니 곧 이때라." 그렇게 예배드릴 때가 오고 있고, 지금도 오고 있습니다. 즉, 여인이, 이제 때가 왔습니다. 이 때입니다. 이제 우리가 지리적으로 어느 곳에서 예배드리는 것이 아닙니다. 그녀는 방금 전에 산에서 예배드린 것을 언급하며 말했습니다. "우리 조상들은 이 산에서 예배드렸는데 당신들의 말은 예배할 곳이 예루살렘에 있다 하더이다"[그래서 예수님이 대답하셨습니다]. "아버지께서 참으로 예배하는 자들은 신령과 진정으로 예배할 때가 오나니 곧 이때라. 아버지께서는 이렇게 자기에게 예배하는 자들을 찾으시니라."[5] 아버지께서 아들을 보내셨고, 신령과 진정으로 아버지를 경배하는 자들을 찾으십니다.

그 이유가 여기 24절에 나옵니다. "하나님은 영이시기" 때문입니다(God is spirit). 여러분이 하나님께 이야기하기를 원하십니까? 그분에게 영 대 영으로(spirit to spirit) 말씀하십시오. 왜냐구요? 하나님은 영이시기 때문입니다. "하나님은 영이시니 예배하는 자가 신령과 진정으로 예배할지니라."는 의미는 영과 진리로 예배드리는 것을 의미합니다. 그렇다면, 여러분은 어떻게 여러분의 영으로 하나님을 경배하실 수 있습니까? 이 주제에 관해서 성경 말씀에 많이 언급되어 있습니다. 잠시 빌립보서 3장 3절을 보겠습니다. 읽기 전에 여러분이 기억하실 것은 – 여러분은 여러분의 몸의 영역에서 하나님을 경배할 수 있고, 또한 여러분의 영혼의 영역에서 하나님을 경배할 수 있습니다. 그리고 우리 중에 믿는 사람들이 다른 방법으로 예배드리는 것을 결코 알지 못합니다. 우리는 우리의 몸으로, 영으로 예배드리고 있습니다. 그런데 신약성서는 새로운 예배의 실체를 말하고 있는데, 그것은 영에서 영으로(from spirit to spirit) 예배드리는 것입니다.

빌립보서 3장 3절을 읽겠습니다[실제로]. 1절부터 3절까지 읽어야 그 의미를 더 잘 알게 됩니다. 여기서 바울은 그의 서신을 통상적으로 교리와 적용으로 나누어 말하는 것에 유의하십시오. 여기에도

---
5) 윔버는 요 4:23을 의역하고 있다.

어떤 교리의 적용이 나옵니다. 그는 몇 가지를 가르쳤습니다. 그는 빌립보 사람들을 사랑합니다. 그래서 빌립보서는 기쁨이 가득한 서신입니다. 3절을 읽기 전에 1절부터 읽겠습니다.

"종말로 나의 형제들아 주 안에서 기뻐하라. 너희에게 같은 말을 쓰는 것이 내게는 수고로움이 없고 너희에게는 안전하니라. 개들을 삼가고 행악하는 자들을 삼가고, 손 할례당을 삼가라. 하나님의 성령(by his Spirit)으로 봉사하며 그리스도 예수를 자랑하고 육체를 신뢰하지 아니하는 우리가 곧 할례당이라."

바울은 이미 조심할 사람들에 대하여 경고했습니다. 이제 3절에서 그가 말하는 것은 – 유대인들이 육체적으로 할례를 받은 것은 – 내면적 마음(heart)의 일을 나타내기 위한 것임에 유의하십시오. 그는 우리가 참 할례당이라고 말합니다. "마음"(heart)이라는 말은 "영"(spirit)을 의미합니다. 그 둘은 같은 분야입니다. 마음과 영은 하나요, 같은 것입니다.

"우리가 곧 할례당이라"는 말은 우리가 참된 할례당이라는 의미입니다. 그러므로 우리가 하나님의 성령으로(in the Spirit of God) 예배드리는 참된 예배자들입니다. 즉, 여러분의 영이 중생 됨을 통하여 거듭나고 활성화되었을 때, 아, 아, 그리고 여러분의 삶에서 계속되는 은혜의 일을 통하여 여러분이 성령으로 충만할 때를 말합니다. 그때 여러분은 여러분의 영으로 하나님의 영에 경배드리는 보다 큰 역량(capacity)을 갖게 됩니다. 그래서 여러분이 거듭나기 전에는 여러분의 영이, 영이신 하나님의 영에 경배드릴 역량을 갖지 못합니다. 여러분의 영이 하나님의 영에 경배드릴 수 없습니다. 여러분이 성령으로 거듭나기 전에는 여러분의 영이 죽어있기 때문에 영으로 예배드릴 수 없습니다. 죽은 영들은 예배드리지 않습니다. 예배드리기 위해 죽은 영이 살아있어야 합니다. 그래서 여기 이 구절에서 우리는, 우리가 참된 할례당이다, 우리가 영으로(in spirit, 한글 번역에는 "신령으로") 하나님을 예배하기를 배운 하나님의 참된 백성이라는 이해를 하게 됩니다.

나와 함께 골로새서 3장을 보겠습니다. 우리는 에베소서 5장, 골로새서 3장과 고린도전서 14장에서 예배에 관한 일련의 생각을 할 수 있는데, 이들은 우리가 함께 모였을 때(즉, 모여서 예배드릴 때 – 역자 주) 해야 할 어떤 예배 행위의 전제(premise)를 가르치고 있습니다. 명확하게 언급하고 있는 것은 여기 골로새서 3장 16절에서 봅니다: "그리스도의 말씀이 너희 속에 풍성히 거하여 모든 지혜로 피차 가르치며 권면하고 시(psalm)와 찬미(hymns)와 신령한 노래(spiritual songs)를 부르며 마음에 감사함으로 하나님을 찬양하고 …" 이제 나는 이것을 몇 주 전에 가르쳤으나, 그때 없었던 여러분을 위해서 다시 말씀드리면, 여기서 "시"는 시편(psalms)을 의미합니다. 희랍어 *psalmos*는 시편을 회상하는 것을 의미합니다. 그래서 우리가 함께 모였을 때, 우리가 무엇을 합니까? 우리는 찬양을 몇 곡 부릅니다. 그리고 밥(Bob)이 시편을 읽습니다. 우리는 자주 앞뒤로 시편을 읽습니다. 그러나 그 개념은 시편으로부터 우리 자신을 새롭게 하기 위함입니다. 많은 시편이 찬양을 위해서 주어졌습니다. 우리를 온전케 하고(equipping, 갖출 것을 갖추게 함 – 역자 주), 하나님의 임재 속으로 우리를 안내하기 위하여 주신 것입니다. 그래서 우리는 함께 모여 시편을 암송하고, 어떤 때는 시편으로 노래 부릅니다. 우리는 오늘 첫 예배 때 시편 5편을 노래했습니다. 종종 우리는 말하기 힘든 것을 시(a psalm)로 노래합니다.

그다음 우리는 찬미를 드립니다. 찬미(hymns, 찬송)는 기도 성가(canticles), 대중 송시(popular

---

우리의 몸과 생각(영혼)을 통하여, 그리고 우리의 영(마음)을 통하여 하나님께 연속적으로 찬양드리며 경배하는데 마지막에 영으로 찬양하는 것엔 특별한 의미가 있는데, 까닭은 우리 자신의 능력으로 할 수 있는 것이기 때문이다. 웜버는 사람이 영의 차원에서 하나님을 경배할 수 있기 전에 하나님께서 그 사람을 거듭나게 해서 인간의 영을 새롭게 하셔야 한다고 말하는 것으로 보인다.

"하나님의 임재 속으로 인도되는 것"에 대한 웜버의 말은, 그 말이 20세기 후반에 교회에서 흔히 될 것을 예상한다. 이 말과 비슷한 언급(예: "경배로 들어간다" 혹은 "하나님의 임재 속으로 들어간다")은 경배 중에 상징적으로 혹은 심령의 내면에서 일어나는 것을 말한다.

odes), 대중 멜로디를 의미합니다. 그래서 우리는 이번 예배에서 그런 몇 곡을 불렀습니다. 이들은 예수님에 대한 컨템포러리 노래들입니다. 우리는 노래 불렀고, 마지막 노래는 "예수, 예수"였습니다. 여기서 마지막에 부른 노래가 무엇이었냐구요? 그가 "피차"(즉, 서로서로 – 역자 주)를 추가했습니다. 아 옳습니다. "예수님, 나는 오직 당신께 감사하길 원해요"(Jesus, I just wanna thank you)[6] 였습니다. 그것은 아마도 찬미 다음에 오고, 희랍어는 기도 성가(canticles)입니다.

그런 다음 신령한 노래가 나옵니다. 이제 이 신령한 노래에 대해서 …, 만일 여러분이 그 말을 사용한 세 군데 본문을 신약성서에서 보시면, 그것은 온전히 영으로 노래하는 것을 말합니다. 그것은 여러분의 영이 신약성서에서 말하는 방언으로 노래하는 때입니다. 이제 신령한 노래는 여러분의 영이 노래를 부르는 것인데, 여기서 하나님은 여러분을 통해서 그분 자신에게 말씀하십니다. 그래서 고린도전서 14장으로 가겠습니다. 여러분은 거기서 신령한 노래의 다이내믹을 보게 될 것입니다. 여기서 여러분은 신령한 노래를 부르는 형식에 구애받지 마십시오. 우리는 다만 그 노래의 신학을 고찰하려고 합니다. 내가 언급하고 싶은 곳은 고린도전서 14:2입니다. 맞습니다. 그것은 [누가 방언으로 할 때] 수평적이 아니고, 수직적 차원입니다. 14:2는 이렇게 말합니다. "방언을 말하는 자는 사람에게 하지 아니하고 하나님께 하나니…" 이제 그 관계를 주목하십시오. 여러분이 방언으로 말하거나 혹은 방언으로 노래할 때 [그것이] 신령한 노래입니다. 이는 여러분이 하나님께 말하는 것이지, 사람들에게 말하는 것은 아닙니다. [그것은] 경배의 수평적이 아니고 수직적[차원]입니다. "이를 알아들을 자가 없고 그 영으로 비밀을 말함이니라."[고전 14:2 하를 보라.]

방언으로 말하는 사람은 그 말이 무슨 말인지 이해할 수 없습니다. 그 방언을 말하는 사람이 초자연적인 은사, 즉 통역의 은사가 없으면 이해할 수 없습니다.

매우 드문 경우입니다만, 서너 번 우리 교회에서 어떤 사람이 방언을 말했습니다. 그때 통역하는 사람이 있어서 통역했는데, 내 기억으로는 두세 번 그런 경우가 있었는데, 내가 통역을 했습니다.

어느 한 번은 누가 그것이 무엇과 같은 것이냐고 나에게 물었습니다. 그것은 여러분의 생각이 개입되지 않은 채, 무엇인가 암송하거나 이야기하는 것과 같습니다. 여러분이 공식집회에 통역의 은사가 임해 통역을 하게 되면, 여러분은 그것을 전혀 생각하지 않습니다. 주시는 통역은 말씀 이외에 아무 것도 말할 수 없습니다. 그것은 여러분의 심령 내부에서 거품처럼 끓어 나옵니다. 통역의 말이 그냥 나옵니다. 거의 자동적으로 나옵니다. 그래서 아, 하고 감탄할 정도인데, 그것을 거의 통제할 수 없습니다. 나로서도 내가 무엇을 말하는지 조차 모릅니다. 나는 문장 구조나 말(words)을 알지 못합니다. 통역의 말이 그냥 나옵니다. 그리고 그 통역의 말이 끝나면, 나는 내가 무슨 말을 했느냐고 누군가에게 묻습니다. 어쩌면 나는 그것을 잘 들을 수 없습니다. 내가 말하게 되므로 몹시 감동하여 내가 들을 수 없습니다. 생각할 수도 없습니다.

그러나 그것은 자동적(무의식적)입니다. 그것은 하나님께서 그분이 성령을 통하여 어떤 사람이 그들이 모르는 언어를 말하게 하십니다. 그리고 그 방언이 끝나면, 또 다른 사람이 자신도 알지 못하는 방

윔버는 유머로 그 자신을 웃긴다. 그가 "S"자를 가진 두운법 때문에 설교 중에 "시로 노래하는"(sing a psalm)을 말하는데 힘들었다는 뜻이다(*"sing a song"이라고 말하면 쉬웠을텐데 "sing a psalm"이라고 하니까 발음하기 힘들었다는 의미이나 실제 "sing a psalm"도 "p"가 묵음이므로 발음을 안하는데, 그 어구를 말하는 것이 어려웠다고 조크로 하는 말임. song이 아닌 psalm을 부각시키는 의미도 들어있음 – 역자 주).

윔버는 경배(혹은 찬양) 중에 (방언 혹은 방언 찬양 등) glossolalia의 본질과 적절한 성서적 사용에 대해 길게 설명한다. 그가 몸과 그다음에 생각과 마지막으로 영을 통해서 경배드리는 것에 대하여 상세히 설명하고 있는 것을 기억하라. 영으로 드리는 마지막 부분은 "신령한 노래"를 가리키는 것으로, 윔버는 이것을 방언 찬양이라고 해석한다. 그런 실례로, 방언을 언급하며 예배 중의 방언에 대해서 좀 더 길게 주의 깊은 설명을 하고 있다. 윔버는 방언 혹은 방언 찬양이 "영으로(혹은 신령으로)" 예배드리는 유일한 방법이라고 절대로 주장하지 않는다.

---

6) 아마도 윔버는 1970년대 초에 Bill and Gloria Gaither가 쓴 두 개의 노래를 언급하는 것 같다: "There's Something about That Name"(그 이름에 뭔가 있어요)과 "Jesus, We Just Want to Thank You"(예수님, 오직 당신께 감사드리길 원해요). (위의 두 노래는 각각 1970년과 1974년에 저자들에 의해 저작권 설정됨).

언을 통역하는데, 그들의 생각을 통하지도 않고, 다만 영이 영에게(spirit to spirit) 말할 뿐입니다. "이는 알아듣는 자가 없고 그 영으로 비밀을 말하느니라." "그러나 예언하는 자는 … " 만일 여러분이 교회에 덕을 세우기 원한다면, 방언을 통해서는 그렇게 할 수 없습니다. 만일 여러분이 예언을 통하여 교회에 덕을 세우기 원한다면, 이는 또한 하나님의 초자연적인 나타남인데, 이는 하나님의 주권과 기름 부으심 아래 이루어지는 일입니다. 예언하는 것을 내가 가장 잘 설명하지만, 그것은 마치 내가 1년 전에 운전했던 오버 드라이브(증속 구동)로 불리는 것을 가진 자동차와 같다고 말할 수 있습니다. 그것은 미끄러지듯 달리는 것과 같습니다. 실제로 그렇게 하는 파워 드라이브라고 부르는 작은 차가 오래전에 있었습니다. 이는 내가 나이 많다는 것을 말하지요. 마찰이 감소됩니다. 1년 반 동안 설교를 녹음한 테이프로 되돌아가게 할 수 있습니다. 나는 거기서 내가 설교를 멈추고 예언을 시작한 것을 보여드릴 수 있습니다. 그것은 다만 기어(자동차의 변속 기어 – 역자 주)를 변경시킨 것과 같이, 내가 설교를 하다가 예언으로 바뀐 것입니다. 더 이상 생각하지 않았습니다. 다만 하나님이 하시는 것을 증거할 뿐입니다. 한 범위(realm) – 내 생각의 범위에서 이동하여 – 감동된 채로 나는 하나님께서 가르치신 것에 스위치를 켜고, 나는 그것을 가르쳤습니다. 그것은 [즉, 그의 예언의 말씀] 하나님께서 그분의 종을 통하여 말씀하신 기록된 성경 말씀과 같은 레벨(수준)의 말씀은 아닙니다(예언의 말씀은 성경 말씀과 같은 수준의 정경 말씀이 아닌, 그때, 그때 회중/개인의 상황에 따라 주시는 상황 예언이라는 의미임 – 역자 주).

4절로 다시 돌아가 바울이 방언의 문제를 언급한 것에 유의하십시오. "방언을 말하는 자는 자기의 덕을 세우고…" 여러분이 무슨 말을 하는지 이해를 못하더라도 방언 기도에는 유익이 있습니다. 그런 까닭에 우리가 옷장에 들어가 혼자 방언으로 기도합니다. 그리고 통역 없이 방언으로 기도합니다. 그렇게 하는 데 무슨 좋은 일이 있나요? 당신이 그것에서 무엇을 얻었냐구요? 아, 내가 아는 모든 것은 방언 기도를 하고 나면 느낌이 좋습니다. 방언 기도를 하고 나면, 나는 금세 하나님의 임재를 충분히 느끼고 강하게 느낍니다. 내 신앙이 북돋아지고, 기쁨이 충만해지고, 하나님께서 나에게 역사하셨다는 강한 느낌을 갖습니다. 방언 기도가 나쁘게 느껴지지 않은 한, 나는 계속해서 방언 기도를 할 것입니다. 방언을 말하는 것은 자기 자신에게 덕을 세웁니다. 그러나 여러분이(개인이 아닌) 교회에서 어떤 신령한 은사를 가지고 기도한다면, 예언이 더 많은 기능을 가진 은사라는 것을 기억하십시오. "방언을 말하는 자는 자기의 덕을 세우고, 예언하는 자는 교회에 덕을 세우나니…" 그런 까닭에 우리가 기본적으로 하는 것은 – 우리가 그것을 멈춘 적이 있는지 모르겠습니다만 – 우리는 생각으로 가르치는 일을 강조합니다.

종종 오순절 계통의 형제가 우리를 방문하고 말합니다. "너희 교회는 그것에 몰두하지 않는다. 당신들은 이것 혹은 저것을 충분히 하지 않는다." 하나님께서 당신을 축복하시기를("알았습니다. 이제, 그만하세요."라는 뜻 – 역자 주). 그렇게 하는 교회들이 많이 있습니다. 그러나 진실로 우리는 성경적으로 균형을 이루었다고 생각하는 것을 행하고 있습니다. 워십을 강조하는 것은 생각의 영역이고, 그 영역에서 영을 방출합니다. 그것은 바로 그다음에 하나님이 하시는 일입니다. 그러나 워십의 강조는 (우리) 생각의 영역입니다.

잠시 5절을 다시 보겠습니다. 4절, 3절 – 죄송합니다. 내가 너무 멀리 갔군요. 4절입니다. "방언을

윔버는 카리스마틱(은사주의) 교회에 자연스러운 질문을 던진다: 만일 예언(과 방언 통역)이 하나님이 직접 주신 말이라면, 그 말이 성경의 권위와 똑같은 권위를 갖는 말인가? 그의 대답은 결단코 "아니다"(no)이다.

종종 방언을 말하는 교회에서 발견되는 하나의 중요한 구분은 공공 예배에서 방언을 하는가 아니면 개인적으로 방언을 하는가 하는 사이의 구분이다. 윔버는 개인적인 기도 생활에서 기도실에서 방언으로 기도하는 것은 그 사람에게 유익하다고 말하지만, 여기서 그의 가르침의 주된 강조는 공공 예배 중에 방언의 적절한 역할에 대한 것이다.

말하는 자는 자기의 덕을 세우고, [그러나] 예언하는 자는 교회에 덕을 세우나니, (자신의 덕을 세우기 위하여) 너희가 다 방언하기를 원하나, (교회의 덕을 세우기 위하여)(괄호 내는 역자 첨가) 특별히 예언하기를 원하노라." 바울은 말합니다. "보세요. 이것이 더 좋은 것입니다." 예언하는 것은 공적으로 모이는 환경에서 더 많은 가치를 갖고 있습니다. 집회 중에 방언을 말하는 사람이 교회가 받아들일 수 있도록 통역하지 않으면 예언을 말하는 사람보다 그 기능이 크지 않습니다. "그런즉 형제들아 내가 너희에게 나아가서 방언을 말하고 계시나 지식이나 예언이나 가르치는 것이나 말하지 아니하면 너희에게 무엇이 유익하리요"[7]

이제 그것들이 세 은사들입니다. 그리고 비록 생명이 없는 것이지만 – 그가 몇 가지 악기와 그 기능에 대해서 말합니다. 만일 그들이 많은 소리를 낼지라도, 멜로디는 없습니다[고전 13:1을 참조하라]. 그러나 여러분이 마음의 플루트로 연주되는 개별적 곡조(notes)를 튕겨야 합니다. 만일 나팔이 희미한 소리를 낸다면, 누가 전투에 나가기 위해 자신을 준비하겠습니까? 만일 여러분이 허공에 말한다면, 그것이 무엇을 말하는지 어떻게 알 수 있겠습니까? 아마도 이 세상에는 수많은 언어가 있습니다. 의미 없는 말이 없습니다. 만일 내가 어떤 언어의 뜻을 모르고 말한다면, 야만인처럼 말하는 사람이 될 것입니다. 또한, 그렇게 말하는 사람도 내게는 야만인이 될 것입니다. "그러면 너희도 신령한 것을 사모하는 자인즉 교회의 덕을 세우기 위하여 풍성하기를 구하라"[고전 14:12]. 즉, 성경 말씀을 우위에 놓는 것은 교회의 덕을 세우기 위함입니다. 자신의 덕을 세우는 것도 중요하지만, 교회의 덕을 세우는 것이 더 중요합니다. 그러므로 방언은 종속적입니다. 우리의 생각(mind)의 영역에서 사역하는 것은 유력한 요인(factor)입니다. 예언은 유력한 요인입니다.

나는 우리가 신학적으로 매우 건전한 틀에서 예배드린다고 확신합니다. 누가 와서 말했습니다. "그러나 당신은 방언 말하는 것을 금합니다." [나의 대답은] "아니오. [우리는 금하지 않습니다]." 우리가 예배드리기 위해 함께 모일 때는 자신의 덕을 세우기 위한 것이 아닙니다. 그때는 자신의 덕을 세우기 위한 것이 아니라, 교회의 덕을 세우는 것이 중요합니다. 예언은 유력한 요인입니다. 나는 성경이 이 문제에 관해서 매우 확고하다고 생각합니다. 솔직히, 이미 주님께서 역사하고 계실 때, 어떤 사람이 한, 두 번 방언으로 말했습니다. 주 안에서 도중에 이렇게 방해하는 것은 전혀 통상적인 것이 아닙니다. 그래서 내가 가서 온유하게 권고하며 말했습니다. "이 자매를 축복하소서. 이 형제를 축복하소서. 그러나 주께서 이 경우에 말씀하시는 것이 바로 이것입니다: 질서는 성경에서 중요시 합니다. 그래서 질서는 워십에서도 중요합니다."

[고린도전서 14장을 고찰하며] 40절로 가겠습니다: "모든 것을 적당하게 하고 질서대로 하라." 성경이 반복적으로 권고하는 것은 [40절에 언급된 것처럼] 균형과 질서를 위한 것입니다.

13절로 돌아가서 한 번 더 보겠습니다: "그러므로 방언을 말하는 자는 통역하기를 기도할지니..." 만일 여러분이 예배 중에 하나님을 경배할 때, 하나님께서 여러분이 경배 중에 방언으로 말하기를 원하시는 것을 느낀다면 또한, 통역하기를 기도하십시오, 그리고 여러분이 방언으로 여러 사람 앞에서 말할 수 있는 위치에 있는가를 확인하십시오. 만일 여러분이 우리 교회의 새 신자라면, 우리가 방언으로

윔버는 주께 드리는 전인 워십(a whole person worship, 몸, 마음과 영이 하나되어 드리는 예배)을 주장하는 그의 원래의 목적으로 돌아온다. 그의 견해로는, 영으로 예배드리는 것(예를 들면 방언 찬양으로)은 사람의 생각(mind)으로 예배드리는 것과 분리되어서는 안 된다. 그래서 주님이 누구시며, 주님이 행하신 것이 무엇인가를 생각나게 하는 말씀 속의 예언은 매우 중요하다. 윔버는 빈야드 회중이 공공 예배에서 방언을 자주 말하지 않는다고 비난하는 사람들에게 반대 의견을 제시하려고 노력한다.

---

7) 고전 14:6. 사도 바울은 그 자신의 사역에서 가장 유용하게 사용하는 방언에 대해 말하고 있다.

말하려는 그 사람이 어떤 사람인지 잘 모르기 때문에, 어쩌면 그 사람은 회중 앞에서 방언으로 말하지 말라고 요청받을 수 있습니다. 우리는 여러분의 배경을 모릅니다. 어디에서 온 분인지도 잘 모릅니다. 성경은 앞에서 인도하는 사람들을 우리가 분명하게 인식하기 바랍니다. 만일 여러분이 우리 교회를 계속 다녔고, 성령께서 여러분에게 회중 앞에 방언으로 말하라고 감동주신 것을 확신하면, 곧 방언을 경배 중에 말할 수 있습니다. 그리고 우리는 기도할 것입니다. 하나님께서 우리에게 통역을 주시기를, 만일 그분이 우리에게 통역을 주시지 않는다면, 아마도 그때 여러분의 방언은 일시적인 육적인 충동으로 하게 된 것입니다(* 빈야드 교회에서는 워십/찬양의 시간이 끝나면 잠시 묵상에 잠기는 조용한 시간을 갖습니다. 그때 성령의 감동을 받은 사람들이 방언이나 예언의 말을 할 수 있습니다. 그러나 통상적으로 방문객이나 아무나 그렇게 하는 것이 아니라, 주로 그 교회 교인들이 잘 아는, 킨십 그룹이나 봉사활동에 성실히 참석하는 교회를 사랑하는 사람들이 합니다. 그러면 교인들이 아멘! 하며 감사함으로 그 말씀을 받습니다. - 역자 주).

한 번은 테네시주 어느 집회에 참석했습니다. 그곳에 약 4,000명의 사람이 모였습니다. 그런데 갑자기 설교자가 설교하는 중간에 어떤 사람들이 방언으로 크게 말했습니다. 몇 분 동안 그들이 방언을 했습니다. 그들의 방언이 끝난 후에 예배당은 죽은 듯 조용했습니다. 나는 수천 명의 사람과 함께 침묵하며 기다리고 또 기다렸습니다. 그러나 아무도 통역하는 사람이 없었습니다. 집회를 마친 후에, 나는 어느 목사자 그룹의 지도자에게 가서 말했습니다. "그곳에서 무슨 일이 일어났나요?" 그 지도자는 대답했습니다. "그래요, 무슨 일이 일어났나 구요? 성령으로 감동받지 않은 사람이 방언을 말한 것입니다." 내가 다시 물었습니다. "그것이 무슨 말입니까? 마귀가 시켜서 방언했다는 뜻인가요?" 그가 대답했습니다. "아닙니다.""당신이 그걸 어떻게 알아요?" "통역이 없었지요."

하나님은 어느 집회에서나 그렇게 방언하는 것을 받으시지 않을 것입니다. 그래서 때때로 여러분 자신이 감동해서 어떤 영역을 벗어날 수는 있으나, 하나님은 그것을 귀하게 여기지 않으실 것입니다. 진실로 여러분은 신령한 은사 사용에 아주 민감해야 합니다. 다른 한편, 만일 하나님이 실제로 은사를 사용하라는 감동을 주셨을 때, 여러분이 그것을 행하지 않으면, 여러분은 성령을 소멸시키는 것입니다. 하나님이 주신 감동도 무시한 것입니다. 여러분은 하나님의 감동과 나 자신의 감동 사이에 매우 민감해야 합니다. 그러면 무슨 일이 일어나는지를 알게 됩니다. 여러분의 마음(mind)이 은혜 가운데 있을 때, 여러분은 한 영역에서 기도합니다. 여러분의 영(spirit)이 은혜 가운데 있을 때 또 다른 영역에서 기도합니다. 이 둘이 절대로 만나지 않을 것입니다.

고린도전서 14장 15절에서 고찰합니다: "그러면 어떻게 할꼬. 내가 영으로 기도하고 또 마음으로 기도하며, 내가 영으로 찬미하고 또 마음으로 찬미하리라: 그러지 아니하면 내가 영으로 축복할 때에 무식한 처지에 있는 자가 네가 무슨 말을 하는지 알지 못하고 네 감사에 어찌 아멘하리요[네가 감사를 했을 때, 무식한 자는 네가 말하는 것을 알지 못하므로?]"

이것은 좀 우수꽝스러운 일인데 - 전날 누가 나에게 물었습니다. "내가 당신의 교회에 교인이 될 수 있나요?" [나는 대답했습니다] "물론이지요. 우리는 교인 등록 같은 것이 없기 때문에 당신은 우리 교회 교인이 될 수 있습니다." 그 사람이 물었습니다. "내가 당신의 교회 교인이 되기 위해서 방언을 말해야 합니까?" "오, 아닙니다."라고 내가 말했습니다. 나는 우리가 결코 방언을 말하는 문제에 연연하

> 이런 실례를 가지고 윔버는 공공 예배에서 말하는 방언은 또한 전 교인에게 덕을 세우기 위해 성령에 의해서 주어진 통역이 뒤따라야 한다고 분명히 말한다. 통역이 없는 방언은 그 자체가 공공 예배에서 목적이 될 수 없다.

| 이 견해는 통상적으로 방언을 "성령 세례"의 증거라고 주장하는 고전적(혹은 전통적) 오순절주의와, 그런 고정된 주장을 하지 않으면서도 방언 사용을 수용하는 카리스마틱 갱신 운동 사이에 선을 긋는 공통적 분리선이다.

지 않기를 바랍니다. 그것은 주변적인 것이고, 2차적인 것입니다. 우리는 우리가 예수님을 사랑하기 때문에 함께 모입니다. 만일 여러분이 예수님을 사랑하면, 여러분을 환영합니다. 만일 여러분이 하나님의 말씀에 헌신하면, 여러분을 환영합니다.

주님을 찬양합니다. 우리가 그것을 위해 여기에 있습니다, 하나님을 찬양하고, 예수님을 송축하기 위해서 여기 있습니다. 만일 여기서 누가 운동이나 하러 가고 싶다는 사람이 있다고 생각하면, 운동 그룹에 참여하는 것이 성경적으로 옳거나 틀렸든지 간에 나는 정말 (우리 교회를) 그만둘 것입니다(괄호 내는 역자 첨가). 우리의 휄로우쉽(즉, 빈야드교회)은 성령의 은사를 중심으로 모이는 교회가 아닙니다. 우리의 휄로우쉽은 성령을 주시는 분, 예수 그리스도 그분 자신을 중심으로 모이는 교회입니다. 누군가 "아멘"이라고 말하기도 하고, 혹은 눈을 깜빡거리기도 합니다. 여러분이 그것을 믿으십니까? 좋습니다.

성경이 여기서 권면하는 것은 "모든 것을 적당하게(decently, 품위있게)하고 질서대로 하라"는 것입니다[고전 14:40]. 그런 특정한 은사를 갖고 있지 않은 사람이 그 모임에 와도 감정이 상하거나 지쳐워 의욕을 상실하지 않게 될 것입니다. 그들이 거기서 무엇을 하고 있습니까? 무엇이 진행되고 있습니다. 하나님이 계셔서 함께 하시나요?

내가 남부의 어느 캠핑(천막집회)에 가서 처음으로 경험한 것을 기억합니다. 약 3년 전의 일입니다. 우리가 탄 비행기가 늦게 테네시주 멤피스(Memphis)에 도착했습니다. 그래서 나는 7시에 비행기에서 내려서 낡은 트럭을 차고 테네시 어느 산속으로 들어갔습니다. 만일, 여러분이 더운 여름에 남부에 가본 적이 없다면, 여러분은 얼마나 더운지를 모를 것입니다. 이 캠프 미팅(camp meeting)에 약 6~7,000명이 모였습니다. 밤 9시쯤 되어 우리는 그곳에 도착했습니다. 그 집회는 그날 오후 2시부터 계속되었습니다. 그들은 그날 밤 11시까지 찬양했습니다. 마침내 그들이 찬양을 멈추었을 때, 나는 내 옆에 앉은 사람에게 말했습니다. "와, 두 시간 동안이나 찬양하는 긴 찬양 예배군요." 그는 말했습니다. "우리는 오후 2시부터 계속 찬양을 했습니다." 그들은 그 집회에서 9시간 동안 계속해서 찬양한 것입니다. 만일 여러분이 우리의 예배가 길다고 생각하시면, 여러분은 남부로 가서 천막집회에 참석하셔야 합니다. 그들은 주 안에서 매우 아름다운 시간을 보냈습니다. 그리고 그것은 문화적으로 아주 좋은 것입니다.

| 웜버는 그의 주된 요점으로 되돌아온다. 하나님께 드리는 알맞은 예배는 그 사람의 삶의 모든 것으로 드리는 전 인격(whole human person)을 포함한다. 그의 마지막 기도는 그 자신이 예배의 여정에서 중요한 부분을 언급한다(분명히 이것은 많은 빈야드 예배자들에게도 같다) - 이렇게 예배에 접근하는 것이 특징이 된, 뜨거운 찬양으로 하나님에 대한 애정을 확실하게 표현하는 것을 부끄러워하지 않고 편하게 생각하는 것을 깨닫는 것.

여러분 중에 많은 사람은 그런 예배 환경에 극도로 불편함을 느낄 것입니다. 그것은 마음을 몹시 흥분시킵니다. 그들은 상당히 과격한(wild) 일을 합니다. 그것은 그들에게 좋습니다. 하나님께서 그들을 축복하시기를. 그분께서 그들의 성소를 찾아가십니다. 하나님께서 그들의 요구에 반응하십니다. 그러나 우리는 그들이 하는 방식대로 할 필요는 없습니다. 그러나 우리도 찬송을 해야 합니다. 워십은 크리스천 삶을 위해 전례가 되는 것입니다(prerequisite). 워십은 크리스천 삶의 기초입니다. 여러분이 행하고 말하는 모든 것으로 하나님을 경배하십시오. 여러분의 내적 존재의 성소에서 그분을 경배하십시오. 여러부의 영으로, 몸과 혼으로 그분을 경배하십시오. 물질을 가지고 그분을 경배하십시오. 가정에서의 여러분의 관계를 통해서 그분을 경배하십시오. 고속도로 위에서 그분을 경배하십시오. 정체되었다가 달리는 중에도. 어느 것도 방해할 수 없습니다. 여러분이 일찍이 그분 발아래 내려놓기를

소망했던 모든 것을 내려놓으며 경배드리십시오.

기도

아버지. 당신을 찬양합니다. 우리에게 경배하라고 가르쳐 주신 것에 감사드립니다. 당신을 향한 사랑으로 충만한 마음을 주신 것에 감사드립니다. 당신을 향한 우리의 사랑을 조금도 부끄럽지 않게 여기도록 도와주신 것에 감사드립니다. 오, 하나님. 우리의 심령을 경배의 영으로 가득 채우사 우리가 이 주간에도 우리의 삶의 모든 영역에서 당신에 대한 사랑과 애정을 가지고 경배하게 하시고, 늘 주님의 임재 안에 머물며, 주께서 우리 심령에 머물게 하시며, 사는 날을 통하여 우리의 영으로 찬양하게 하시고, 매 순간마다 도우셔서 항상 주의 임재를 나타나게 하시고, 우리가 경배의 사람들이 되어 찬양하게 하시고, 그리하여 빛이 되게 하소서. 주 예수 그리스도의 이름으로 기도합니다. 아멘.

출처: John Wimber, "Loving God", in *the Ministry and Teaching of John Wimber* series, CD#303[그 일을 하기(Doing the Stuff/Vineyard Music Group, 2004)]. 허락받고 게재함.

"왜 우리는 경배하는가?"에서 발췌

자기 교회의 워십을 위해 성공적으로, 신학적으로 굳건한 기초를 놓으려는 욕망을 갖고, 윔버는 워십의 필요성을 탐구하고, 하나님께서 예수 그리스도를 통하여 계시하신 워십에 필요한 것을 제시한다. 다음의 설교는 그의 설교에서 발췌한 것이다. 삶의 스타일로서의 워십(Worship as lifestyle)과 그분을 향하여 표현된 참된 사랑에 대한 하나님의 은혜로운 반응이 이 설교에 나타난 주제들이다.

... 우리는 하나님을 경배하라는 명령을 받았고, 워십을 위해서 택함을 받았으며, 워십을 드리기 위해 지음을 받았습니다. 그러나 우리는 때로 잘못된 경배를 드려오기도 했습니다. 우리가 경배드리도록 지음을 받았으나, 우리가 하나님(God)을 잘 알지 못하고, 우리 자신이 만든 여러 신들(gods)을 섬기기도 했습니다. 우리에게 가장 가까운 신(god)을 섬기고, 지방 신(god)을 섬기고, 우리에게 처음 주신 것을 섬기고, 우리 길에 처음 오는 것을 섬기고, 원수가 제공하는 것을 처음 섬깁니다. 모든 사람이 예배자입니다. 내가 비행기를 타고 가다가 옆에 앉은 사람과 5시간 동안 함께 대화하면서 그 사람에 대하여, "이 사람에게 내 생각을 이해시키지 못하겠구나." 하는 생각에 이르렀습니다. 나는 어느 순간 그에게 말했습니다. "당신이 예배드리도록 지음 받은 것을 아시는지요?" 그는 말했습니다. "그것이 무슨 말입니까?" 그래서 나는 말했습니다. "자, 성서는 우리에게 말하기를, 당신의 본질과 당신의 기질은 섬기도록 창조되었습니다. 당신은 지금 무엇인가를 섬기고 있습니다." 그는 말했습니다. "그게 무슨 말입니까? 내가 지금 뭘 섬기고 있다니요?" 그래서 내가 말했습니다. "당신은 그동안 당신이 성취한 모든 것에 대해 말했습니다. 당신이 번 돈, 당신이 이룩한 지위, 그리고 당신의 회사가 발전하

> 윔버는 그의 설교 중에 앞에서 말한 이야기를 언급한다. 이 이야기에서 복음화하려는 윔버의 실상이 분명히 나타난다.

는 모습, 당신이 경쟁자를 물리치고 성장한 이야기, 당신 자신이 주도해서 성취하고, 이런 성취들이 모두 당신의 천재성과 능력에 기인했던 이야기 등을 말했습니다." 계속해서 나는 말했습니다. "당신은 몇 시간 동안 이야기하며 당신 자신과 자신이 성취한 것을 이야기했습니다. 당신은 당신의 신(god)니다(여기서 내가 승리하지 못하면 난 정말 난처해지겠지요. 무슨 말인지 아시겠지요?). 당신은 당신의 신(god)입니다."라고 말하며 계속해서 말했습니다. "내가 숫자를 다 기억하지 못하지만, 당신은 하나님(God)이 필요 없다고 75번쯤 말했습니다. 당신이 하나님(God)이 필요 없다고 말하는 이유는 당신은 어떤 신(god)을 갖고 있고, 바로 당신이 그 신(god)이기 때문입니다." 그가 히죽 웃고 난 다음 나를 뚫어지게 바라보았습니다. 그래서 나는 이 한 가지를 이해시켰다고 생각했습니다. 그리고 나는 또 말했습니다. "솔직히 나는 당신이 섬기는 것에 함께 하고 싶지 않습니다." 나는 그것이 그와 대화했던 몇 시간 동안에 내가 받은 유일한 계시였습니다. 나는 대화를 나누며 줄곧 마음속으로 기도했습니다. "오, 하나님"하며 5시간 동안을 기도했습니다. 그러나 아무런 일도 일어나지 않았습니다. 마침내 어느 순간에 나는 말했습니다. "나는 당신이 살아오는 동안에 당신이 하나님께 부르짖던 시간이 있었던 것을 압니다." 바로 그때 그의 눈에 눈물이 젖으며 그가 말했습니다. "내가 6살 때 하나님께 기도드렸습니다. 만일 당신이 진실로 존재하신다면, 나에게 보여주세요." 나는 말했습니다. "자, 내가 당신이 알기 원하는 것은 하나님께서 당신의 기도를 들으셨다는 것입니다. 친구여, 그 과정이 바로 지금 여기에 진행 중이고, 그분이 이제 당신에게 나타나실 것입니다." 그러자 그가 내 말을 무시하며 말했습니다. "자, 당신네 크리스천들은 항상 그런 말을 합니다. 당신은 나를 두려움에 빠트리길 원합니다." 그런 후, 우리는 우리 크리스천들이 사람을 두렵게 만들기 원하는가에 대해서 상당히 긴 시간 동안 이야기했습니다. 왜 우리는 그들을 두렵게 하는 것을 말하는가? 그는 말했습니다. "당신들은 지옥에 대해서 말합니다. 그리고 이것저것에 대해서 말합니다. 그러나 내가 죽으면 다 끝나는 것이지 아무것도 없게 됩니다." 내가 말했습니다. "행운을 빕니다. 만일 아무것도 없다면, 당신은 잘한 것이겠지만, 그것은 망각일 뿐입니다." 나는 그 길에 들어서지 않을 것입니다. 계속 말했습니다. "만일 당신이 *옳다면*, 그때는 망각이 *있을* 뿐입니다. 만일 내가 옳다면, 당신은 *큰* 문제에 휩싸일 것입니다." 그래서 우리는 그것에 대해서 좀 더 이야기했습니다. 아시는 대로, 우리는 섬기도록 지음받았습니다. 그런데 우리는 우리 손으로 만든 것을 섬기고 있습니다.

우리는 우리의 손으로 만든 어떤 것을 섬기든지, 아니면 우리를 지으신 창조주를 섬길 것인지 둘 중의 하나입니다. 우리가 무언가를 만들 수 있는 이유는 우리가 지음을 받았기 때문입니다. 그러나 우리는 한 목적을 위해서 지음을 받았는데, 그 목적은 하나님을 섬기는데 우리 자신을 드리기 위함입니다. 내가 말한 것처럼, 이 목적을 직접 적용하는 것으로 우리는 그리스도의 몸으로 함께 모여 하나님을 섬깁니다. 그런 다음 간접 적용으로, 우리가 예배를 마치고 예배당을 나와 집과 세상으로 나가서 일주일 내내 하나님을 섬깁니다. 우리가 소비하는 돈으로, 우리가 드라이브하는 차에서, 그리고 우리가 가정에서 자녀들과 남편과 아내와 함께 생활하면서, 그리스도의 마음으로 이웃을 사랑하며, 우리 주변의 사람들과 관계를 가지며, 모든 행위를 통해, 삶을 통해, 하나님을 섬깁니다. 우리의 모든 삶 자체가 예배가 되어야 합니다. 왜냐하면, 우리가 언제나 하나님의 임재가 우리와 함께 하며, 우리가 행하는 모든 일에 함께하신다는 것을 알기 때문입니다. 여러분이 어떤 장소에서만 예배드리는 구획화된 기독교가 아닙니다. 한, 두 시간 교회에서 예배드리고, 그래서 일주일에 한, 두 시간 동안 무늬만 크리스천이 되는 것이 아닙니다. 그런 사람들은 주중 내내 우리와 함께 일하시는 그리스도를 섬기지 않습니다. 그리고 우리의 모든 상황, 모든 환경에서 그분과의 관계를 갖지 않으려고 합니다. 우리가 청구서를 지불할 때, 우리의 중고차를 팔 때, 여러분이 사람들과 비즈니스를 할 때 예수님을 그곳에 모신다면, 그곳에 참된 기독교가 이루어집니다. 거기서 여러분은 진실로 다른 사람들에게 좋은 거래를 하기 원할 것입니다. 왜냐하면, 여러분은 하나님께서 귀히 여기시는 사람들로, 그들을 예우하기 원하기 때문입니다. 여러분은 진실로 그리스도가 여러분의 재정을 통괄하신다는 것을 증거하는 방법으로 그들을 축복할 수 있습니다. 때로 다른 사람들과의 거래에서 더 많은 것을 얻지 못한다 해도 그리스도가 여전히 여러분의 필요를 채워주시고, 실제로 필요 이상으로 넘치게 채워주시고, 다른 사람들의 필요를 채워줄 능력을 여러분에게 주시는 그 그리스도를 계속 신뢰할 것입니다. 이 모든 것은 의식적으로 여러분이 하나님을 섬기도록 지음받았고, 명령받았고, 택함받았다는 것을 깨달은 것과 함께 합니다.

언제나 어느 장소에서도 하나님을 섬기며, 섬김에 *헌신하*는 사람이 있게 마련입니다. 나는 우리 빈야드교회에서, 그리고 전 세계 빈야드가 있는 곳에서 우리의 넘버 원 우선순위가 워십인 것에 변명하지 않습니다. 그렇다고 해서 우리가 하나님께서 우리에게 주셔서 부르라고 하신 사랑스러운 찬양만 드리는 활동만 하라는 의미는 아닙니다. 물론 이것은 우리의 마음을 표현하고 그리스도에 대한 우리의 헌신을 가리키지만 그것은 워십을 통하며 우리의 사랑을 하나님께 표현하는 것과 함께 *시작합니다*. 그리고 좀 더 분명히 하기 위해 설교 시작한 곳으로 되돌아가겠습니다. 여러분 중에서 아주 처음 우리 교회에 오신 분들은 우리가 여기서 30분 정도 찬양드리는 것에 의아해하실 수 있습니다. 우리가 하고 있는 것이 우리가 컨템포러리 언어와 친밀한(intimate) 언어로 된 찬양을 부르며 하나님을 향한 우리의 사랑을 표현하려고 힘쓰는 것입니다. 우리가 확실히 믿기는… 우리가 부르는 찬양이 하나님께 상달되며 그분이 응답하시고 그분의 임재를 우리에게 주십니다. 왜냐하면, 우리가 계속해서 하나님께 우리의 친밀함을 표현하는 사랑의 노래 때문입니다. 지난 몇 년 동안 우리가 그렇게 찬양하면서 그분의 임재를 경험해왔습니다. 우리가 그렇게 할 때 우리는 그분의 큰 은총을 경험했습니다. 그리고 그런 모든 것을 통해서 우리는 우리의 크리스천 신앙을 이해합니다: 다른 방법으로는 우리가 그 30여 분 동안 경배드리는 신앙이 일주일 내내 우리의 삶에 나타나야 합니다. 우리는 항상 이 노래들로 찬양을 드리고, 항상 우리 하나님을 향한 우리의 관심과 사랑을 재점검합니다. 우리가 냉수기(water cooler)를 사면서 기뻐할 때나 주차할 곳을 찾을 때에도, 우리는 우리의 하나님을 영화롭게 하는 방법을 배울 필요가 있습니다. 똑같은 마음으로 사람들을 존중하고 사랑하는 방법을 배워야 합니다. 그것을 이해하시겠지요? 그것이 기독교입니다.

출처: John Wimber, "Why Do We Worship?", in *the Ministry and Teachings of John Wimber series*, CD#98921[그 일을 하기(Doing the Stuff/ Vineyard Music Group, 2004). 허락받고 게재함.

윔버의 가르침의 영향을 이해하기 위하여, 독자는 공공 예배 경험이 얼마나 중요한가를 기억해야 한다. 주 중 예배에 참석해서 은혜를 받는 것과 예배를 떠나 다른 방법으로 삶을 살기는 쉽다. 그러나 윔버는 일괄되게 주장한다: 삶의 모든 것 – 예배 안에서와 예배 밖에서 – 이 하나님께 드리는 예배가 되어야 한다. 왜 예배 안에서 경배의 삶과 예배 밖에서 경배의 삶을 분리시키는 것이 그렇게 쉬운가.

윔버는 예배 시작부터 연속해서 찬양을 드리는 시간 속에 그가 보는 신학적 다이내믹(역동성)을 간략하게 기술한다. 이 언급은 워십 중에 일어나는 일을 설명한다. 마음에 감동받은 것은 우리에게도 일어나고, 하나님 편에서도 일어난다. 윔버는 교회가 하나님께 정직하고 친밀한 사랑의 가사로 찬양을 드리면 그분이 터치되고, 따라서 그분은 거룩한 임재로 경배드리는 회중 각자를 축복하신다고 말한다.

"당신의 첫 사랑을 잃지마라"에서 발췌

다음은 존 윔버가 1978년 말이나 1979년 초에 설교한 것에서 발췌한 것으로, 대략 그 기간에 설교한 것을 근거로 했다. 이 자료는 빈야드 초기 자료에서 직접 발췌한 것으로, 그 후 역사적 고찰에 의해 요약되거나 교정된 것이 아니다. 여기서 그의 빈야드 회중의 기원을 캘리포니아주 남부와 그밖의 다른 곳에서 일어났던 폭넓은 "새 스타일" 교회운동에 연관짓는다. 조크로 하는 말로, 그는 이런 종류의 새 교회를 시작하기 위한 어떤 "공식"(a formula, 방법) 같은 것을 제시하기도 한다: 성경책 1권, 교사 한 사람, 록밴드 워십 팀 하나를 잘 융합하십시오. 또한, 윔버는 더 확대된 현상으로 그의 회중의 사역의 책임에 대해 언급한다. 예전에서 윔버는 어린 아기의 봉헌에 대해서 말하고 그 의미를 언급한다. 마지막으로 이 설교의 발췌에서 그는 계시록의 본문을 바탕으로 그 회중이 처음 시작했을 때의 하나님에 대한 뜨거운 사랑으로 다시 돌아가자고 촉구한다.

윔버는 자신의 교회가 위치한 캘리포니아주 애나하임 남쪽 가까이 있는 코스타 메사 소재 갈보리채플 교회의 담임목사인 척 스미스에 대해서 언급한다. 1960년대와 1970년대에 스미스가 히피들을 전도하므로 그의 교회는 Jesus People Movement에서 탁월한 리더십을 발휘했다. 처음에 윔버의 회중은 갈보리채플 연합에 가입해서 그의 교회는 요바린다 갈보리채플로 알려졌다. (남가주에서 히피들이 갈보리채플에 모여든 것은 거리의 히피 전도자 Lonnie Frisbee의 헌신이 바탕이 되었다. 그가 있었기에 갈보리채플이 불과 몇십 명의 교회에서 수 천 명의 회중으로 성장했다. – 역자 주).

... 이제 우리의 시대에 우리는 코스타 메사(Costa Mesa)에서 매우 똑같은 경험을 했습니다. 수년 전에 일어났던 히피 운동(the hippie movement)의 결과로 하나님께서 여러 사람들을 통해 히피들을 전도하셨습니다. 그들 중의 한 사람인 척 스미스(Chuck Smith, 코스타 메사 갈보리 채플의 담임목사)는 그 당시 캘리포니아주 서부해안과 고속도로를 오르내리는 젊은이들에게 전도하기 시작했습니다. 그들과 대화하며 전도를 해서 많은 사람이 크리스천이 되었습니다. 그 히피 운동과 그들에게 전도한 여러 전도자의 수고로 지난 10년 동안 10만 명이 넘는 젊은이들이 회심하였습니다. 그 결과 미국 서부, 주로 캘리포니아주에 많은 교회가 생겨났고, 동부에도 몇 교회, 현재 유럽에도 여러 교회, 필리핀과 극동지방에도 여러 교회가 생겼습니다. 이는 하나님이 하신 전도 운동의 여파로 직접 생겨난 교회들인데, 우리 교회도 이 영향을 받은 교회 중의 하나입니다[1965년 월남전과 여러 가지 사회혼란과 기성 가치관에 실망해서 많은 젊은이, 주로 백인 중산층 젊은이들이 가출해서 캘리포니아주로 모여들었다. 이들은 평화를 상징하는 꽃을 머리나 몸에 꽂고, 자유를 상징으로 장발을 했고, 당시 유행하던 록앤롤(Rock and Roll) 음악을 즐기기 위해 기타를 들고 거리에 나왔던 사람들인데, 이들 중에 하나님의 특별한 섭리를 믿는 젊은이들이 생겨나서 이들의 전도 운동을 Jesus People Movement(예수 사람들 운동)이라고 부른다.(Jesus People Movement는 미국교회에 일대 전환기를 준 획기적 사건으로 독자는 이 운동에 대한 깊은 조예를 갖기 바란다. – 역자 주)

이때 이들 가운데 생겨난 교회들은 대부분 우리 교회가 시작된 것과 같은 양상을 띱니다. 현재 캘리포니아주 남부와 북부에 100개가 넘는 갈보리 채플 교회가 생겨났고, 오래곤주에도 몇 개, 다른 주에도 여러 교회가 탄생했습니다. 지난해만 해도 1978년 5월부터인가, 7~8개월 안에, 맞다. 8개월 만에 60개가 넘는 새 교회가 시작되었습니다. 이 교회들은 급격하게 생겨났는데, 그런 이유 중의 하나는 거의 평신도들이 주축이 되어 교회를 시작했기 때문입니다. 그들은 젊은이들의 모임이나 기성교회에서 극적으로 회심하고, 성경도 많이 공부한 젊은이들이 아닌데도 불구하고 뜨거운 신앙에 사로잡혀 거리에 나가 전도하게 된 결과로 생겨난 교회였습니다. 그들은 회심하고, 성령받으면 능력받고, "내

증인"이 되라는 말씀에 순수하게 순종한 젊은이들입니다. 그들은 가정이나 거리나 직장에서 성경공부를 했습니다. 자기들이 지은 간단한 찬양을 기타에 맞추어 즐겨 불렀습니다. 얼마 지나지 않아 그들은 400명 혹은 500명, 혹은 1,000명 혹은 그 이상 모이는 교회로 성장시켰습니다. 이들의 교회를 코스타 처치(insta-church, instagram church)라 부릅니다. (X세대 다음의 Y 세대를 millennial이라고 부르는데, 그들이 주축이 된 교회들입니다 - 역자 주). 여러분이 해야 하는 모든 것은 성경 한 권, 교사 한 사람과 록밴드 찬양 팀을 준비하고 그들을 함께해서 융합시키는 것입니다. 그 위에 다른 것은 없습니다. 이렇게 해서 갓 태어난 교회들이 많이 생겨났습니다. 그런데 이들에게 도움과 격려가 필요해서, 우리가 지난주에 시작한 것처럼, 이렇게 막 태어나는 새로운 교회를 돕는 것입니다. 우리는 그들에게 우리의 자료를 제공하고, 그들을 격려하며 계속 돌볼 것입니다. 그들이 잘 성장해가도록 도울 것입니다. 하나님께서 그런 사역을 우리에게 주셔서, 이제 여러 교회를 돌보고 있습니다.

… 그리고 하나님은 손자, 손녀를 갖고 있지 않기 때문에, 매 세대마다 스스로 혹은 그 세대 자체가 그리스도에게 구원받아야 하는 것을 인식하는 것이 중요합니다. 그래서 우리의 자녀들이 성장하면서 크리스천 교육을 받고, 여러분이 기도하는 소리를 듣고, 여러분이 전도하는 것을 보고, 어쩌면 여러분이 사는 것을 보고 자라도, 그들이 성장해서 자동적으로 크리스천이 된다고 기대할 수 없습니다. 그들이 태어나는 날부터 그들의 영혼을 구하기 위한 전쟁이 시작되는 것입니다. 우리 사회는, 우리 사회 안의 모든 것은 뇌로 오염이 돼서 자녀들이 이 죄로 오염된 것과 접촉하면서 그리스도와의 관계로부터 멀리 떠나갈 수 있습니다. 종종 우리는 어린아이 봉헌식을 가집니다. 우리가 거기서 행하는 큰 일이 진실로 나를 감동시킵니다. 우리는 부모님들에게 안수하며 말합니다. "하나님, 이 가족을 축복하소서. 그들이 자녀를 주 안에서 양육하기를 바랍니다." 이제 그들이 하고 있는 것은 그들에게 이미 전쟁을 선포한 원수에게 영적 전쟁을 선포하는 것입니다. 그날 이후로 원수는 할 수만 있다면 그 자녀들은 부모님들로부터, 그들이 봉헌하고 서약한 하나님으로부터 낚아채려고 애쓸 것입니다.

… 그분[즉, 그리스도]은 에베소 교회에 이것을 말합니다. "그러므로 어디서 떨어진 것을 생각하라."[계 2:5상]. 내가 2주 전에 "생명의 떡"[8]에 대해서 말할 때, 이 구절이 마음에 떠올랐습니다. 우리가 수요일 아침에 성경공부를 하고 있을 때, 주께서 이 말씀을 기억나게 하셨고, 그래서 우리 교회가 시작한 때를 기억했습니다. 아, 바로 1년 반 전에 우리들 중 몇 사람은 그때에 여기에 있었지요. 여러분 중의 많은 사람은 아니지만, 몇 사람은 여기 있으면서 기대했습니다. 내가 여러분에게 말하는 것은, 여러분 중의 몇 사람은 뜨거운 신앙으로 예수님을 위해 너서리에서 애들을 돌보았지요. 놀라운 것은 여러분이 주를 위해 교회 안에서 어떤 일이라도 했습니다. 자원봉사자로 섬겼습니다. 나는 우리가 처음 모였던 몇 주를 기억합니다. 교회 예배가 시작되기 전 1시간 반 전에 모이곤 했습니다. 사람들이 계속 들어오기 시작했습니다. 옛 마소닉러지(the old Masonic Lodge)에서 모인 것을 기억하시죠? 여러분이 예배를 드리기 위해 가구를 옮기고, 한 번도 아기들을 안아본 적이 없던 사람들이 아기들을 돌보고, 가르쳐 보지 못한 사람들이 가르치고, 그때에 몇몇 사람들은 생전에 안 해보던 주일학교 교사가 되어 가르쳤습니다. 내 말은 여러분이 그리스도를 위해 어떤 일이라도 기쁨으로 했다는 말입니다. 여

───
8) 아마도 요 6장에서 예수님께서 자신을 생명의 떡이라고 가르치신 것을 언급하는 것 같다.

애나하임 빈야드 교회에서는 유아세례를 베풀지 않는다. 대신에 어린 아기 봉헌예식을 갖는다. 그때 아기의 부모는 그들의 자녀를 하나님께 봉헌하며, 교회는 하나님께서 그 가정에 축복하시기를 위해 기도한다.

1977년 4월에 이르러 가정에서 모였던 원래의 그룹은 약 100명으로 성장했다.

가정 모임에서 이사 간 후, 그들은 1977년 5월부터 같은 해 7월까지 Masonic Lodge 건물 강당에 모여 예배드렸다.

예배 공동체를 탐구하기

러분이 그리스도에 너무 감격하고, 너무 기뻐했기 때문이었습니다. 나는 지금도 사람들이 서로 끌어안고 울며 기도하던 장면을 기억합니다. 너무 귀하고 아름다웠습니다. 그리고 우리가 모일 때마다 주께서 그리스도의 몸된 우리 교회에 새 사람들을 더하셨습니다. 기억하십니까? 모일 때마다 주께서 새 사람들을 보내주셨습니다. 우리는 서로가 아주 친밀했고, 가까워서 그 후 새로운 일이 일어나기 시작했습니다. 흔한 일이 된 것 같지만, 여러분에 대해서는 모르지만, 또한 여러분이 그것을 채 알지 못할 수도 있겠지만, 지난주에 정확한 숫자를 모르겠지만, 아마 마크(Mark)가 이것을 주관합니다만, 내 생각에 20명이 넘는 사람들이 앞으로 나와 성령으로 세례를 받았고, 몇 사람이 치유되었으며, 한, 두 사람이 구원받았습니다. 그래서 우리는 말합니다. "오, 하하, 우리가 거의 매주 그렇게 성령으로 세례받게 하고 치유하네." 그런 것을 여러분도 아시겠지요? 우리가 그렇게 성령으로 세례받게 하고 치유하는 일에 의욕이 왕성한 때가 있었습니다. 사람들은 주일까지 기다릴 수 없었습니다. 나는 토요일이면 하루 종일 전화를 받았습니다. [사람들은 물었습니다] "스프가 다 됐습니까? 아직 안됐습니까? 식사하기 전에 조금 맛을 볼 수 없을까요? 하, 아주 조금이라도?" 그날들을 기억하십니까? 예수님께서 에베소 교회에 말씀하십니다: "그러므로 어디서 떨어진 것을 기억하라." 에베소 교인들아, 너희가 어디 있는지 기억하는가? 예수님과의 사랑의 사건이 너무 뜨거워 식을 줄 모르던 때를 기억하십니까?

> "성령 세례"란 말은 오순절주의와 카리스마틱 운동에서 사용하는 학술적인 말로, 성령 충만을 가리킨다. 그 말은 성서의 언어로, 오순절과 카리스마틱 영성에서 중요시하는 책이 된 사도행전에서 유래한 언어다.

출처: John Wimber, "Don't Lose Your First Love?", in the Ministry and Teachings of John Wimber series, CD#310[그 일을 하기(Doing the Stuff/ Vineyard Music Group, 2004). 허락받고 게재함.

"경배의 본질"에서 발췌

다음의 설교 발췌에서 존 윔버는 워십을 삼위일체적으로 이해하는 근거를 제시한다(즉, 하나님 아버지, 아들 그리고 성령의 각각의 역할이 크리스천 워십 안에 들어있다). 워십은 예수 그리스도의 구속의 일과 성령의 활동에 의해서만이 가능하다고 설명한다. 윔버의 복음주의적 경건이 예수 그리스도가 아버지께 드리는 중보자로서만이 아니라 또한, 예배를 받으시는 분이라고 언급하는데 드러난다. "워십"(Worship)이란 말은 "찬양 드리는 것"(singing)과 아주 강력하게 연결되어 있어서, 이 두 말이 거의 동의어로 이해된다. 윔버가 지혜롭게 언급하는 것은 - 크리스천은 단순히 노래만 부르는 것이 아니라, 노래를 부르면서 하나님을 섬기는데 참여하고, 그와 같이 하나님으로부터 은혜를 받는다. 아래의 발췌는 히브리서에서 인용하면서 시작된다.

"… 그리스도께서 장래 좋은 일의 대제사장으로 오사 손으로 짓지 아니한 곧 이 창조에 속하지 아니한 더 크고 온전한 장막으로 말미암아 염소와 송아지의 피로 아니하고 오직 자기 피로 영원한 속죄를 이루사 단번에 성소에 들어가셨느니라. 염소와 황소의 피와 암송아지의 재로 부정한 자에게 뿌려 그 육체를 정결케 하여 거룩케 하늘 하물며 영원하신 성령으로 말미암아 흠 없는 자기를 하나님께 드린 그리스도의 피가 어찌 너희 양심으로 죽은 행실에서 깨끗하게 하고 살아계신 하나님을 섬기지 못하겠

느뇨."[9]

우리가 우리의 하는 방식으로 하나님을 예배하게 하는 것을 가능하게 만든 것은 예수님의 피입니다. 여러분과 내가 아버지 하나님과 친밀한 관계를 갖도록 길을 연 것은 예수님의 피입니다. 그것이 우리가 하나님의 성소에 들어갈 수 있게 하고, 지성소에 갈 수 있게 합니다. 우리의 대제사장이신 예수님은 우리의 대제사장일 뿐만 아니라, 그분은 우리의 희생 제물이 되셨고, 우리의 죄 값을 치르셨기 때문입니다. 그래서 우리가 우리의 머리를 숙이거나 손을 들거나 무릎을 꿇거나 서거나 눕거나 어떤 제스쳐를 취하며 우리는 몸으로 표현하는데, 이는 하나님께 순종으로부터, 하나님에 대한 사랑으로부터 하나님을 향한 숭배로부터 행하는 것으로, 이는 우리는 그분을 경배하고, 그 한 분만을 경배해야 한다는 이해에 근거한 것입니다. 또한, 그분이 우리가 가진 모든 것을 공급하셨고, 그분 안에서 우리가 바라고 행하는 모든 것을 허락하셨기 때문입니다. 우리가 이런 것들을 이해하고 그분의 임재 안으로 들어가 말합니다. "주 예수님, 주님의 피 공로에 힘입어 우리가 지성소에 들어가 아버지께 직접 말할 수 있을 때". 우리는 하나님께서 우리가 하라고 계획하신 바로 그 일을 합니다. 그래서 우리가 단순히 찬양만 부르는 것이 아닙니다. 찬양드리는 시간에 우리는 하나님을 섬깁니다. 우리는 그분에게 말하고 우리의 시간을 그분과 나눕니다. 또한, 그분은 우리와, 우리는 그분과 대화하며 나눕니다.

[히브리서] 10장 19절을 보십시오. 이것은 방금 내가 여러분에게 말한 하나의 작은 설명입니다: "그러므로 형제들아 우리가 예수의 피를 힘입어 성소에 들어갈 담력을 얻었나니 그 길은 우리를 위하여 휘장 가운데로 열어 놓으신 새롭고 산 길이요 휘장은 곧 저희 육체니라. 또 하나님의 집 다스리는 큰 제사장이 계시매 우리가 마음의 뿌림을 받아 양심의 악을 깨닫고 몸을 맑은 물로 씻었으니 참 마음과 온전한 믿음으로 하나님께 나아가자. 또 약속하신 이는 미쁘시니 우리가 믿는 도리의 소망을 움직이지 말고 굳게 잡아 서로 돌아보아 사랑과 선행을 격려하며 모이기를 폐하는 어떤 사람들의 습관과 같이 하지 말고 오직 권하여 그날이 가까움을 볼수록 그리하자."

이 얼마나 아름다운 구절입니까? 그리고 이 구절은 우리가 예수 그리스도와의 관계로 들어가는 기본적 사실과 실체를 다루고 있습니다. 우리는 예수님께서 휘장을 찢으셨기 때문에 아들을 통하여 아버지와의 관계 속으로 들어갑니다. 대제사장을 하나님으로부터 분리해 놓은 성소의 휘장을 기억하십시오. 오직 제사장만이 성소에 들어갈 수 있는데, 대제사장이 씻는 의식을 행한 후에만이 그곳에 들어가 백성을 대표하여 하나님 앞에 백성들의 죄를 위해 호소했습니다. 이제 예수님께서 이 모든 것을 제거하셨습니다. 휘장이 찢어졌습니다. 이제 지성소가 열렸습니다. 바로 그 보좌, 살아계신 하나님이 거하시는 곳이 여러분과 나에게 열려 있습니다. 언제나 들어갈 수 있게 되었습니다.

그래서 우리가 경배드릴 때, 단순히 찬양만 부르는 것이 아닙니다. 찬양을 부르면서 우리는 지성소로 들어가 주님을 섬기고, 그분은 우리에게 은혜를 베푸십니다. 그래서 우리는 예수님의 피 흘리심을 근거로 하나님을 경배합니다. 그것이 우리가 그분께 갈 수 있는 유일한 근거입니다.

한 가지 더 말씀드리면 우리는 하나님의 성령으로 하나님을 경배합니다. 빌립보서 3장 1절로부터 3절로 다시 돌아가서 보겠습니다: "종말로 나의 형제들아 주 안에서 기뻐하라. 너희에게 같은 말을 쓰

"하나님을 경배하는 것"이라는 어구와 "하나님과 친밀한 관계를 갖는 것"이란 어구가 동의어가 된 것처럼 보인다. 이 두 사이의 연관은 빈야드가 예배를 이해하는 중요한 면 중의 하나다.

웜버는 그의 회중이 경배를 시작하면서 연속해서 드리는 워십(혹은 찬양) 시간에 진실로 무엇이 일어나는가는 바로 분별할 수 있기를 원한다. 그가 원하는 것은 예배자들이 즐겁게 찬양을 부르는 것을 강조하는 것이 아니라, 찬양의 대상인 하나님을 강조한다. 왜냐하면, 워십을 통해 하나님께 직접 찬양을 드리는 것 자체가 하나님을 능동적으로 섬기는 것이기 때문이다.

웜버는 하나님은 단순히 수동적으로 칭송을 받는 분이 아니라고 말하면서, 워십 사역의 개념을 확대시킨다. 능력의 하나님께서 그의 백성들에게 임재하시므로 하나님은 능력으로 응답하신다. 그래서 빈야드 워십은 하나님께서 "나타내시고" 역사하시는 것을 기대하는 것이 특징이다.(* 아벨의 제물을 받으실 때, 솔로몬의 성전 봉헌식 때 제물을 드렸는데 그것을 받으실 때, 나아만이 요단강 물에 몸을 잠글 때에도, 마가의 다락방에서 제자들이 전혀 기도에 힘썼을 때도 임재와 역사하심으로 응답하셨다. — 역자 주).

---

9) 웜버는 New American Standard Bible에서 히 9:11-14를 읽는다.

는 것이 내게는 수고로움이 없고 너희에게는 안전하니라. 개들을 삼가고 행악하는 자들을 삼가고 손할례당을 삼가라. 하나님의 성령으로 봉사하며 그리스도 예수로 자랑하고 육체를 신뢰하지 아니하는 우리가 곧 할례당이라."

　이제 염두에 두실 것은 구약성서에서 할례 의식은 남자아이에게 행했습니다. 내 생각에 8일 만에, 그런 것 같은데, 8일 맞지요? 네. 그것은 이스라엘 백성으로서의 그의 출생권을 표시하는 것이었습니다. 그러나 신약성서에서는 우리도 또한 할례를 행하나, 그것은 육체적 할례가 아니라, 이제는 영적인 할례입니다. 그것은 마음(heart)의 할례입니다. 바울이 이것을 로마서에서 길게 설명해서 우리가 어떻게 하나님과의 관계에 들어가는가를 이해할 수 있게 했습니다. 이 영적 할례에서는 우리의 마음(heart)이 하나님의 임재와 실체와 섭리에 곧 감동받게 하는 할례입니다. 그 안에서 우리는 예수 그리스도와 사랑에 빠지는 것을 크게 느끼고, 그분과 친밀한 사랑의 관계를 가집니다. [빌 3:3-4]는 말합니다. "하나님은 성령으로 봉사하며 그리스도 예수로 자랑하고 육체를 신뢰하지 아니하는 우리가 곧 할례당이라. 만일 누구든지 다른 이가 육체를 신뢰할 것이 있는 줄로 생각하면 나는 더욱 그러하니라." 그런 후 그는 계속해서 그의 흠 없는 유대인 배경에 대하여 말합니다. 그러나 그는 그런 것이 중요한 것이 아니라고 말합니다. 그는 우리의 워십에서 우리가 신뢰하는 것은 예수 그리스도에 대한 것이고, 또한 우리의 워십은 하나님의 성령을 통하여, 의해서, 그리고 안에서 드리는 것이라고 말합니다.

　다시 요한복음 4장으로 돌아가서 보겠습니다. 여러분은 성경을 찾지 마시고, 내가 여러분에게 상기시켜 드리겠습니다. 우물가에 나온 사마리아 여인입니다. 예수님은 말씀하십니다. "하나님은 영이시니(God is a spirit),[10] 예배하는 자가 신령과 진정으로 예배할지니라"[요 4:24]. 그래서 우리의 워십은 예수 그리스도의 보혈의 공로에 의해서, 안에서 그리고 통해서 아버지와 아들께 경배드립니다.

출처: John Wimber, "Essence of Worship", in *the Ministry and Teachings of John Wimber series*, CD#311 [그 일을 하기(Doing the Stuff/ Vineyard Music Group, 2004)]. 허락받고 게재함.

> 성령께서 인간의 마음을 이렇게 변화시키고 새롭게 하시는 역사(work)는 참된 워십을 위한 전제조건이라고 윔버는 그렇게 이해한다.
>
> 개인 대 개인이 애착하는 강력한 정서적 언어와 이미지는 경배자들이 삼위일체의 세분 가운데 가장 "구체적인" 예수님께 애착하게 한다.

---

10) 여기서 윔버는 조심하지 않고 발음한 것 같다. 비록 킹 제임스 번역(KJV)에서는 "God is a spirit"(하나님은 영이시니)라고 번역되었지만, 많은 영어 번역 성경에서는 "God is spirit"이라고 번역한다.

예배 신학 기록물

빈야드 가르침의 개요

아래의 차트는 1980년대에 애나하임 빈야드를 통해서 배포된 워십 세미나 핸드 북에서 발췌한 것으로, 원래는 칼 터틀과 랄프 커세라(Ralph Kucera)에 의해서 개발된 것이다. 이 자료는 크리스천이 다양하게 경배드려야 하는 것을 가르치기 위하여 성서의 예를 열거한다. "워십"에 해당하는 다양한 성서의 원어를 고찰함으로 성경을 읽는 방법에 유의하기 바란다. 그 방법은 교회가 공동체로 함께 모여 예배드리는 활동보다는 각 개인의 활동으로서의 워십에 보다 더 강조하는 것으로 보인다. 하나님의 백성들이 전체적으로 모여서 경배드리는 것보다는 경배드리는 각 개인에 초점을 두는 것처럼 보이는 성서의 예를 제시한다. 그렇다고 해서 공동체 예배보다 각 개인의 예배를 더 중요시하는 것은 아니다. 예배자 각 개인이 충실히 예배드릴 때 공동체의 전체 예배는 더욱 의미있게 된다. 이 서류 자료는 예배에 참석했던 개인의 소장품에서 발견되었다. 그렇게 개인이 소장한 서류 자료에 의지하는 것은 빈야드 회중과 그들의 지도자인 존 윔버를 연구하는데 또 하나의 어려움이 되고 있다(빈야드는 처음부터 그냥 모여서 찬양드리고 복음을 전하고 사역을 했지, 그때 무슨 큰 운동을 일으킨다는 개념 같은 것은 처음부터 아예 없었다. 그래서 무슨 자료 같은 것을 남긴다는 생각조차 없었다 – 역자 주). 보다 오래된 신앙 운동과 오래전에 작고한 지도자들과는 달리, 빈야드와 오늘의 지도자에 관련된 역사적 자료들을 체계적으로 수집하고 보관하는 일들이 이제 초기 단계에 있고, 앞으로 더 많은 자료들이 수집, 보관될 것이다.

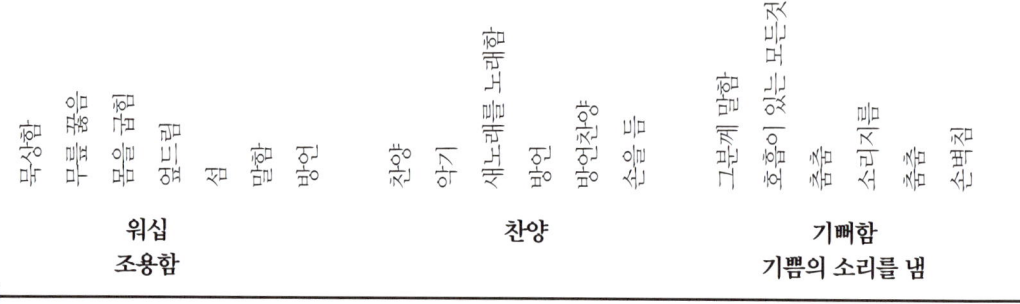

여기서 워십에 대하여 설명할 때, 워십을 가리키는 성서적 언어의 의미를 정확하게 지적해서 말한다. 그리고 성서에 나오는 워십을 예로 든다. 이러한 워십에 대한 이해는 사변적인 것이거나 이론적인 것이 아니라 성서가 제시하는 실제적이다.

C. 하나님의 성도들에 의한 이 땅에서의 표현
  1. 음악으로의 워십/찬양(*zamar*, zaw-mar)
    a. 그분께 찬양함(시 147:1,7, 골 3:16)
     (1) 합창, 찬양, 시
     (2) 기초적 수준 – [그것은] 악기 음악이 될 수 있다.
    b. 악기로 찬양/워십(*zamar*, zaw-mar)
     (1) 타입: 금관악기, 현악기, 타악기, 각적(뿔나팔), 나팔/리드(reed)(시 150:3-5)
     (2) 효과
        (a) 어둠을 사라지게 함(삼상 16:14-16, 22-23)
        (b) 하나님이 역사하시는 임재를 초청함(왕하 3:1-16, 역대하 29:25, 5:11-14)
    c. "호흡이 있는 자마다"(시 150:6) 음악적: 말없이(non-verbal), 멜로디 혹은 하모니
    d. 새 노래를 노래함(시 144:9)
     (1) 가장 친밀감 있는 표현(말)
     (2) 개인적, 1인칭, 친밀한 칭송(송축)
     (3) 우리의 마음에서 성령으로 – *영감된* 노래
     (4) 신앙의 직접 표현(기억한 것이나 배운 것이 아닌)
     (5) 우리의 생각 혹은 영으로 이루어질 수 있다(고전 14:15)

정상적으로 교회는 실제로 회중 안에 존재하는 상황에 대해서만 예배지침이나 교정사항을 제시하지만, 여기서 티틀과 커세라가 초기 빈야드 워십에 있었던 어떤 희열에 넘친 차원에 대해 언급하는데, 그것은 방언을 말하고 큰소리를 외치는 것에 대한 것이다.

  2. 음성으로 경배/찬양/기뻐함
    a. 그분의 위대함과 선하심을 말함
     (1) 기쁨이 넘쳐나며 간절하게 노래함.
     (2) (시 145:6-7, 11-13, 21)
    b. 다른 방언(언어)으로 말함
     (1) 성령 – 우리의 영 – 하나님
     (2) 워십(경배)/찬양/기뻐함과 닮음
     (3) 하나님의 능력의 행위을 말함(행 2:11)
     (4) 하나님을 영화롭게 함(행 2:11)
     (5) 감사드림(고전 14:17)
    c. 그분에게 기쁨이 넘쳐 소리 지름(시 47:1, 스 3:10-13).

(1) 시끄러운 소리나 소리지르는 것이 아님: 큰 소리로 찬양드림
(2) 목적: 그분의 승리를 말함(살전 4:16)
(3) 기뻐 소리치는 효과
    (a) 장애물을 깨트리고 우리가 그분과 접촉하게 한다(수 6:5)
    (b) 시 89:15: 기뻐하며 소리치는 것을 아는 사람들을 축복함
    (c) 압제의 구름을 사라지게 한다, 우리가 아들로부터 받게 하기 위하여!

3. 우리 몸을 드림(롬 12:1)
   a. 거룩한 손을 듦
      (1) 느 7:6, 딤전 2:8
      (2) 감사드림, 항복, 의존함
      (3) 우리의 마음을 드림(애 3:40)
   b. 무릎 꿇음(시95:6-7)
      (1) 겸손, 온유함, 복종
      (2) 그분을 축복함(히브리어 문자적 의미)
      (3) 진지함/ 진심(눅 5:8)
   c. 허리 굽혀 얼굴을 바닥에 대고 절함
      (1) 느 8:6, 창 18:2, 시 95:6-7
      (2) 두려움, 존경, 경외
   d. 죽은 듯 누워있거나 얼굴을 바닥에 대고 엎드림
      (1) 계 1:10-17, 민 14:5, 16:22, 45, 단 8:17, 겔 1:28, 44:4
      (2) 전적인 경외, 두려움, 숭상
   e. 그분의 임재 안에 섬(시 1345:1, 신 10:8). 왕을 알아봄, 섬김
   f. 손벽 침(시 47:1). 기쁨과 감사를 표시함
   g. 그분 앞에서 춤을 춤(겔 15:17-21:2, 삼하 6:14-15, 시 149:3, 150:4)
      (1) 기쁨과 감사를 표하고, 그분의 승리하심을 축하함[원문대로]
      (2) 춤의 형태
          (a) *카라(karar)*: 빨리 움직이며 빙빙 돎(삼하 6:14-16)
          (b) *메촐라 혹은 마촐(mecholah or machol)*: 일행과 둥글게 서서 춤을 춤
              (출 15:20, 렘 31:4, 시 149:3, 150:4)
          (c) *라카드(Raqad)*: 깡충깡충, 껑충껑충 뛰며, 열광적으로 튀어 오름
              (대상 15:29), "성령 안에서 춤을 춤"
4. 우리의 마음(minds)을 새롭게 함(롬 12:2)
   a. 묵상을 뜻하는 히브리어
      (1) *하가(Hagar, haw-gaw)*(수 1:8): 묵상-순종-형통하는 길-지혜를 묵상하는 것
      (2) *시아크(siyach, see-akh)*(시 119:15):

비록 약간 다른 형태로, 참된 성경적 예배는 몸, 생각과 영-전인(whole person)을 포함한다는 웜버의 견해가 이 개요에서도 발견된다. 여기서 제시하는 의견을 앞에서 제시한 "하나님을 사랑하기"에 대한 그의 설교와 비교하라(p. 113-129).

깊이 생각하는 것(누구와 함께 이야기하기 위해서)(시 119:19-14)

  b. 크리스천의 명상/묵상: 우리의 마음을 하나님, 그분의 선하심과 아름다움으로 채운다(이 세상으로부터). 떠나(초연하고)애착한다(하나님에게). 우리의 내적인 면에서 그분과 대화한다[그분께 들으며, 그분께 말한다]. 우리 모두 개인의 인격과 지성을 포함한다.

  c. 이교도의 묵상: 여러분의 생각(mind)을 비우고 어떤 것이 여러분의 마음에 들어오게 허락하고, 이 세상으로부터 떠난다(초연한다). 개인의 인격과 개성을 잃어버린다. 비인격적이며 우주적인 생각과 병합시킨다. 초월명상(transcenlental Meditation)에는 "깨어있는 상태"(waking state)에서 "기어가 풀린 생각"(mind out of gear)까지 여러 단계 혹은 등급이 있다. 이것은 한 사람이 그의[본래의] 생각을 그 자신이 아닌 어떤 사물이나 사람에게 돌린다.

  d. 묵상의 타입

    (1) 오랫동안 계속해서 생각함(시 143:5, 145:5, 77)

    (2) 숙고함: 깊이 생각함, 의아하게 여김, 이유를 찾음(시 143:5, 77)

    (3) 기억함: 마음에 회상함(시 143:5, 대상 16:12, 15)

    (4) 릴랙스(relax): 그분 앞에 잠잠히 있음(시 46:10, 4:4-5)

  e. 묵상의 초점

    (1) 하나님의 인격(시 62:5)

    (2) 하나님의 말씀: 성경(시 1:1-2)

    (3) 하나님의 일(시 77:12)

    (4) 과거의 승리(시 143:5, 애 3:21-23)

    (5) 하나님의 아름다움: 창조의 아름다움(빌 4;8)

  f. 묵상 연습[1]

    (1) 리차드 포스터(Richard Foster)가 쓴,

      훈련의 축하(Celebration of Discipline), "손바닥을 위로, 손바닥을 아래로".

        (a) 손바닥을 위로 - 그분으로부터 받음.

        (b) 손바닥을 아래로 - 짐을 없애버림(시 55:22, 벧전 5:7).

        (c) 이것이 지금 우리가 하나님과 통하게 한다.

    (2) 캠벨 맥알파인(Campbell McAlpine)이 쓴,

      하나님과 홀로 있음(Alone with God).

      성경 묵상: 하나님의 말씀을 내면화하고, 개인화 함.

    (3) 몰톤 켈시(Molton Kelsey)이 쓴, *침묵의 다른 면(The Other Side of Silence)*.

      상상: 하나님과의 친밀한(기억의) 장면을 만듬:

      여러분 자신을 성경의 이야기 속으로 들어가게 함.

출처: Carl Tuttle and Ralph Kucera, Worship Seminar outline handout(날자 없음), pp. 16-18. 허락받고 게재함.

[1] 묵상 기도 실행을 위해 3권의 책을 언급한다. 리처드의 책은 *영적 성장을 위한 길(The Path to Spiritual Growth*, 1978년 첫 출판), 캠벨의 책은 *성서적 묵상을 위한 지침서(A Manual of Biblical Meditation*, 1981년), 그리고 몰톤의 책은 *크리스천 묵상을 위한 가이드 (A Guide to Christian Meditation*, 1976년)로 저술되었다.

윔버는 워십을 하나님이 주신 뜻(혹은 운명)이라고 이해한다

아래의 에세이에서, 존 윔버는 워십은 하나님 - 중심(God - centeredness)이라고 말하며, 이것이 크리스천 워십의 고유한 것이라고 믿는다.

참된 경배자가 되는 것은 하나님께서 우리에게 주신 우리의 일생 제1위의 과제입니다. 나는 하나님께서 교회가 하나님 앞에 무릎 꿇게 하시고, 그분에게 그녀(신부된 교회를 가리키는 말 - 역자 주)로 하여금 친밀하고 사랑하며 칭송하는 언어로 그녀의 사랑을 말하게 하신다고 믿습니다.

더하여, 하나님께서 우리가 경배의 삶을 살라고 부르십니다. 하나님의 말씀, 우리가 하나님과 동행함과 교회를 통한 섬김의 일 - 이 모두가 경배를 표현하는 것입니다. 그 표현은 필연적으로 주님에 대한 헌신의 마음으로부터 흘러나옵니다.

워십에서 인티머시를 개발하는 데는 시간이 걸립니다. 어떤 사람들은 곁길로 빠지기 쉽거나, 옆에 앉아 경배드리는 사람이 편히 앉아 경배드리는 여러분보다도 더 자유롭고, 활기차게 경배드림으로 여러분을 성가시게 하는 경우를 경험할 수 있습니다. 그래서 어떤 사람들은 다음과 같이 생각하기 쉽습니다. "나는 이렇게 몸이나 손으로 하나님에 대한 사랑을 표현하는 것을 결코 배우지 못할 것 같다." 이제 내가 여러분에게 말하지만, 나도 그렇게 되리라고는 결코 생각하지 못했습니다! 그러나 확신하기는 여러분은 앞으로 그렇게 될 것입니다. 여러분은 지금, 여기 이 땅에서 그분을 친밀하게 경배하는 것을 배우게 되든지, 아니면 하늘나라에 가셔서 배우게 되든지 하실 것입니다. 왜냐하면, 하늘나라에서 하는 모든 일은 경배드리는 일이기 때문입니다.

워십은 인격, 기질, 한계, 혹은 교회 배경에 대한 것이 아니라 - 워십은 하나님에 대한 것입니다. 우리는 우리의 영광을 위해서가 아니라, 그분의 영광을 위해서 경배드리도록 부름받았습니다. 그러나 더 놀라운 일은 우리가 하나님을 경배하며 우리가 자신을 드릴 때, 실제로 우리가 하나님의 크신 영광에 참여하게 됩니다.

출처: John Wimber, "The Life-Changing Power of Worship", in *All About Worship: Insights and Perspectives on Worship*(Anaheim, CA: Vineyard Music Group, 1988). 허락받고 게재함.

> 워십이 하나님과의 인티머시(친밀함)라는 이미지는 윔버는 예배자들이 시간을 갖고 온전히 익숙하게 예배에 참여하는 방법을 배우라고 가르친다. 이는 새로운 예배방법을 배우는데 반복적으로 일어나는 공통적 문제다.

윔버는 워십을 하나님 앞에 내려놓음이라고 가르친다

아래의 가르침에서, 존 윔버는 워십 중에 하나님께 완전히 자신을 내려놓는 것을 설명하기 위해 요 12:1-8에 나오는 여인의 이야기를 예로 든다. 이렇게 내려놓은 것을 함께 모인 공동 예배 때나 개인의 일상생활에 모두 적용한다. 이렇게 워십을 삶의 방법으로 강조하는 것은, 빈야드 휄로우쉽에서 경배드리며 자주 경험하는 깊은 은혜의 체험과, 실제로 세상에서 섬김의 삶을 사는 동안에도 한결같은 은혜의 균형을 유지하도록 돕기 위함이다.

"마리아는 지극히 비싼 향유 곧 순전한 나드 한 근을 가져다가 예수님의 발에 붓고 자기 머리털로 그의 발을 씻으니 향유 냄새가 집에 가득하더라."(요 12:3).

내가 나의 뜻을 물리치고 하나님의 뜻을 행하기를 선택할 때마다, 나의 영이 예수님 앞에 무릎 꿇고, 내가 그분의 발에 스윗한 향유를 붓고, 그리고 나의 머리로 향유를 씻어내는 모습을 생각합니다…….

우리들의 전체의 삶이 하나님께 경배가 될 수 있습니다. 모든 고통과 슬픔도, 우리가 삶의 기쁨과 축복을 경험할 때, 자연적으로 드리는 찬양과 감사처럼 많은 가치를 가진 행위를 통하여 순종할 수 있습니다.

주 안에서 모든 순종의 행위가 워십입니다. 우리 자신을 내려놓고 주님의 뜻을 선택할 때마다 그것은 하나의 워십 행위입니다. 주님의 뜻을 따르기로 해서 나 자신 뜻을 내려놓기로 하는 것은 하나의 워십 행위입니다.

"워십"이란 말의 가장 간단한 뜻은 "섬기는 것"입니다. 여러분이 여러분의 삶을 살면서 누구를 섬기려 합니까? 여러분은 매일 살면서 수백 가지의 크고 작은 결정을 내릴 때, 여러분은 누구를 섬기려고 결정하며 선택하십니까? 내가 배우자에게, 형제, 자매나 이웃에게 주의 사랑으로 친절하게 대하며 하나님을 섬길 것인가요, 아니면 그런 관계 속에서도 나 자신을 가장 중요한 인물로 여겨 나 자신을 섬길 것인가요?

워십이 행위로 요구될 때 내가 기쁨으로 불편함을 감수할까요, 아니면 내 지위를 주장하며 나 자신을 섬길까요?

다른 사람들이 불쾌하게 행동할 때에도 내가 그들을 사랑하며, 그것이 워십의 행위가 되게 할까요? 혹은 내가 이 세상의 정신에 "아멘"하며, 내 삶이 나의 모든 잠재력을 추구하며 나 자신의 세상 목적에 따라 살도록 해야 할까요?

만일 우리가 예수님을 경배하므로 그분을 섬긴다면, 그때 우리의 모든 행위와 생각에 의미가 있습니다. 친절한 행위는 단순히 작고 우아한 행위만은 아닙니다. 그것이 경배의 행위가 됩니다. 가난한 사람들을 위해 큰 종이봉투에 음식을 가득 담아 전달하는 행위도 "내가 주릴 때에 너희가 먹을 것을 주었기" 때문에, 그 행위도 워십입니다(마 25:35를 보라).

여러분이 진리와 겸손으로 하기로 할 때마다, 여러분이 다른 사람들을 우선해서 여러분 앞에 놓을 때마다, 여러분이 여러분에게 상처를 주고 화나게 만드는 사람들을 미워하기보다 그들을 위해 기도하기로 할 때마다 그것은 워십의 행위입니다. 그 모두가 워십입니다!

> 이 말은 웹버의 찬송 "스윗한 향기"와 비교하기 위하여 p. 107을 보라.

"주께서 나의 귀를 통하여 들리시기를 제사와 예물을 기뻐 아니하시며 번제와 속죄제를 요구치 아니하신다 하신지라. 그때에 내가 말하기를, '내가 여기 있나이다 내가 왔나이다 나를 가르쳐 기록한 것이 두루마리 책에 있나이다. 나의 하나님이여 내가 주의 뜻 행하기를 즐기오니 주의 법이 나의 심중에 있나이다.'"[시 40:6-8]

여기서 다윗이 예수님에 대하여 예언합니다. 히브리서 저자가 이것을 취하여, 예수님과 그분의 아버지를 향한 그분의 워십 태도에 대하여 말합니다: "내가 아버지의 뜻을 행하러 왔나이다. 그러나 내 원대로 마옵시고 아버지의 원대로 되기를 원하나이다."(성경 히 10:9와 눅 22:42를 보라).

"귀를 뚫는다"(위에서 시편 영어 NIV 성경에서 my ears you have pierced, 내 귀를 뚫으셨다) 언급한 것이 무슨 뜻인가요? 그것은 여러분이 다른 사람의 소유가 되었다는 표시입니다. 그래서 여러분의 삶이 더 이상 여러분의 것이 아닙니다. 그것은 여러분이 사랑하는 주인을 가졌고, 여러분 자신의 삶을 사는 대신에 그분의 뜻에 따라 함께 살기를 작정한 것을 의미합니다.

워십은 여러분의 사는 방법입니다. 그것은 여러분이 어디서, 어떻게 여러분의 시간과 돈을 쓰느냐 하는 것입니다. 이 세상에서의 여러분의 삶은 의미가 있고 목적이 있습니다. (우리의) 왕께 경배드리는 삶의 스타일을 살라는 부탁입니다(a lifestyle of worship to the King)!

출처: John Wimber, *The Way in Is the Way On*(Atlanta: Ampelon Publishing, 2006), 113–17. 허락받고 게재함.1)

공동체 워십의 성격에 대한 가르침

회중이 모두 함께 경배드릴 때 개인적으로 열정적이고 친밀한 경배를 드리는 경험의 본질에도 불구하고, 윔버는 교회 전제와 모든 교인의 활동으로서의 공동체 예배의 본질에 대한 의식을 강화시키기 원했다. 다음의 두 구절은 1983년 그의 설교에서 발췌한 것으로 이 문제에 관해서 언급한다. 특별히 두 번째 구절에서 찬양이 여흥 분위기로 변하는 광경을 그가 경멸한 것에 주목하기 바란다.

> 워십은 찬양을 부르거나 찬양 중에 하나님을 경험하는 것뿐만이 아니라, 또한 예수 그리스도께서 본을 보이신 것처럼 하나님의 뜻에 온전히 순종하는 삶을 사는 것이다.

그러나 그것[워십]은 교회의 첫 번째 순위입니다. 우리가 이 주제를 연구하기 시작하면서, 우리는 워십이 하나님의 최고의 우선순위라는 것을 발견했습니다. 예수님이 우물가의 여인과 대화하셨을 때, 아마도 이 말씀이 전체의 신약성서에서 가장 중요란 구절 중의 하나로 여겨지는데 … 여기서 그 여인에게 응답하시며 말씀하셨습니다. "아버지께서 그렇게 그분을 예배하는 것을 찾으신다"[요 4;23]. 어떤 방법으로? 이제 앞의 구절이 말합니다. "하나님께서는 이렇게 자기에게 예배하는 자들을 찾으시니라." 내가 4년 전에 그 본문에 대하여 생각한 것을 기억합니다. "주님이 말씀하신 것이 무슨 뜻인가?" 마침내 주님께서 나에게 계시를 주셔서 이해하게 된 것은 그분은 그분 자신을 의미하신 것입니다. 그분이 진리이시매 하나님의 성령을 통하여 우리는 실제로 그분을 예배할 수 있습니다. 그분의 의도는 백성들을 함께 이끌어 한 몸, 예수 그리스도의 몸 안으로 들어오게 하시는 것입니다. 우리가 그 몸의 한 부분이 되어 그분을 예배하도록 가르침을 받게 되므로, 그것이 교회의 첫째가는 목적이 됩니다. 성경을 통하여 그 주제를 연구하기 시작하면서 계속해서 내게 분명해진 것은 - 하나님께서 바로 처음부터 이것을 의도하셨다는 것입니다.

우리는 지난주에 말했습니다. 오늘날도 교회 안에 있는 많은 사람은[하나님의] 군대가 아니라 관중이 되고 있습니다. 그 말로 내가 의미하는 것은 – 많은 교회가 모임을 성서적으로 이해하기보다는 더욱 극장식으로 이해하고 찬양드린다는 뜻입니다. 그들은 실제로 신문의 공간을 사고, 라디오 프로그램의 시간을 사서 광고하며 군중을 끌어들입니다. 그리고 군중들이 모여오면, 그들은 다양한 구경거리를 제공합니다. 여러 사람이 플랫폼에 올라오게 하고, 그 사람들을 거기 플랫폼에서 군중을 즐겁게 하기 위해 여러 가지를 공연을 합니다. 그들은 그것을 "교회"라고 부릅니다. [그러나] 그것은 군중일 뿐입니다. 군중과 교회는 다릅니다. 그것은 단순한 회심자와 제자가 다르듯이, 관중과 군대는 다릅니다.

출처: Expect from pages 2 and 10 respectively of presentations entitled "Worship" and "Discipleship" in "Basic Priorities of Vineyard Christian Fellowship", Box 13, John Wimber Collection, Regent University Library Archives, Virginia Beach, Virginia. 허락받고 게재함.

> 어떤 사람들이 워십 중에 여흥을 즐길 것을 기대하며 여러분의 교회에 오는가? 여러분의 교회 예배 –혹은 이 빈야드 교회 예배의 특징은 무엇인가? – 예배의 특징은 미묘하게 청중의 정신상태를 새롭게 할 수 있다.

교회의 실용주의가 계획을 형성한다

오순절과 카리스마틱 뿌리를 가진 미국의 많은 교회처럼, 애나하임 빈야드는 신약성서에 제시된 성경적 교회의 능력과 경험을 재현하고, 효과적인 교회사역을 위하여 실용/현실주의적으로 교회를 운영하는 – 이 두 가지를 함께 조화시키려고 노력했다. 다른 말로 말하면, 이 회중의 사역은 기적에서 오는 순수한 노력만도 아니고, 음악에서 오는 단순한 효과만도 아니었다. 왜냐하면, 그들의 사역은 실용/현실주의에 숙성된 사려깊은 계획이기 때문이었다.[2] 회중의 초창기 내부 계획서는 교회가 지향하는 선교 사명과 이 노선을 따른 실천사항을 분명하게 보여준다. 1980년 설교에서 발췌한 것이 보여주는 것처럼, 누가 이 회중의 전도 타겟[대상], 혹은 "시장"(market)이 될 것인가를 나타낸다. 이들 문서는 교회성장 상담가로서의 윔버의 배경을 말해주는 것 같다.

1. 선교/사명: 요바린다 – 프러센티아(Placentia) 갈보리 채플을 위한 5개년 조직 계획은 우리가 다음의 사항을 이행하고 계속할 수 있게 할 것이다:
   A. 예수 그리스도를 위하여 이 세대를 전도하기
   B. 오렌지 카운티 북동쪽에서 시작해서 우리의 예루살렘 –
      유대, 사마리아와 땅끝까지 사역하기
   C. 여기서 그리고 후에도 "록" 음악 세대 사람들이라 불리는 그룹의 사람들을 대상으로 전도하기. 이 사람들이 필연적으로 록 음악에 심취한 사람들이라는 것이 아니라, 처음 50년대에 로큰롤(rock and roll) 음악이 출현해서 1980년대에 이르기까지 그사이 30년 기간에 성장했거나 그 음악에 크게 영향받은 사람들은 말한다.
      1. 욕구

---

2) 이 유용한 분류는 Grant Wacker가 쓴 *Heaven Below: Early Pentecostals and American Culture*에서 primitivism and pragmatism(원시주의와 실용주의)을 논한 것에 근거를 두고 있다.

    a. 우리 조직이 충족시킬 그들의 욕구가 무엇인가(전국적 비전)?
        1) 이 교회는 미국 내에 높은 퍼센테이지를 나타내는 "교회 탈락자"(church drop-out)라 불리는 사람들의 삶의 스타일에 적합한 교회 모델을 제공한다. 이 사람들은 우선적으로 어느 교회에 속하지 않고, 교단주의의 제약을 싫어하는 "믿는 사람들"이다. 그러므로 이런 사람들에게 목표를 두는 교회는 오늘날 미국에서 성장을 위한 좋은 기회를 갖는다.
        2) 이 교회는 미 전국에 걸쳐 우리에게 알려진 사역자들에게 활기찬 리더십 모델을 제공한다. 이들은 기본적으로 한, 두 가지 이유로 오늘날 교회 구조와 제도에 환멸을 느낀 사람들로 구성된다. 이 사람들은 성서학교나 그 이상의 교육을 받은 사람들이다. 그들은 교회에서 탈락했거나 교단적 교회목회로부터 떠날 것을 심각하게 생각하는 사람들이다(지역적 비전).
        3) 오렌지 카운티 북부 지역에 사는 위와 같은 사람들의 욕구를 충족시키기.
        4) 전국적 변화를 위한 모델뿐만 아니라, 또한 신약성서 형태의 교회의 본질적인 성서적 가치를 유지하는데 도움이 되는 만족스러운 삶의 스타일을 제공한다. 이를 위해 튼튼한 "관계의" 휄로우십을 확립하기.

3. 정책(우리가 계속해서 목표에 이르게 하는 가이드 라인으로서의 직책)
  a. 조직의 정의
      1) 우리의 조직은 "성령이 인도하시는"(Spirit led) 사역에 따른다.
      2) 조직은 언제나 융통성을 갖는다.
      3) 조직 안에서의 지위는 직접적으로 기능과 관련이 있는 것이지, 어떤 직위나 신분에 관련 있는 것이 아니다(예를 들어, 치유 기능이 없으면, 치유 사역에서 어떤 지위를 맡을 수 없다는 뜻 – 역자 주).
  b. 마켓(시장)
    우리의 전도대상(market)은 "록" 음악 젊은 세대로부터 중년의 사람들에 이른다. 미국에서 대략 1,400만~2,000만 명에 이르는 교회에 다니지 않는 새로운 부류의 사람들인데, 그들은 어떤 교회에도 "속하지 않은 믿는 자"들이다.

5. 범위
  a. 우리의 첫째 목표는 오렌지 카운티 북동쪽에 하나의 교회를 세우는 것이다.
  b. 우리의 두 번째 목표는 그 교회를 1985년까지 전체 8,000명의 교인으로 성장시키는 것이다.
  c. 그 다음 그만한 회중을 수용할 시설을 임대하거나 구입하는 것이다.
  d. 그 후에 가까운 지역과 전국에 걸쳐 교회 개척을 시작할 수 있는 교회 개척 기관을 만

종종 복음주의자들은 행 1:18에 근거해서 예루살렘 – 유대 – 사마리아라는 어구를 사용하는데, 이는 그리스도를 어느 지역에서, 그리고 나아가 전 세계 어디에서나 증거하자는 의미로 사용하는 짧은 어구다.

1992년에 남부 캘리포니아 대학(USC) 종교 사회학 교수인 도날드 밀러는 그가 실시한 1,300명에 대한 설문 조사에서 애나하임 빈야드 교인 중 18%가 이 교회에 출석하기 전에 다른 교회에 가입한 적이 없다고 보고했다. 출처: Box. 18. 존 윔버 소장품, 리전트대학교 도서관 기록보관소, 버지니아 비치, 버지니아주.

드는 일
   e. 크리스천 양육과 전도를 위한 음악그룹을 위해 리더들을 훈련시키는 음악-예술 사역을 확립하기.

6. 우선순위
   a. 워십: 워십을 통하여 하나님의 사랑을 그분에게 돌려드리기, 그러므로 우리는 찬양 사역과 주께 찬송드리는 것을 최우선 순위로 한다.
   b. 친교: 하나님의 사랑을 서로서로 나누기. 그러므로 친교와 교육을 위해 성인이 참여하는 킨십 그룹에 우선순위를 둔다.
   c. 전도와 사회적 관심: 사랑과 구원의 복된 소식을 전하고 가난한 사람들을 돌보며, 그들의 필요를 채워주기 위해 하나님의 사랑을 공동사회에 제공하기.

출처: "Calvary Chapel Yorba Linda/Placentia Five Year Plan 1980-1985", Box 19, John Wimber Collection, Regent University Library Archives, Virginia Beach, Virginia. 허락받고 게재함.(* 2, 4가 영어 원서에 없음 – 역자 주)

이 개요는 직접 워십을 언급하는 섹션만을 포함하기 위하여 전체 원문 서류에서 발췌한 것이기 때문에, 2항과 4항을 의도적으로 포함하지 않았다.

우선 순위의 목록에 워십이 톱 순위를 차지한 것이 놀라운가? 여러분의 교회에서 우선 순위의 목록은 어떻게 되어있는가?

경배의 단계

1980년대로 진입하면서 빈야드 워십 방법에 대한 설명이 개발되었다. 초창기에 칼 터틀이 워십 리더로 섬기다가 1983년경에 에디 에피노사로 워십 리더의 역할이 넘겨진 후, 존 윔버는 **워십의 5단계**에 대하여 가르치기 시작했다. 오순절 계통에서 좀 더 넓게 통용되고 있던 워십 패턴과 아이디어가 빈야드 회중에도 영향을 준 것인데(예를 들면 성령의 은사 수용 등 – 역자 주), 그래서 이 가르침은 1980년대 중반에 에피노사와 존 윔버 사이에 상호작용으로부터 발생했다. 그들이 워십을 드리면서 경험한 여러 영적단계를 통하여 깨닫게 된 것으로, 이것은 어떤 찬송을, 어떤 순서로 불러야 할까 하는 곡목 선정 배열에서 음악인들이 지혜를 갖게 하였다.

빈야드에서 우리는 워십에 기본적으로 5단계가 있는 것을 알게 되었습니다. 이 단계를 통해서 워십 리더들은 회중의 영혼을 리드하려고 시도합니다. 이 단계를 잘 이해하면 우리가 하나님을 경험/체험하는 데 도움이 됩니다. 명심해야 할 것은 – 우리가 이 단계를 거치면서 우리는 한 목표를 향해 갑니다: 하나님과의 인티머시(intimacy)입니다. 나는 인티머시를 누구에게 속하여 가까이 만나서, 친밀해지거나 혹은 한 사람의 가장 깊은 본성을 어느 사람에게 드러내는 것이라고(우리의 경우는 하나님께) 정의합니다. 그리고 밀접한 연합, 임재 그리고 접촉... 으로 나타납니다.

첫 번째 단계는 워십에 부름(call to worship)입니다. 회중에게나 하나님을 향해 직접 전달되는 말입니다. 경배드리자고 초청하는 것입니다. 이것은 짧은 초청의 찬송을 통해서도 워십에 초청을 할 수 있습니다. 예를 들면, "오라, 지금은 경배드릴 때입니다"(Come, Now is the Time to Worship), "오라, 함께 경배하며 몸을 숙이세"(Come, Let Us Worship and Bow Down).³ 혹은 기쁜 경우에는 다음과 같은 찬양이 있습니다. "지금 주님을 찬양할 때라는 것을 모르세요?"(Don't You Know It's Time to Praise the Lord?)⁴

예배에 부름의 기본적인 개념은 "그것을 합시다. 지금 경배를 드립시다." 하는 것입니다. 예배의 부름 단계에서 예배 초청을 위한 찬양곡 선택은 매우 중요합니다. 왜냐하면, 이때 부르는 찬송이 모임을 위한 분위기를 조성하고, 회중 각자가 곧바로 하나님을 향하도록 이끌기 때문입니다.

두 번째 단계는(본격적으로 워십에) 참여입니다(the engagement). 이것은 감전된 듯이 하나님과 서로에게 다이내믹하게 연결되는 단계입니다. 사랑, 칭송, 찬양, 환희, 중보, 간구의 기도가 찬양 중에 드려지는 – 모든 다이내믹한 기도가 찬양과 함께 얽혀집니다. – 이것이 찬양 중에 예배자의 심령에서 흘러나와 넘쳐납니다. 참여의 단계에서 우리는 기도와 마찬가지로 찬양음악을 통하여 하나님이 하나님 되심을 찬양합니다. 각 개인은 가정에서 개인적으로 경배, 찬양드리면서 이와 같은 순간을 가질 수 있습니다. 그러나 교회가 함께 모여 경배 찬양드릴 때 하나님의 임재의 나타남이 증대되고 더 풍성해집니다.

참여의 단계에서 좀 더 나아가면(intimacy 단계로), 우리는 좀 더 사랑하는 친밀한 언어로 들어갑니다. 하나님의 임재 안에 있으면 우리의 마음과 생각이 크게 감동을 받아 그분의 행하신 행위에 대해 그분을 찬양하고 싶어집니다. 그분의 역사를 통하여 행하신 행위에 대해 그분의 성품과 속성에 찬양드리고 싶어집니다.

이 인티머시(친밀함)는 종종 우리가(짧으나 길게) 묵상하게 만듭니다. 우리가 찬양을 드리고 있는 중에도 하나님과 우리의 관계를 묵상하게 합니다. 때때로 우리는 하나님 앞에서 우리가 한 서약이나 약속을 회상합니다. 하나님께서는 우리가 살면서 저지른 부조화나 실패를 생각나게 하셔서 죄를 고백하게 하십니다. 우리가 우리의 부조화나 실패를 생각하며 회개하며 눈물을 흘리게도 합니다. 우리의 부조화를 통해 그분의 조화를 보고, 우리의 한계를 통해 그분의 무한하신 가능성을 보며 하나님께 의지합니다. 우리가 그분의 임재를 깨닫고 더 거듭나며, 때로 새로운 결심, 결단의 기도를 드립니다. 그래서 이 단계를 표현(expression)의 단계라고 부릅니다. 이것이 **세 번째 단계**입니다.

워십 중에 육체적, 정서적 표현이 춤이나 몸을 움직이는 결과를 가져올 수 있습니다. 만일 교회가 경배의 절정(crest)에 있다면, 그런 표현은 하나님께 적절한 응답입니다. 그때 주안에서 참으로 기뻐하기보다, 춤에 초점을 맞춘다든지, 혹은 그런 표현을 자주 한다면, 그것은 아주 부적절한 것입니다.

이때 표현은 정점으로 인도해서 육체적 사랑과 다르지 않은 열적인 클라이맥스 단계에 이릅니다(솔로몬이 아가서에서 이와 같은 유추를 사용하지 않았나요?). 우리는 우리의 마음과 생각과 몸에 있는 것을 표현합니다. 그리고 지금은 하나님께서 반응하시는 것을 기다리는 시간입니다. 그분께 말하는 것을 멈추고, 대신 그분이 말씀하시는 것을 듣기 위해 기다립니다. 나는 이것을 **네 번째 단계**, 찾아오

이것에 대한 빈야드의 견해는 찬양곡 세트의 역할과 구성을 설명하기 위해 찬양곡 세트를 지지하는 사람들이 말하는 모델 중의 하나일 뿐이다. 또 하나의 통상적인 설명은 연장해서 부르는 찬양시간을 구약성서 성막이나 성전에 들어가기 위해 다양한 구역을 여행하는 것으로 생각하는 것이다. 목표는 가장 깊은 부분인 지성소에 있는 하나님과 만나는 임재 안으로 들어가는 것이다(* 성막/전 뜰을 지나 성소에 들어가고, 마침내 하나님의 임재가 있는 지성소에 들어가는 여행 – 역자 주).

---
3) 아마도 웜버는 같은 제목으로 Dave Doherty가 쓴 찬양곡을 언급하고 있다. 이 곡은 1980년에 Universal Music – Brentwood Benson Publishing에 의해 저작권 설정됨.
4) 이 노래는 Bruce와 Judi Borneman이 쓴 곡 같다. 1981년에 마라나타!뮤직에 의해 저작권이 설정됨. 두 번째 구절은 주의 백성들의 찬양 중에 거하시는 그분을 말한다. 이 개념은 시 22:3과 유사한 성경 구절에 근거를 둔 것으로 "컨템포러리" 예배자들 사이에 매우 잘 알려진 주제가 된다.

시는(visitation, 방문) 단계라고 부릅니다. 전능하신 하나님이 그의 백성들을 찾아오십니다. 그분의 방문은 워십의 부산물입니다. 우리는 그분의 임재를 얻기 위하여 경배드리지 않습니다. 그분이 우리를 찾아오시든지 안 찾아오시든지, 그분은 워십을 받을만한 분이시기에 경배드립니다. 그러나 하나님께서는 "그분의 백성들의 찬양 중에 거하십니다."[시 22:3을 보십시오]. 그래서 우리는 항상 왕과 함께하는 청중을 위해 준비된 워십을 드려야 합니다.

교회는 만일 우리가 신령과 진정으로(in spirit and truth) 그분만을 경배한다면, 우주의 하나님께서 우리를 찾아오신다는 사실에 활기 있는 경배를 드려야 합니다. 대개의 경우 크리스천들이 예배드리러 함께 올 때, 하나님께서 많은 것을 행하실 것이라는 기대를 하지 않습니다. 그러나 하나님은 신부의 문밖에서 계셔 만나기를 열망하는 신랑과 같습니다. 신부인 우리는 무엇을 위해 우리가 그곳에 있는지를 자주 잊어버립니다. 왜냐하면, 우리의 생각이 산만하고, 근심으로 선점되어 있기 때문입니다.

우리는 하나님의 영이 우리 가운데 역사하시기를 기대해야 합니다. 그분은 다양한 방법으로 운행하시며 역사하십니다. 어떤 사람들에게는 구원을 위해서, 어떤 때는 마귀로부터 구출을 위해서, 어떤 때는 성화나 치유를 위해서 역사하십니다 — 또한, 하나님께서는 예언의 은사를 통해서 찾아오십니다. 참된 예언자는 종종 겁을 먹고 말하지 않습니다. 하나님께서는 우리가 예언 은사에 깊은 이해를 하고 활용하도록 도와주시기를 바랍니다. 그 일은 또한 어떤 순간을 위한 예언적 의미가 있는 영감된 성경구절을 읽는 것을 통해서 우리에게 임합니다. 권면은 — 즉, 격려하는 말씀인데 — 이런 방법으로 주어질 수 있습니다. 우리는 주님을 기다리며, 그분이 말씀하시도록 기다리는 것을 배울 필요가 있습니다.

워십의 **다섯 번째 단계**는 물질을 드리는 것입니다(the giving of substance). 교회는 드리는 것에 대해서 거의 알지 못합니다. 그러나 성서는 우리가 하나님께 드리라고 권면합니다. 우리는 사람들이 드리는 방법을 모르면서 사역(혹은 목회)을 준비하는 것을 보면 애처로운 생각이 듭니다. 그것은 마치 육상선수가 뛰기 위해 트랙에 들어서는 것과 같습니다. 그런데 그 육상선수가 뛰는 방법을 모르는 것입니다. 만일 우리가 물질을 드리는 것을 알지 못하면 우리는 어떤 것도 알지 못합니다. 사역 혹은 목회는 드리는 삶입니다. 우리는 우리의 모든 삶을 하나님께 드립니다. 왜냐하면, 하나님은 모든 것에 소유권을 갖고 계시기 때문입니다. 기억하십시오. 우리가 무엇이든지 하나님께 드려 그분이 증식시키고 축복하시게 하면, 그렇다고 우리가 물질을 더 축적하는 것이 아니라, 우리는 그분이 축복하시는 기업에 더 많이 참여하게 되는 것입니다.

내가 무엇이든지 드릴 필요가 있으면, 하나님께서는 필연적으로 먼저 그것을 드리도록 나를 부르십니다. — 내가 그런 것을 갖고 있지 않을 때도 — 그것이 물질이건, 사랑, 호의 혹은 지식이든 간에, 하나님께서 우리를 통하여 무엇이든지 주시기를 원하실 때, 그분은 먼저 우리에게 주셔야 합니다. 우리는 열매를 나누는 첫 분담자입니다. 그러나 우리가 씨를 먹어서는 안 되고, 우리는 그 열매를 주기 위하여 씨를 심어야 합니다. 근본적인 전제가 무엇이든지, 선이건, 악이건 우리는 증식합니다. 우리가 우리의 나무에 무엇이 열렸건, 우리는 우리의 과수원에서 그 열매를 얻을 것입니다. 우리가 선한 씨를 심으면, 선한 나무에서 풍성한 열매를 얻을 것입니다.

우리가 워십의 여러 단계를 경험할 때, 우리는 하나님과의 인티머시를 경험합니다. 하나님과의 인티

이워십이 5단계로 발전된 이 모델과 처음에 가정에서 모일 때는 그렇게 미리 준비되는 찬양곡 목록이 없었다는 칼 터틀의 말과 비교하라. 여기서 웜버의 가르침은 이 회중이 연속적으로 찬양드리는 방식이 정착되면서 자연스럽게 발전된 것을 기초로 해서 설명하는 것 같다. 여기서 웜버가 말하는 워십의 5단계가 이 회중의 워십을 서술(설명)하는 것인가? 혹은 그렇게 해야 한다고 규정하는 것인가? 아니면 둘 다인가?

머시 – 남녀가 모두 알아야 하는 가장 충만한 최고의 부르심입니다.

출처: John Wimber, "Worship: Intimacy with God", in *Thought on Worship* (Anaheim, CA: Vineyard Music Group, 1966), 4-7. See also John Wimber, *The Way in Is the Way On* (Atlanta: Ampelon Publishing, 2006), 113-17. 허락받고 게재함.

음악인들과 그들의 역할의 어려움에 대한 고찰

빈야드 워십에서 음악의 중요성을 고려한다면, 뮤직 리더들은 특별한 긴장과 유혹 아래 놓일 수 있다. 놀랍지 않은 것은, 윔버와 다른 빈야드 교사들이 교회 음악인이 가져야 할 합당한 성품에 대해 생각한 것이다. 주님 앞에서 음악인의 합당한 자질을 중요하게 생각하는 것은 빈야드의 예배 신학에서 하나의 중요한 요소이다. 1990년대에 존 윔버는 영국의 송 라이터인 스튜아트 타운엔드(Stuart Townend)와 인터뷰를 했다. 인터뷰에서, 윔버는 그 자신의 영적 순례와 마찬가지로: 워십을 리드하기 위한 최선의 준비에 관해서 그의 소견을 말한다.

질문: 저자요, 음악인과 워십 리더들로서, 하나님께서 우리를 위해 예비하신 것을 위해 우리가 어떻게 준비해야 하나요?

존: 많은 어려움은 새롭고 훌륭한 뮤직을 쓰는 데 있지 않습니다. 즉, 테스트는 음악을 연주하고 전달하는 사람들의 경건함에 있게 됩니다. 그런 의미에서 우리 음악인 공동체 내에 어떤 사람들은 부흥을 위해서 잘 준비되어 있지 않습니다. 컨템포러리 그룹과 뮤직에 새로운 강조를 해서 이에 따라 음악인들의 워십 기술과 음악적 기술이 필요했습니다. 그 결과 많은 음악인이 워십 리딩에 참여하도록 허용되어 있습니다. 그러다 보니 그들의 경건함, 영성과 개인과 가족 간의 삶에서 깊은 성숙이 필요한 것에 대해서 그들에게 언급한 것이 거의 없습니다. 아주 솔직히 말해서, 우리 음악인들 중의 많은 사람이 매일 매일의 영성에 깊이 잠기지 않고 있습니다.

우리는 1979년과 그 이후에 하나님께서 빈야드에 처음으로 성령을 풍성히 보내주시는 것을 우리 자신들이 경험하면서 많은 것을 배웠습니다. 그 기간에 우리는 축복을 경험했고, 또한 파멸도 경험했습니다. 우리에게는 매우 공적인 방법으로 하나님이 쓰시기에 충분히 준비되지 못한 음악인들이 있었습니다. 비록 여러분이 생각하시기에는, 그들이 가르치고 사역하며 혹은 음악적인 은사(재능)를 가진 사람들이라 하더라도 – 맞습니다. 그들은 그런 은사로 잘 갖춰진 사람들입니다. 그러나 그들은 그만큼 신앙이 깊지 않았습니다.

목회자로서 여러 해 동안 사역하면서 현재의 이 흐름에서 나의 관심은 – 우리 모두가 결혼생활, 가족생활과 교회생활을 온전하게 해야 하는 것입니다. 그래야 우리는 "그날에 하나님께 좋은 보고를 드릴 수 있습니다."

인터뷰에서, 윔버는 1963년으로 돌아가서 그의 삶을 그리스도에게 영속적으로 드리기로 작정하며

> 회중들이 훌륭한 찬양 음악에 매료되었을 때 이런 특성(경건함과 겸손)을 간과한 적이 있는가?

복종한 중요성을 자세히 말한다. 여기에는 그의 음악도 포함되었다. 이렇게 자신의 모든 야망과 포부를 그리스도 앞에 내려놓는 것은 그가 일생 동안 목회하면서 하나의 생활 패턴이 되었고, 그가 다른 음악인들에게도 요구하는 이상(ideal)이 되었다. 그는 그 나름대로 그리스도인의 삶의 본을 보이고, 그리스도에게 내려놓는 삶을 가르쳤다.

질문: 그래서 만일 우리가 하나님께서 행하시는 것에 보조를 맞추기를 원하고, 그분이 언제나 우리를 쓰실 수 있게 하려면, 실제적으로 어떻게 우리가 그것에 대하여 준비해야 할까요?

존: … 나는 여러 번 설교했습니다. 우리는 우리의 온 마음과 존재를 다 해 하나님을 사랑하고, 경건한 마음으로 섬기도록 부름을 받았다고 말했습니다. 그리고 강조했습니다. 만일 하나님을 제외한 어떤 것이 여러분 삶의 중요한 목표(혹은 몫)라면, 나는 그것을(즉, 그런 삶을) 보장할 수 없습니다. 여러분의 자녀들이 행복할 것이라고 보장할 수 없습니다. 또한, 여러분의 배우자가 영원히 당신을 사랑하리라고 보장할 수도 없습니다…. 그러나 만일 여러분의 욕망이 예수님이라면, 여러분은 예수님을 얻을 것이며, 그러면 여러분의 평생 그분과 동행 할 수 있을 것입니다. – 그때 나는 여러분의 삶을 신뢰할 수 있을 것입니다.

내가 일년 전쯤 암에 걸려 치료를 받고 있을 때, 우리 교회의 사람들이 내게 묻기를, "당신은 곧 죽어가는 것이 두렵지 않으세요?"라고 말했을 때 나는 놀랐습니다. 약 15명의 사람이 그렇게 말하고 돌아간 후에, 나는 정말로 나의 회중에게 말씀의 진리를 잘못 가르쳤다는 것을 깨달았습니다. 나는 그들에게 말해야 했습니다. "1963년 6월에, 이 사람은 이미 죽었습니다. 그리고 그 시간 이후 지금까지 내게 모든 것은 예수님이었습니다". 라고. 나는 내 생명에 집착하려고 노력하지 않습니다: 왜냐하면, 나는 나 자신의 삶을 포기했기 때문입니다. 내가 회심하고 크리스천이 되었을 때, 나는 내가 출시한 2개의 앨범이 미국 빌보드 차트 톱10에 들어간 음악인이었습니다. 그것은 13년 동안 열심히 일한 후 이룩한 나의 직업적 성취였습니다. 그러나 하나님께서는 나에게 두 줄로 된 "지극히 값진 진주"에 대한 비유로 말씀하셨습니다: "나는 그것을 위한다. 그것을 내게 다오."[마 13:45-46] 그분은 말씀하지 않으셨습니다. "그것을 내게 다오. 그러면 내가 네게 목사로서의 직업을 주리라. 혹은 전 세계 모든 민족에게 퍼져나갈 음악을 주리라." 그분은 말씀하셨습니다. "모든 것을 내게 다오. 네 모든 자신을 정리해라. 그러면 내가 네게 진주를 주리라."고만 말씀하셨습니다.

이제 그 진주는 새로운 직업도 아니고, 또한 워십 저자나 리더로서 여러분 자신을 유명하게 만들 기회도 아닙니다. 그 직업에서 여러분 자신을 견고하게 할 능력도 아닙니다. 만일 여러분이 개교회 워십 리더로 참여하면서, 직책을 풀타임 직업으로 여기고, 자신을 유명하게 만드는 것이 동기라면, 아마 그들은 실망하게 될 것입니다. 오직 그 진주는 예수님입니다.

출처: These reflections were originally published as "The Musician in Revival", Worship Together 10(1994): 5-6, and were reprinted in John Wimber, *The Way in Is the Way On* (Atlanta: Ampelon Publishing, 2006), 127-30. 허락받고 게재함.

[좌측 여백 주석 1] 윔버는 크리스천의 삶과 사역의 목적은 그리스도께서 재림하실 때 선한 보고를 드리기 위한 것이라는 복음서에 있는 이야기로 자세히 말하고 있다.

[좌측 여백 주석 2] 여기서 윔버의 견해는 그의 생의 마지막을 향해 가던 1990년대에 그리고 빈야드와 다른 형태의 "컨템포러리 워십"에서 중요한 위치에 있는 음악인인 – "워십 리더"가 얼마나 중요한가를 회상하면서 갖게 된 생각이다. 그의 견해는 이런 방식의 워십에서 음악인이 갖는 중요한 역할에서 오는 유혹을 깊이 생각하게 한다. "워십 리더"란 말은 1970년대와 1980년대 초에 나온 자료에서는 매우 드물게 사용되었다.

기적에 대한 외부의 우려

때때로 "치유"를 포함해서 존 윔버가 "표적과 기사"를 강조하는 것에 대한 우려가 생겨났다. 논란의 대상이 된 것은 1982년에 풀러신학교에서 그가 팀을 이루어 가르친 그의 강의였다. 그 강의에서는 크리스천 사역에서 기적의 역할을 고찰했다. 그 당시 그의 강의는 풀러신학교의 모든 수강 신청 기록을 깼다(재적 학생의 거의 90% 정도가 수강했다 – 역자 주). 강의 마지막 부분에 갖는 사역 시간에는 이 강의의 소문을 듣고 수강 신청을 한 학생이 아닌 사람들도 많이 참여해서 강의실이 넘쳐났다. 그러나 학교 안팎에서 의문이 생겨났다. 대학 당국으로부터 강의 정지가 통보되었고, 교수로 테스크 포스(task force)가 구성되어 보고서를 작성하기 위해 그 강의를 조사했다. 이것은 **목회와 기적적인 일: 풀러신학교의 케이스 스터디**라는 제목의 책으로 출판되었다. 풀러신학교 교수, 루이스 B. 스미즈스(Lewis B. Smedes)가 편집했다. 머리말에서 풀러의 총장, 데이빗 엘런 허바드(David Allen Hubbard)는 출판된 보고서에서 발견되는 신학적이며 목회적 관점을 요약했다. 이 관점들은 외부의 사람들이 보기에 초기 빈야드교회에서 치유와 다른 기적적인 은사들을 강조한다는 말을 할 때 종종 발생하는 긴장을 리뷰한 것처럼 보인다. 그때 다른 사람들도 같은 문제를 제기했다.[5]

우리의 테스크 포스는 팀을 만들어 모험적인 조사를 했다. 그들이 조사한 것을 우리의 교수회의에서 받고, 확인한 것은 수천 명의 목회자와 수십만 명의 평신도들에게 우려가 된 주제들을 취급했다. 우리 시대에도 기적이 일어날 수 있다는 것을 부인하는 함정에 빠지지 않고, 그렇다고 우리의 필요와 스케줄에 따라 하나님께서 기적을 베푸신다고 추정하는 오류에 빠지지도 않고, 그 사이의 태도를 보이는 것이 우리의 자세요, 가치라고 생각하는데, 이런 자세를 취하는 것이 교회를 위한 지혜라고 생각한다. 테스크 포스는 세계관의 차이를 의논했다. 우리가 성경에 나타나는 초자연적인 것을 어떻게 이해하느냐에 대한 태도는 많은 사람에게 새로운 견해를 갖게 할 것이다. 이는 하나님께서 그분의 치유를 베푸시는 여러 방법에 대해서도 조사했는데, 이는 하나의 역사(work)에 대한 우리의 견해를 확대하고, 그분이 하신 놀라운 치유에 대해 우리의 찬송이 우러나게 할 것이다. 그러나 기적적인 일이 일어났다고 주장하는 것을 입증하는 것은 어려운 문제이나, 우리의 보고서는 이를 무시하지 않았다. 왜냐하면, 실제로 기적적인 것이 일어나지 않았으면서도, 즉 이런 사실을 무시한 채 기적적인 것이 많이 일어났다고 주장하는 것은 마치 영적인 것을 대량으로 세일하는 것으로 보일 수 있기 때문이다. 이것은 바람직하지 않다. 마지막으로, 크리스천이 제자로 살아가면서 겪는 고통의 역할에 대해서도 고찰했다. 고통을 몸에 지니고 사는 것도 은혜의 기적이다. 또한, 고통을 경감시키는 것도 은혜의 기적이다. 이 둘이 함께 존중되어야 한다고 생각한다.

> 오늘날 세계에서 성령의 다이내믹한 역사(works)를 보기 위해서 무엇이 적절하고 이치에 맞는 것이며, 또한 그것이 성경적인 기대인가?

출처: Lewis B. Smedes, ed., *Ministry and Miraculous: A Care Study at Fuller Theological Seminary*(Pasadena, CA: Fuller Theological Seminary, 1987), 17. 허락받고 게재함.

---

5) 나는 실제로 Tim Stafford가 크리스처니티 투데이에 쓴 아티클, "존 윔버네 포도원에서 나는 포도주를 맛보기"(Christianity Today 30, no. 11, 1986년 8월 8일:20)에서 "우려의 원인(Cause for Concern)"이란 제목으로 측면 해설한 것을 보라.

PART 3
조사하는 것을 돕기

왜 애나하임 빈야드의 워십을 연구하는가?
기도생활에 사용하기 위한 제언

다음의 제언은 본서의 2부 중 특정 섹션에 해당하는 사항으로 독자들의 기도생활에 사용하기 위해 마련된 것이다.

애나하임 빈야드의 워십을 설명하기

* Love Song 그룹이 부른 찬양의 가사를 통해 그들이 교회 교인들에게 가져온 긍정적 변화에 대해서 말한다: "머리카락을 보지 말고, 눈을 똑바로 쳐다 보라"(Lookin' past hair and straight into the eyes, 외모를 보지 말고 본질을 보라는 뜻. – 역자 주). 혹시 당신이 동료 예배자들의 육체적 표현하는 겉모양을 보고 잘못 판단한 경우, 하나님 성령의 안내로 용서받기 위해 기도하라.
* "물질을 드림"은 애나하임 회중에서 가르쳐진 워십의 마지막 단계다. 이 가르침에서 윤곽이 분명한 것은 워십을 통해 자아 중심을 전복시키기를 구한다. 당신이 워십 경험을 즐기는 것 자체가 목적이 되었는지 – 깊이 생각해 보라. 하나님을 놀랍게 경험한 것에 그냥 즐거워하는 것이 아니라, 오히려 다른 사람을 섬기라는 부르심인 것을 깨닫기 위해 이사야 6장에 나오는 선지자의 경험을 천천히 읽으며 음미해 보라.
* 워십 찬양에서 일인칭으로 된 가사를 다시 읽어라. 당신이 워십에 대한 그들의 반응을 당신은 어떻게 설명할 것인가? 최근에 가졌던 워십 경험을 짧게 기술하라. 여러분이 경배드릴 때, 하나님께서 역사하시는 것을 어떻게 알았는가? 당신은 어떤 감정을 느꼈는가?

사람들과 문화유산

* 이 섹션에 나타난 이미지는 워십 중에 사람들이 손을 들고 있는 모습을 보여준다. 당신은 이런 자세에서 어떤 감정과 말로 당신이 느낀 것을 가장 잘 표현할 수 있는가? 당신이 기도하면서 당신 자신이 다른 자세를 취해보라. 당신이 다른 자세를 취했을 때, 기도드리는 것이 어려웠는가? 만일 그렇다면, 어떻게?
* 시편을 여러 번 통독해 보라. 각 시편의 기분(tone, 어조)을 몸의 자세로 마음속에 선하게 떠오르게(시각화) 하라. 당신은 여러 번의 경배 중에 어떤 마음가짐과 자세들을 취하였나?

워십 환경과 공간

* 이 섹션의 사진과 "사람들과 문화유산" 섹션에 있는 사진들에서 예배자들이 서로 가까이 있는 것에 주목하라. 다음에 여러분이 예배드릴 때, 여러분의 앞과 뒤에 있는 사람들에게 관심을 가져라. 앞이나 뒤에 있는 사람들에게 관심을 두고 예배 시작 때나 중간에, 혹은 끝날 때 이 사람들을 위해 기도하라.

워십의 설명

* 당신이 예배드리러 올 때 당신은 무엇을 기대하는가? 경배드리는 동안에 당신이 하나님으로부터 어떤 것을 기대하기보다 자신이 만족한 상태에 있는지 당신 자신에게 물어보자. 워십을 통해 아무 것도 기대하지 않는다면, 그 이유가 무엇인지 분별하도록 기도하라.
* 워십 설명은 종종 하나님께 직접 드리는 찬송의 능력에 대하여 말한다. 회중이 부르는 레퍼토리 중 찬양 가사에서 기도로 하나님께 직접 말하는 한, 두 곡을 픽업하라. 그 가사를 주의깊게 생각하라. 당신은 성서의 어떤 인물이 이 노래를 부른다고 상상할 수 있는가? 그 노래가 어떤 성서의 이야기에 부합되는가? 현재의 노래와 성서의 이야기 외에 이런 연결이 성경 이야기의 새로운 차원을 나타냈는가?
* 워십을 직접 경험한 사람들의 이야기를 읽으면, 독자는 성령에 반복적으로 강조하는 것을 알게 된다. 성령과 하나님 아버지, 주 예수 그리스도와의 관계를 더욱 분명히 알기 위하여 사도 바울의 서신을 여러 번 읽으라. 예를 들면 로마서 8장과 같은 구절(passages)에서 2인칭 혹은 3인칭이 밀접하게 연결되어 언급되는데…. 그런 구절들을 찾아라. 성령과 하나님 아버지와 예수 그리스도와의 관계는 어떤 관계인가?

찬양 순서와 가사 주제

* 빈야드에서 불리는 많은 노래 가사는 간단하고, 직접 말하는 것들이다. 예수님과 직접 대면해서 만나는 것을 생각하라. 간단하며 확실한 어떤 세 마디 말을 그분께 드리기 원하는가?
* "스윗 향기"란 제목을 가진 윔버의 노래 가사 첫 줄은 경배자들에게 "그분이 어떻게 당신을 사랑하시는가"를 생각하라고 요청한다. 요 15:9를 한 마디, 한 마디 음미하면서 서서히 읽어라. 하나님 아버지께서 어떻게 그분의 아들, 예수 그리스도를 사랑하시는가를 묵상하라. 당신이 통찰한 것을 적어라. 당신이 쓴 것을 보면서, 예수 그리스도께서 어떻게 당신을 사랑하시는가를 이해할 수 있도록 성령님의 도움을 위해 기도하라.

* 만일 당신이 애나하임 빈야드 송 레퍼토리의 가사가 적힌 옛날 송 북을 갖고 있다면, 일주일 동안 매일 한 노래의 가사 전체를 읽어라. 만일 여러분의 그런 송 북을 갖고 있지 않다면, 본문에 언급된 노래들을 선택하고, 그들의 가사를 발견하기 위해 웹(the web)을 찾아보라. 만일 노래가 하나님께 말하는 기도라면, 마치 당신이 그 가사 말로 하나님께 말하는 것처럼 그 가사로 기도하라.

설교

* 비록 존 윔버가 교회를 얼마 동안 다녔음에도 불구하고, 그가 진실로 경배드리는 것을 결코 알지 못했다고 주장하는 것을 생각해 보라. 그의 견해를 묵상하라. 어떻게 당신이 경배드리는 것을 배웠으며/배우고 있는가? 사람들에게 경배드리는 것을 가르칠 수 있는가? 혹은 왜 가르쳐야만 하는가? 혹은 경배는 누구나 경험해야 할 필요가 있는 것인가?
* 일주일 동안 하루에 두 편의 시로 기도하라. 하나님께서 진실로 당신이 그분에게 말하는 것에 관심을 갖고 들으신다는 것을 당신 자신에게 상기시켜라. 당신이 시편을 숙고할 때, 당신을 향한 하나님의 사랑을 더 깊이 깨닫고 인식한 것을 묵상할 수 있는가?
* 당신이 교회에 가서 경배드리려는 동기가 무엇인지 다시 살펴보라. 교회의 예배에 참석하는 동기가 대체로 의무감("내가 참석해야 하므로") 때문인가, 경배드리는 기쁨("하나님 안에서 워십을 통해 내가 기뻐하기 때문에") 때문인가, 혹은 두 가지 다인가? 어떻게 하면 하나님에 대한 사랑이 당신에게 워십 참여의 동기가 될 수 있을까?
* 워십에 관해서 설교하고 가르치는 것을 통해, 윔버는 예배자들에게 경배(혹은 워십)는 교회에서의 "예배"라 부르는 그 시간에만 국한되는 것이 아니라, 하나님을 존귀케 하는 삶을 사는 모든 삶을 포함해야 한다고 상기시킨다. 윔버의 말을 빌려서 말하면, 그런 방법에서 당신은 일주일에 잠시한, 두 시간짜리 크리스천이 될 수도 있다는 것을 깊이 생각해 보라. 하나님께서 당신을 용서해 주시기를 위해 기도하라. 그리고 성령께서 당신이 경배 충만한 삶을 살 수 있게 힘을 주시도록 위하여 간구하라. 만일 당신이 순간마다 하나님을 존귀케 하여 드리는 삶을 산다면, 어떤 방법으로 당신의 삶이 변화될 것인가?

경배의 신학 기록물

* 이 섹션에 들어있는 다양한 문서를 처음부터 마지막까지 찬찬히 읽어라. 당신이 가장 도전받는다고 생각하는 태도, 행위와 동기에 동그라미를 하라. 주께서 경배드림에 관해서 당신을 인도해주실 것을 위해 기도하며, 가장 중요한 것이 어떤 것인지 확인하라. 한 주간에 걸쳐 당신 안에 이런 일들이 변화되기를 위해 하나님께 간청하라.

왜 애나하임 빈야드의 워십을 연구하는가?
소그룹 토의를 위한 질문들

아래에서 여러분은 이 책의 다양한 섹션에 대해 토의하기 위한 질문사항을 발견할 것이다.

전체 서론과 시간표

* 1960년대와 1070년대의 사회적 혼란과 동시에 워십 갱신 운동이 출현한 것 사이에 어떤 상관관계가 있는가? 아니면 그것은 단순한 우연의 일치인가?
* 몇몇 역사가들은 어떤 특정한 종류의 음악을 선호하는 것은 베이비 부머들이 자신들이 그런 음악을 선호하는 한 사회적 그룹으로 인식하는 중요한 특징이라고 가르쳐 주었다(Baby Boomers, 2차 세계대전 후, 1945년과 1965년 사이에 태어난 사람들로, 현재 나이로 53세~72세에 해당하는 미국인들, 이들은 록 음악을 즐겨 듣고 불렀다. - 역자 주) 당신은 이런 똑같은 일들이 1970년대에 새로운 예배 방법으로 생겨난 것으로 생각하는가?
* 당신은 왜 새로운 예배 방법으로 예배드리며 성장하는 여러 매가 처치 (megachur-ches, 초대형 교회들)들이, 그들의 음악을 레코딩하고, 보급하기 위해 교회 내에 출판사를 발전시켰다고 생각하는가(즉, 갈보리 채플에서 Maranatha! Music을 그리고 빈야드에서 Mercy Records를)? 그러나 또 다른 교회들은 왜 그렇게 하지 않았다고 생각하는가?

공동체의 워십을 설명하기

* 초기 빈야드교회에 참석했던 많은 사람 중 많은 사람은 전에 다른 교회에 다녔거나 다니고 있는 사람들이었다. 당신은 왜 1960년대, 1970년대와 1980년대가 사람들이 다녔던 혹은 다니고 있던 교회나 교단을 떠나는 시기였다고 생각하는가?
* 뮤직(음악)은 빈야드교회의 워십에서 중요한 역할을 한다. 특별히 예배자들이 하나님의 임재를 경험하게 되면서 음악의 중요한 역할을 인식했다. 당신의 경험으로부터 오늘날 크리스쳔 워십에서 뮤직이 어떤 역할을 한다고 생각하는가?
* 통상적으로 사람들이 "컨템포러리 워십"을 생각할 때, 그들은 음악을 생각한다. 그러나 음악만이 애나하임 빈야드 워십을 "컨템포러리" 혹은 "그 시대와 합치하는 것"인가? 예를 들면, 이 교회의

예배가 분위기, 옷, 언어, 관심사, 기술, 혹은 가치에 관련해서 어떻게 "그 시대와 함께 하는 것"이 되는가? 당신은 예배가 컨템포러리가 될 수 있는 다른 방법을 생각할 수 있는가?

* 존 윔버목사는 그의 교회에서 음악/찬양을 발전시키는데, 적극적으로 참여했으나, 그렇지 않은 때도 있다. 그래서, "워십 리더"라는 말은 통상적으로 음악인들을 의미하게 되었다. 이런 용어(terminology)의 발전이 워십에서 목사와 음악인들의 역할에 대해서 무엇을 말하고 있는가?
* 빈야드 워십에서 중요한 바람(desires) 가운데 하나는 하나님에 대해서 찬양할 뿐만 아니라 하나님에게 찬양하는 것이다. 옛날 전통적 찬송가 가사들이 왜 하나님에 대해서만 말한다는 인상을 주게 되었나? 당신의 의견으로는 그런 인상을 받은 것이 사실인가?
* 빈야드 워십에서 하나님의 이미지와 결합하여 있는 것을 숙고하라. 당신이 발견할 수 있는 친밀하며, 사랑하시는 하나님의 이미지를 나타내는 예는 어떤 것들이 있는가? 또한, 당신이 발견할 수 있는 전능하시며, 능력이 많으신 하나님의 이미지를 나타내는 예는 어떤 것들이 있는가?

사람들과 문화 유산

* 우리의 몸이 무엇에 얽매이지 않고 자유롭게 찬양드리는 것이, 찬양드릴 때 찬송가나 가사가 인쇄된 종이를 손에 들지 않고 부르는 데서 오는가? 육체적으로 자유롭게 표현하며 찬양드리기 위한 그밖에 다른 방법은 없을까?
* 만일 당신이 찬양드리며 외부적으로 표현하는 교회에서 예배드린다면, 몇몇 사람들이 먼저 몸으로 표현하며 찬양드리고, 그다음에 다른 사람들이 따라 하는 것을 본 경험이 있는가? 빈야드 회중이 찬양하는 사진에서 그것이 사실이라고 생각하는가? 이런 경우 남자들이 먼저 일어나서 몸으로 표현하며 찬양드리는 것처럼 보이는데 – 이것이 놀라운가?
* 초기 빈야드 출판물 중의 표지에는 구약성서의 인물들이 찬양드리는 모습을 그림으로 보여준다. 크리스천들이 신, 구약성서에 있는 워십을 모두 성취하는 것처럼 생각하게 하는 것이 중요하다고 생각하는가? 왜? 혹은 아닌가?

워십 환경과 공간

* 당신이 이 사진들을 보면서, 당신은 이들 공간이 하나님께서 백성 중에 가까이 임재하시는 더 큰 임재감을 갖게 한다고 생각하는가? 혹은 하나님은 먼 곳에 계신 통치자라고 여기게 하는가?
* 경배 중에 음악인들의 위치가 회중 가운데 혹은 회중의 자리로부터 얼마간 떨어져 있는 것이 경험에 영향을 미친다고 생각하는가? 음악인들의 위치를 회중 가운데, 혹은 가까이 배치하는 것에, 유리한 점과 불리한 점은 각각 무엇인가?

* 이 회중은 처음에 가정에서 모여 예배드렸고, 후에도 예배 처소에 특별한 가구, 장식과 상징 등으로 "공들여 꾸민"(fussiness) 것들이 많이 없는 공공건물에서 예배드렸다. 그런 환경을 통해 얻은 것은 무엇이며, 잃은 것은 무엇인가?

워십의 설명

* 초기 빈야드의 예배자들이 하나님께 친밀한 찬양을 부르는 동안 그분의 임재 안에 있다는 의식으로 아주 가깝게 연결된 것이 당신을 놀라게 하는가? 당신은 어떤 종류의 기대감이 풍성한 경배를 드리게 한다고 생각하는가?
* 애나하임 빈야드와 비교해 볼 때, 당신의 교회는 워십 중에 성령에 대하여 더, 혹은 덜 강조하는가?
* 애나하임 빈야드의 많은 예배자는 하나님을 만나려는 생생한 기대감을 가지고 워십에 참석한다고 말한다. 당신은 어떤 기대감을 가지고 예배에 임하는 것이 예배를 잘 준비하는 중요한 요소가 된다고 생각하는가?
* 존 윔버를 포함해서 뮤직(찬양 음악)을 통해 경배드리는 것이, 처음 참석하는 어떤 사람들에게 갈등을 겪게 했다는데, 이것이 당신을 놀랍게 만들었나? 처음 참석하는 사람들에게 어떤 것이 그들에게 갈등을 겪게 했다고 생각하는가?

찬양 순서와 가사 주제

* 본서에서 언급한 찬송 중에서 당신은 얼마나 많은 찬송을 알고 있었나? 어떤 찬양은 짧은 기간 동안 불려졌고, 어떤 찬양은 오랫동안 불렀는데 – 무엇이 찬양송의 "수명"(shelf life, 저장 수명)을 결정한다고 생각하는가?
* 당신의 생각에 "컨템포러리 워십"의 송 레퍼토리가 너무 자주 변한다고 생각하는가? 아니면 그렇게 자주 변하지 않는가? 당신의 회중의 송 레퍼토리를 변화시키거나 혹은 같은 송 레퍼토리를 계속 유지하기 위한 그에 합당한 이유를 댈 수 있는가?
* 이들 많은 노래가 여러 번 반복하는 단순한 가사로 되어 있다. 교회가 아닌 곳에서 불러지는 노래 중에서 이렇게 반복이 많고, 단순한 가사로 된 노래들을 생각해 낼 수 있는가? 이런 종류의 노래들이 무엇을 말하는가? 예를 들면, 노래 부르는 동안 움직이기가 더 쉬운가, 혹은 만일 당신이 가사 인쇄물을 받지 못한 경우에도, 그 노래를 배우기가 더 쉬운가? 그런 노래들의 다른 힘은 무엇인가? 무엇이 이런 노래들이 힘을 잃게 될 수 있게 하는가?

설교

* 존 윔버는 설교하는 동안 사교적이면서 매력적인 인간성을 드러냈다. 당신의 의견에, 그의 설교를 듣는 사람들이 그의 담대한 내용을 듣고 쉽게 깨닫게 되었는데, 어떻게 윔버의 개성이 이런 영향을 주었다고 생각하는가?
* 윔버는 정기적으로 예배자들에게 워십은 그들에게 대한 것이 아니라, 하나님께 대한 것이라고 상기시켰다. 무엇이 예배자들이 워십은 그들에 대한 것으로 생각하는 함정에 계속해서 빠지게 할 수 있는가? 그것은 죄 많은 성품인가? 워십에 가져온 소비자 태도인가? 어쩌면, 심지어 빈야드 워십 서비스(예배) 속에 조성된 것인가?
* 본서에 제시된 설교를 근거로, 만일 당신이 윔버의 설교에서 중요한 점을 요약해야 한다면, 무엇이 그의 설교의 중요한 점이라고 생각하는가?

경배의 신학

* 워십에 관한 윔버의 가르침은 워십은 그녀의 혹은 그의 삶의 모든 면에서 전 인격이 참여해야 한다고 반복적으로 강조했다. 왜 모든 인격이 포함하는 그와 같은 워십을 드리기가 어려운가?
* 당신은 "컨템포러리 워십"이 음악인들에게 특별한 사항을 요구하고, 또한 그들에게 특별한 위험을 준다고 생각하는가? 그렇다면, 그것이 무엇인가?

왜 애나하임 빈야드의 워십을 연구하는가?
다른 학문과 관심 분야를 위한 가이드

기독교

만일 여러분이 전반적으로 하나의 종교로서의 기독교에 관심을 두고 있다면, 애나하임 빈야드는 아래 사항들을…. 이해하는 데 도움이 된다.

* 미국 상황에서 어떻게 대중적 신앙 운동이 발생하는가?
* 원초 주의(primitivism, 과거의 소박함을 존중하는 처지, 본서에서는 성서적 교회를 재현하려는 욕망)와 실용주의(pragmatism, "따르는 표적" 등 종교적 체험을 재현하려는 욕망)가 종종 이들 미국의 신앙 운동의 특성을 나타낸다. 특별히 미국에서 일어난 오순절주의와 그 파급 효과로 생겨난 운동들[1]에서 그렇다.
* 복음주의 크리스천들 사이에 전형적으로 나타나는 예수 그리스도에 대한 높은 수준의 헌신.
* 만일 새로운 음악 형태를 험담하는 사람들이 새로운 워십 음악이 대중음악의 특성을 가졌다며 악마의 음악이라고 악평하며 배척할 때, 어떻게 워십 그 자체가 "문화 전쟁"(cultural wars)의 한 싸움터가 될 수 있는가?

이런 전반적인 종교적 문제들을 근거로, 아래에 토의를 위한 질문사항을 제시한다.

* 역사가 나단 햇츠(Nathan Hatch)는 기본적인 미국의 민주주의 문화가 전통을 고수하는 교권의 형식적 제약으로부터 자유하는 풀뿌리(grass-roots) 신앙 운동이 일어나는 것을 허용한다고 말했다.[2] 빈야드 운동이 강력한 풀뿌리 목사에 의해 주도된 그런 "대중적" 신앙 운동으로 성공한 또 하나의 실례가 되는가?
* 여러분은 이제 빈야드 회중이 1세기 초대교회의 삶과 능력을 재현시키려고 노력하고 있었다고 생각하는가? 그리고 여러분은 언제 빈야드가 확실하게 크리스천이 되는 미국인의 방법을 드러냈다고 생각하는가?
* 왜 복음주의자들은 특별히 자주 예수 그리스도에게 애정을 쏟으며 하나님에게 헌신적 신앙을 나

---

1) 원시주의(primitivism)와 실용주의(pragmatism)는 Grant Waeker가 쓴 *Heaven Below: Early Pentecostals and American Culture*에서 언급된 분류다(Cambridge: Harvard University Press, 2001).
2) Nathan Hatch, *미국 기독교의 민주화(The Democratization of American Christianity)*, (New Heaven: Yale University Press, 1989).

타내는가?
* 만일 우리가 팝 혹은 록 뮤직 자체가 본질적으로 반항적이라고 여긴다면, 누가 이런 음악 형태에 근거한 워십을 발전시켰다고 해서, 어떻게 그 사람이 위협을 받을 수 있을까?

크리스천 워십

만일 여러분이 워십에 전반에 걸쳐 관심을 두고 있다면, 애나하임 빈야드는 아래 사항들을…. 이해하는 데 도움이 된다.

* 개신교 예배 순서를 다시 정하는 것으로, 예배를 시작할 때, 여러 곡의 찬양을 연속적으로 드리기 위해 찬양시간을 연장한다.
* 음악을 이런 방법으로 사용하는 데 대한 하나의 신학적 근거를 준다.
* 목사들이 아니라 – 널리 쓰이는 말로 음악인들이 "워십 리더들"이라고 알려지게 된 이유다.
* 단순한 가사를 가지고 풍성한 감정을 표현하며, 하나님(혹은 그리스도)에게 직접 말하는 이 찬양의 역할은 워십을 드리면서 하나님의 임재 안에 거하는 강한 의식을 개발하였다.
* 컨템포러리 워십 자료 중의 하나
* 워십의 의미가 고정된 예배 순서의 구조, 순서가 적힌 인쇄물과 성례의 상징 때문에 창출되지 않고, 어떤 교회에서는 신앙의 체험을 불러일으키는 다른 방법에 따라 워십의 의미가 더 많이 창출된다.
* 카리스마틱운동(1960년대 중반 이후 미국 주류교회에서 일어난 은사 운동 – 역자 주) 혹은 퀘이커 영적 전통(17세기 영국에서 일어난 신앙 운동, 교회사가들은 그 운동의 주창자, 조지 폭스를 위대한 영웅이라고 말한다. – 역자 주)의 영향으로 워십 중에 성령이 직접 운행하시며, 역사하시는 것을 강조하는 것을 어떻게 재도입할 수 있었을까?

이런 전반적인 워십 문제를 근거로, 아래에 토의를 위한 질문사항을 제시한다.

* 왜 애나하임 빈야드 회중에서 "워십"이란 말이 때때로 찬양 혹은 뮤직(음악)을 일컫는 동의어로 사용되는가?
* 왜 애나하임 빈야드 회중에서 어떻게 뮤직이 사용되는가에 대한 신학적 혹은 성서적 근거를 제공할 필요가 있는가? 이유는: 웜버가 워십의 5단계를 말하면서 신학적으로 설명을 하는데. 그 장점들이 무엇인가?
* 왜 빈야드 경배자들은 종종 하나님의 임재의 느낌을 친밀한 사랑의 찬양을 직접 그분에게 드리는 능력과 밀접하게 연관 지었는가? 하나님께서는 그들의 사랑의 언어(혹은 표현)에 응답하셨는

가? 혹은 찬양 그 자체의 특성 안에 깊은 깨달음을 갖게 하는 요소가 있었는가?
* 지난 몇십 년간 "컨템포러리 워십"에서 재현된 것으로 보이는 애나하임 빈야드 회중의 워십에서 여러분은 무엇을 보았는가? 여러분의 의견으로는, 이렇게 후에 재현하고 충만케 하는 것이 애나하임 빈야드의 능력과 신선함을 계속 유지했다고 생각하는가? 아니면 그 능력과 신선함이 그들 자신의 새로운 "전통"의 형태로 스며들었다고 생각하는가?
* 음악 스타일에 관한 문제를 넘어, 좀 더 "의전적으로"(liturgical) 예배드리는 방법에 익숙한 관찰자들이 어떻게 빈야드 워십의 장점들을 놓칠 수 있을까? 반대로 빈야드 워십이 어떻게 전통적이고 의전적인 예배방식을 놓칠 수 있을까?[3]
* 이 회중의 워십에서 성령의 임재 역사함을 강조하는 것이, 예배에 임하는 예배자의 기대감과 어떻게 연결되었나?

전도와 제자도

만일 여러분이 전도와 제자도에 관심을 두고 있으면, 애나하임 빈야드는 아래 사항들을…. 이해하는 데 도움이 된다.

* 베이비 부머들에게 매력적인 교회로 발전시키기 위한 새로운 "공식"(formula, 처방)이 생겨남: 팝 뮤직 악기 사용, 회중이 새로운 표현을 하는 찬양으로 연장된 시간 동안 찬양드리기와 확실히 성서적이며 교리적인 가르침의 설교.
* 메가 처치의 초기 단계들
* 신약성서에 나타난 "표적과 기사"의 역할, 즉 치유와 같은 은사로 하나님의 능력을 강력하게 나타냄과 빈야드의 기도 사역을 통해 말로만 전달된 복음을 보완함.

이런 전도와 제자도의 문제를 근거로, 아래에 토의를 위한 질문사항을 제시한다.

* 애나하임 빈야드와 유사한 교회들의 어떤 특성이, 이런 형태의 기독교가 매우 많은 사람에게 호감을 주며 자연스럽게 수용하도록 만드는가?
* 여러분은 소그룹과 뒤에서 모이는 또 다른 모임에서 발생하는 소셜 네트워킹이 예배 중에 발생하는 공공사역을 보완하는데 어떤 복음 전도자의 역할을 생각하는가?
* 여러분은 "하나님께 직접 말하는 사랑의 찬양"과 "표적과 기사"가 극적으로 나타나는 것이 결합되어, 이것이 하나님의 내재성과 초월성 사이에 어떤 균형(혹은 긴장)을 조성한다고 생각하는가?

---

3) Melanie Ross의 "요셉의 반바지를 찾아감(Joseph's Briches Revisited)": Reflections on Method in Liturgical Theology(예전 신학에서 방법에 관한 고찰), *Worship* 80, no. 6, 2006년 11월: 528–50을 보라

영성

여러분이 만일 영성에 관심을 갖고 있다면, 애나하임 빈야드는 아래의 사항들을 이해하는 데 도움이 된다.
* 개인적으로 경배를 드리면서 하나님과 대화하는 것만이 아니라, 공동 예배의 중요한 부분으로 "하나님과 인티머시"를 강조함.
* 워십 중에 하나님의 임재 의식을 조성하기 위해 회중 찬양에 의지함.
* 녹음된 음악을 쉽게 사용하게 되므로, 개인적으로 공동 예배 경험을 계속해서 재현할 수 있게 됨.
* 역사적으로 복음주의 크리스천 가운데 예수 그리스도에 대한 전형적인 헌신의 고양.

이런 영성 문제들을 근거로, 아래에 토의를 위한 질문사항을 제시한다.

* 빈야드가 하나님과의 친밀한 사귐의 이미지를 표방하는 것과 전에 크리스천 영성사에서 감각적이고 로맨틱한 표현을 했던 것 사이에 어떤 점들이 계속되고 있으며, 어떤 점들이 계속되지 않고 있나?
* 워십 뮤직과 하나님의 임재 사이의 밀접한 관계가 음악을 새로운 종류의 "성례"가 되게 하는가?[4]
* 왜 복음주의자들은 예수 그리스도에 특별히 애착하므로, 자주 그들의 종교적 헌신을 하나님께 표현하는가? 개인적인 구원의 체험이 구세주에 대한 헌신의 애착으로 나타나는 데 결정적 역할을 하는가?

설교하기

만일 여러분이 설교하는 데 관심을 갖고 있다면, 애나하임 빈야드는 아래의 사항들을 이해하는 데 도움이 된다.

* 분명히 강해 설교하는 스타일에서 어떻게 "설교자"와 "교사"가 밀접하게 연관될 수 있는가?
* 사람들에게 적합하고, 건전한 신학과 깊이 성서에 초점을 두는 것을 결합하는 설교.
* 커뮤니케이션 다이내믹스(communication dynamics, 활기찬 전달).

설교하는 이런 문제들을 근거로, 아래에 토의를 위한 질문사항을 제시한다.
* 설교와 가르치는 것 사이에 어떤 차이가 있는가? 설교나 강의를 들었을 때, 그것이 설교인지, 강

---

4) 그렇게 되었다고 시사하는 것을 알기 위해 Swee Hong Lim과 Lester Ruth가 공동 집필한 *Lovin' on Jesus: A Concise History of Contemporary Worship*(예수님을 친밀히 사랑하기: 컨템포러리 워십의 간추린 역사), (Nashville: Abingdon Press)의 8장을 보라. (본 컨템포러리 목회원에서 번역 출판 준비 중.)

의인지를 어떻게 알 수 있나?
* 여러분은 윔버가 다음의 어떤 사항을 가장 용이하게 다루었다고 생각하는가: 성서, 신학 혹은 그의 청중을 이해시키는 것?
* 설교자가 회중과 일치하는 조화감(a sense of rapport)을 조성하는 것이 얼마나 중요한가? 이런 관계를 발전시키는 데 실패하거나, 그런 관계를 지나치게 개발하는 두 경우에서 오는 위험은 무엇인가?

교회사

만일 여러분이 교회사에 관심이 있다면, 애나하임 빈야드는 아래의 사항들을 이해하는 데 도움이 된다.

* 카리스마틱 갱신 운동의 영향을 받은 새로운 교회에서 잘 알려진 표현.
* 카리스마틱 갱신 운동에 영향을 받은 새로운 교회가 어떻게 전통적 오순절주의와 구별되는 자세를 취하는가?
* 자생적으로 발생한 새로운 형태의 음악은 형식에 얽매인 교회구조를 가로질러 간다. 이때 복음주의적 대중의 종교성(혹은 신앙심)이 그런 새로운 음악 형태에서 어떻게 표현되어야 하는가?
* 애나하임 빈야드는 캘리포니아주 남부가 새로운 복음주의 운동을 탄생시키는 역할을 하는 또 하나의 예가 된다. 그 역할은 오순절주의가 발생하므로 20세기 초에 시작되었다.
* 이런 교회사 문제들을 근거로, 아래에 토의를 위한 질문사항을 제시한다.
* 다이내믹(활기찬) 크리스천 갱신 운동은 시간이 지나면서 그들이 특별하고 고유한 특성을 정착시켜 계속 유지하려는 방법을 모색하는 것이 필요한가? 이것이 바람직한 발전인가? 혹은 바람직하지 않은 발전인가?
* 성령세례와 방언을 말하는 것에 대한 애나하임 빈야드의 가르침이 전통적 오순절주의자의 견해와 어떤 차이가 있는가?
* 음악을 기초로 한 "컨템포러리 워십"의 출현이 초교단적인 에큐메니즘을 구성하는 특별한 요소가 되는가? 어떤 의미에서 전통적 교단 교회들이 주일 예배에 새로운 예배를 도입하는 것이 부적절하다고 생각하는가? 어떻게 적용하고 도입하면 적절하게 인식될 수 있을까?
* 20세기 로스앤젤레스에서 아주사 거리(Azusa St.) 부흥과 오순절주의가 발생한 이래, 캘리포니아주 남부가 새로운 형태의 기독교를 반복해서 발전시키는 중심지 중의 한 사례가 될 수 있는가? 왜 그렇게 될 수 있는가? 혹은 왜 될 수 없는가?

종교사회학

만일 여러분이 종교사회학에 관심을 두고 있다면, 애나하임 빈야드는 아래의 사항들을 이해하는 데 도움이 된다.

* 20세기 후반에 동일한 사회적 신분을 나타내는 형태로 어떤 종류의 음악과 신분을 동일시하는 현상이 새로운 형태의 예배가 부상하면서 어떻게 교회로 들어오게 되었나?
* 베이비 부머들이 20세기 후반에 미국에서 발생한 새로운 형태의 예배와 교회에 참여함
* 그 기간에 출현한 여러 새로운 교회들이 어떻게 신학적으로 보수가 되면서, 또한 예배에서 문화적으로 진보적으로 되는 것을 조화시켰나?
* 민주주의 평등화가 평신도에 의한 더 큰 목회를 가능하게 하고, 그들이 더 쉽게 접근하게 해서 하나님을 깊이 경험하게 하는 미국인의 종교성(신앙심)이 되풀이해서 일어나는 현상의 한 예.
* 목사가 주도하는 교회 네트워크를 선호해서 교단 내 성직자의 수직적 계급 조직을 수평적으로 만들기.

이런 종교사회학 문제들을 근거로, 아래에 토의를 위한 질문사항을 제시한다.

* 어떻게 20세기 말에 예배 스타일로 싸운 "워십 워즈(worship wars)"가 어떤 면에서 초기에 세대 간의 다툼이 계속 일어날 수 있었나?
* 1977년에 애나하임 빈야드가 공식적인 교회로 시작할 때, 베이비 부머들의 연령대가 10대 후반에서 30대 초반에 해당한 것이 중요한가? 어떤 의미에서, "새로운 패러다임 교회"[5]의 발생을 이런 연령대의 세대가 출현한 탓으로 돌려야 하는가?
* 왜 (신학적으로 보수지만, 팝 문화 형태를 사용하는 진보적인) 애나하임 빈야드교회가 (신학적으로 자유적이지만, 예배에 팝 문화 형태를 사용하는데 보수적인) 전통적 주류 예전적(liturgical) 교회와 정반대인가?
* 대중적으로 인기 있는 목사임에도 불구하고, 애나하임 빈야드가 어떻게 많은 면에서 보통 "사람들의 교회"가 되었는가?
* "모 교회"(mother church)에서 생겨나는 목사가 주도하는(pastor-led) 교회 네트워크가 새로운 교단이 될 것인가?

---

5) Donald E. Miller, *Reinventing American Protestantism: Christianity in the new Millennium* (Berkeley and Los Angeles: University of California Press, 1977).

용어 해설

갈보리 채플(Calvary Chapel) 척 스미스(Chuck Smith) 목사가 목회했던 캘리포니아주 코스타 메사에 있는 교회로, 1960년대와 1970년대에 미국 내에서 일어난 젊은이들의 반문화(counterculture) 운동에 가담한 젊은이들을 대상으로 전도에 앞장섰던 교회다. 그 교회는 같은 이름을 가진 교회의 네트워크의 "모 교회"(mother church)가 되었다.

카리스마틱(Charismatic, 은사의) 오순절 타입의 기독교인데, 1960년 이후 주류교회 안에서 은사 운동이 생겨나 붙여진 이름으로, 전통적 오순절주의 교회와 표현에서 다른 양상을 띠었다. 카리스마틱 크리스천들은 오순절 운동의 영향으로 생겨났고, 이들도 성령충만과 성령으로 능력받는 것을 강조하며 성령의 은사가 개인 워십은 물론, 공동 워십에서도 나타나는 것을 기대한다(성령의 은사 혹은 신령한 은사는 원래 희랍어로 Charismata라고 부른다). 그러나 종종 방언을 강조하나, 항상 그런 것은 아니다.

카리스마틱 운동 혹은 카리스마틱 갱신 운동 본서에서는 1960년대와 그 후에 이 새로운 크리스천 운동과 교회에서 은사의 실행과 경건이 확산된 것을 가리킨다. 예를 들면, 비 오순절교인들 사이에 일어난 Jesus People Movement와 교회 활성화의 노력이다. 후자인, 교회 활성화의 경우에서 비 오순절교단 내에 은사주의 교인들이 모여 종종 그들의 영성을 확산시키기 위하여 조직을 만들었다. 예를 들면 감리교단에서 만들어진 the United Methodist Renewal Service Fellowship이다. 타 주류교단 내에서도 유사한 조직이 만들어졌다. 루터교, 성공회, 미국 장로교 등 자체 내의 성도들의 은사 활성화를 위한 교단내 조직체가 있어 활발히 움직인다.

교회 성장 운동(Church Growth Movement) 선교현장에서 숫자상으로 성공 혹은 실패를 결정하는 사회적 과정과 요인에 대한 연구조사를 기초로 해서 20세기 후반에 전도와 선교에 접근한 운동. 교회 성장 상담가들은 이 성장 원리의 전문가들로서 교회나 단체가 이 원리들을 이해하고 적용하는 것을 돕는다.

워십 5단계 존 윔버는 워십의 여러 진행 단계가 있는 것을 발견해서 그 단계를 설명한다. 특별히 예배 시작할 때 계속해서 드리는 찬양에서 발견된다. 여러 단계의 목적은 하나님과의 친밀한 사귐이고, 하나님을 존귀케 하는 행위로 사는 삶이다.

프렌즈(Friends) 퀘이커교인(Quakers)을 가리키는 좀 더 공식적인 이름으로, 그들의 기원은 17세기 영국에서 George Fox가 이끈 신앙 운동으로 생겨난 교인들을 말한다.

풀러신학교 캘리포니아주 파사데나에 위치한 초교파 복음주의 신학교. 그 학교 내에 세계선교대학원(School of World Mission)은 1960년대에 설립되었고, 교회성장 원리(Church Growth Principles)를 강조했다.

통역(Interpretation) 성령의 초자연적인 은사들 중의 하나로, 이 은사는 방언으로 전달된 메시지를 다른 예배자가 통역해서 온 회중이 이해하게 된다.

(하나님과의) 인티머시 "친밀, 친밀함을 나타내는 행위"란 뜻으로 빈야드 회중이 경배드리면서 하나님을 향해 바람직하게 추구하는 목적, 인티머시는 예배자와 하나님 사이에 강렬하게 느끼는 사랑의 상호 교환은 물론, 하나님과 밀접한 친교의 느낌이 드는 것을 말한다.

예수 사람들(Jesus People) 1960년대와 1970년대에 미국의 젊은 히피(Hippies)들이 반문화 운동을 일으켰는데, 그 운동 기간에 회심하여 기독교로 귀의한 젊은이들에게 주어진 이름.

예수 운동(Jesus Movement) 예수 사람들의 회심과 조직으로부터 발생한 기독교의 다양한 성분.

킨십 그룹(Kinship Group) 예배와 친교를 위해 가정에서 모이는 그룹을 일컬음.

메가 처치(Mega church) 매 주일 예배에 수천 명씩 모이는 대형 교회. 20세기 후반에 이런 교회들이 많이 생겨났다.

사역 시간(Ministry time) 빈야드 워십에서 흔히 예배 마지막 부분이나 세 번째 부분에 해당하는 시간에, 훈련받은 사역자들이 기도받기 원하는 사람들에게 기도 사역하는 시간이다. 때로 모여서 기도하기도 하는데, 오직 하나님의 성령에 의지해서 기도하고, 성령이 역사하기를 위해 기도하며, 때로 하나님의 응답을 기다린다.

오순절주의자(Pentecostal, 오순절 교인) 기독교의 한 형태로 20세기 초부터 생겨난 교인들에게 붙여진 이름인데, 이유는 이들이 사도행전 2장 오순절 때 일어난 성령의 능력과 현상을 회복했기 때문이었다. 이들은 특별히 성령충만과 사도행전에 나타난 "성령세례"(Baptism in the Holy Spirit)라 부르는 정상적 체험을 강조한다. 또한, 성령받은 증거로 방언을 강조한다. 오순절주의자들은 또한 성경에 나타난 다른 신령한 은사들이 나타나는 것도 확증한다.

능력 전도(Power Evangelism) 존 윔버가 만들고(coined) 주장한 말로, 치유와 기적 등에 의해 촉진된 회심을 가리킨다. 말로만의 전도가 아닌, 성령의 능력과 함께 전도하는 전도다.

예언(Prophecy) 개인이나 공공 예배 중에 나타나는 초자연적인 신령한 은사들 중의 하나. 이 은사를 통해 성령은 한 개인에게 메시지를 주면, 그 메시지를 받는 사람은 다른 사람에게 메시지를 전한다. "예언의 말씀"은 성령께서 주신 메시지를 가리키는 다른 명칭이다.

퀘이커(Quaker) 위의 "프렌즈"(Friends)를 보라.

표적과 기사(Signs and Wonders) 윔버와 다른 사람들이 성령의 임재 능력으로 나타나는 모든 초자연적인 현상을 언급하는 말.

영으로 노래하기(Singing in the Spirit) 방언으로 노래하기.

방언으로 말하기(Speaking in tongues) 본서에서는, 성령이 초자연적으로 준 언어로서 보통 사람들의 귀로 알아들을 수 없다. 방언으로 말하는 것은 글로소라리아(glossolalia)라고 알려졌는데, 이 말은 신약성서에서 나오는 희랍어로서 방언 혹은 언어를 뜻한다. 이 체험을 강조하는 사람들에겐 사도행전과 고린도 전서가 중요한 성경이다. 사도행전의 어떤 실례는 주위에 있던 구경꾼들도 알아들을 수 있는 언어로 방언을 말했다.

신령한 은사(Spiritual Gifts) 성령의 능력과 하나님의 사랑이 초자연적으로 나타나는 것인데, 종종 워십/찬양 중에도 나타난다. 신약성서에 나오는 다른 은사 목록에는 예언, 방언, 방언 통역, 치유 등 다른 성령의 은사들이 포함되어 있다. 본서에서는 때때로 단순히 "은사"라고 칭했다.

방언(Tongues) 위의 "방언으로 말하기"를 보라.

지식의 말씀(Word of Knowledge) 성령이 다른 사람의 상태나 환경에 대한 지식을 어떤 사람에게 알려주는 초자연적인 통찰.

워십(Worship) 빈야드에서 흔히 쓰는 말로, 음악을 통해 하나님께 찬양을 드리거나 칭송을 하는 것. 때때로 빈야드에서 그 말은 예배를 시작하면서 연장된 시간에 회중 찬양을 드리는 것과 동의어가 된다.

추가 연구를 위한 도서 추천

(* 영문 제목을 삭제하지 않은 것은 혹시 독자들이 원래 영문자료를 찾을 때 도움을 드리기 위함입니다. – 역자 주)

도서, 논설 기사, 학위 논문과 출판된 자료들:

우리의 뿌리로 돌아가자: 빈야드 이야기, 캐롤 윔버와의 대담(Back to Our Roots: Stories of the Vineyard)(as told by Carol Wimber). DVD. "그 일을 행하기"(Doin' the Stuff, 즉, 신약성서에 예수님과 사도들이 행하신 하나님 나라의 복음을 전하며, 병든 자를 고치고, 귀신을 쫓아내고 가난한 자를 돕는 일 – 역자 주), 2006.(* 본 컨템포러리 목회원에서 "빈야드 30년 이야기"라는 제목으로 책과 한글 자막을 넣은 DVD를 출판하였음. 21CMI.com을 방문하십시오. – 역자 주).

Dawson, Connie. "John Wimber: A Biographical Sketch of His Life and Ministry in America."(존 윔버: 미국에서 그의 삶과 사역에 대한 자서전적 스케치) Ph.D. diss., Regent University, 2012.

Fromm, Charles E. "Textual Communities and New Song in the Multimedia Age: The Routinization of Charisma in the Jesus Movement."(성경 본문에 의거한 공동체와 멀티미디어 시대의 새 노래: Jesus Movement에서의 은사의 일상화) Ph.D. diss., Fuller Theological Seminary, 2006.

Horizons: *Vineyard's Past, Present & Future(전망: 빈야드의 과거, 현재와 미래)*. DVD. Sttafford, TX: Vineyard Resources(빈야드 자료).

Horton, Kenneth F. "The Vineyard Movement and Eschatology: An Interpretation."(빈야드운동과 종말론: 하나의 해석) Ph.D. diss., Dallas Theological Seminary, 1999.

Hunt, Stephen. "The Anglican Wimberities."(영국 성공회가 윔버병에 걸리다). *Pneuma* 17, no.1(1995): 105-18.

_____--. "Doin' the Stuff: The Vineyard Connection"(그 일을 행하기). In *Charismatic Christianity: Sociological Perspectives(은사주의 기독교에서: 사회학적 견해)*. edited by Stephan Hunt, Malcolm Hamilton and Tony Walter, 77-96. New York: St. Martin's Press, 1977.

Ingalls, Monique Marie. "Awesome in this Place: Sound, Space and Identity in Contemporary North American Evangelical Worship."(놀랍도다 이곳이여: 컨템포러리 북미 복음주의 워십에서의

음향, 공간과 정체성). Ph.D. diss., University of Pennsylvania, 2008.

Jackson, Bill. *The Quest for the Radical Middle: A History of the Vineyard*(급진적 중간을 추구함: 빈야드의 역사). Cape Town: Vineyard International Publishing, 1999.

_____. "A Short History of the Association of Vineyard Churches."(빈야드교회 연합회의 간략한 역사). In *Church, Identity and Change: Theology and Denominational Structures in Unsettled Times*(교회, 정체성과 변화에서: 불안정한 시대의 신학과 교단의 구조에서), edited by David A. Roozen and James R. Nieman, Grand Rapids: Eerdmans, 2005.

Koenig, Sarah. "This is My Daily Bread: Toward a Sacramental Theology of Evangelical Praise and Worship."(이것이 나의 일용할 양식이다: 복음주의 찬양과 경배의 성례의 신학을 향하여). *Worship* 82, no. 2 (March 2008): 141-61.

Labanow, Cory E. *Evangelicalism and the Emerging Church: A Congregational Study of a Vineyard Church*(복음주의와 최근에 생겨난 교회: 빈야드교회의 회중에 관한 연구). Farnham and Burlington: Ashgate, 2009.

Luhrmann, T. *When God Talk Back: Understanding in America Evangelical Relationship with God*(하나님께서 응답하실 때: 하나님과 미국 복음주의의 관계를 이해하기). New York: Alfred A. Knopf, 2012.

Miller, Donald E. *Reinventing American Protestantism: Christianity in the New Millennium*(미국 개신교를 재창조하기: 새 천년 시대의 기독교). Berkeley and Los Angeles: University of California Press, 1997.

Nathan, Rich, and Ken Wilson. *Empowered Evangelicals: Bringing Together the Best of the Evangelical and Charismatic Worlds*(능력받은 복음주의자들: 복음주의와 카리스마틱 세계에서 가장 좋은 것을 함께 취함). Ann Arbor: Vine Books, 1995.

Nekola, Anna E. "Between This World and the Next: The Musical 'Worship Wars' and Evangelical Ideology in the United States."(이 세상과 저 세상 사이: 음악의 '예배 전쟁'과 미국에서의 복음주의 관념). 1960-2005. Ph.D. diss., University of Wisconsin Madison, 2009.

_____. "U.S. Evangelicals and the Redefinition of Worship Music."(미국 복음주의자들과 워십

뮤직의 재정의). In *Medidating Faiths: Religion and Socio-Cultural Change in the Twenty-First Century*(신앙을 전달하기: 21세기 종교와 사회- 문화적 변화에서). edited by Michael Bailey and Guy Redden. Burlington: Ashgate Publishing Co.. 2011.

Park, Andy. "The Birth of Worship Movement"(워십 운동의 탄생). In *To Know You More: Cultivating the Heart of the Worship Leader*(당신을 더 알기 위하여: 워십 리더의 심성을 계발하기) Downers Grove, IL: InterVarsity Press, 2002.

Perrin, Robin Dale. "Signs and Wonders: The Growth of the Vineyard Christian Fellowship."(표적과 기사: 빈야드 크리스천 휄로우쉽의 성장). Ph.D. diss., Washington State University, 1989.

Redman, Robb. *The Great Worship Awakening: Singing a New Song in the Postmodern Church*(워십 대각성: 포스트모던 교회에서 새 노래로 찬양하기). San Francisco: Jossey-Bass, 2002.

Vineyard Roots Explained(빈야드 뿌리를 말한다).DVD. Yorba Linda: Vineyard Resources Center, 2012.

Williams, Don. "Theological Perspective and Reflection on the Vineyard Chiristian Fellowship."(빈야드 크리스천 휄로우쉽에 대한 신학적 전망과 회고). In *Church, Identity, and Change: Theology and Denominational Structures in Unsettled Times*, edited by David A. Roozen and James R. Nieman, Grand Rapids: Eerdmans, 2005.

(* 단 윌리암스는 프린스턴대학교 및 신학교를 마치고 컬럼비아대학교에서 신약신학으로 Ph.D를 받은 신학자로 13권의 학문적 저서를 집필했고, Jesus People Movement 당시 헐리우드 제일장로교회를 섬기며 헐리우드 거리에서 히피들을 전도했고, 풀러신학교, 클레몬트신학교 등에서 가르쳤다. 그는 미국 장로교(PCUSA) 목사였으나 후에는 샌디아고 북쪽에 빈야드교회를 개척, 크게 성장시켰다. - 역자 주)

Wimber, Carol, *John Wimber: The Way It Was*(존 윔버: 그것은 길이었다). London: Hodder and Stoughton, 1999. (부인 캐롤이 쓴 일종의 목회 일대기, '그 모두 예수님이 하셨습니다'라는 의미 - 역자 주)

Wimber, John. *Healing Seminar*(치유세미나 / 풀러신학교에서 한 학기 동안 가르친 것을 녹화한 것, DVD 8-DVD set Stafford, TX: Vineyard Resources, 2008. (본 컨템포러리 목회원에서 한글 자막으로 출판, 21cmi.com을 방문하십시오. - 역자 주)

_____--. *Signs, Wonders, and Church Growth(표적과 기사와 교회성장)*, 13-DVD set Stafford, TX: Vineyard Resources, 2008. (플러신학교에서 한 학기 동안 가르친 것을 녹화한 것. 본 컨템포러리 목회원에서 한글 자막으로 출판. 21cmi.com을 방문하십시오. - 역자 주)

_____. *Worship(워십)*, 5-DVD set Stafford, TX: Vineyard Resources(본 컨템포러리 목회원에서 한글 자막으로 출판. 21cmi.com을 방문하십시오. 이 외에도 윔버의 "신령한 은사", "하나님 나라" DVD가 한국 자막으로 출판되었다. - 역자 주).

_____-. "Zip to 3,000 in 5 Years."(5년간 0에서 3,000명으로 성장). *Christian Life* 44, no. 6 (October 1982): 19-23. (이후 5,000명으로 성장했고, 빈야드운동은 세계화되었다 - 역자 주)

Winds of Worship Conference at Anaheim 1 and 2. VHS tapes(애나하임교회에서 '워십의 바람' 컨퍼런스 테이프 I, II). Anaheim, CA Vineyard Music Group, 1996.

Work, Telford. "Pentecostal and Charismatic Worship."(오순절주의와 은사주의의 워십) In *the Oxford History of Christian Worship(옥스포드 교회음악사에서)*, edited by Geoffrey Wainwright and Karen B. Westerfield Tucker, 574-85. New York: Oxford University Press, 2006.

Zichterman, Joseph T. "The Distinctives of John Wimber's Theology and Practice with -in the American Pentecostal-Charismatic Movement."(미국의 오순절-카리스마틱 운동에서 존 윔버의 신학과 실행의 특색) Ph.D. diss., Trinity Evangelical Divinity School, 2011.

위의 출판되고 녹화된 비디오 자료 외에 추가적 정보를 원하는 독자들은 다음의 자료를 찾아보기 바란다.

The First Vineyard Album, recorded in 1982, was *All the Earth Shall Worship: Worship Songs of the Vineyard*(1982년에 최초로 녹음된 앨범, 온 땅이여 찬양할지어다: 빈야드 워십 송), released by Mercy Records.

Many clips of John Wimber speaking are available on YouTube.com
A variety of recordings and publications related to John Wimber and the Vineyard can be found for purchase at http://www.vineyardresources.com/equip/.
Many of the papers of John Wimber are found in the John Wimber Collection in the library archives at Regent University in Virginia Beach, Virginia(존 윔버와 빈야드에 관한 많은 자료를 버

지니아주, 버지니아 비치 소재 리전트대학교 내 도서관 기록 보관소에 있는 존 윔버 수집물에서 찾아볼 수 있다).

때로 존 윔버의 "표적과 기사"의 사역에 대한 토의가 그의 사역 안팎에서 일어났다. 다른 크리스천의 견해와 더불어 다양한 이슈에 대해서 사실적으로 취급한 것을 원하는 독자는 아래의 도서를 깊이 읽고 생각하기 바란다.

Grudem, Wayne A. *Are Miraculous Gifts for Today? Four Views(기적적인 은사들이 오늘을 위한 것인가? 4가지 견해)*. Grand Rapids: Zondervan, 1996.

(* 웨인 그루뎀은 조직신학 교수로 시카고 지역 트리니티 복음주의 신학교에서 가르쳤다. 그는 하버드대학교를 졸업하고 웨스트민스터신학교에서 M.Div. 학위를 하고 영국에 가서 공부했다. 그는 "신약성서에 나타난 예언 은사"로 Ph. D.를 받았고, 침례교 목사였으나 빈야드가 좋아서 시카고지역에서 빈야드교회를 2개나 개척, 크게 성장시켰다. 그가 쓴 "조직신학 서론"은 20세기 말 세계적 명저로서 한국어로도 번역되었다. 헌사에서 성령의 은사와 사역에 대해서 존 윔버의 가르침에 감사했다. – 역자 주)

Smedes, Lewis B., ed. *Ministry and the Miraculous: A case Study at Fuller Theological Seminary(목회와 기적적인 일: 풀러신학교 케이스 스터디)*. Pasadena: Fuller Theological Seminary, 1987.

사려깊고 확신에 찬 빈야드 변증을 아래 도서에서 찾아볼 수 있다.

Nathan, Rich, and Ken Wilson. *Empowered Evangelicals: Bringing Together the Best of the Evangelical and Charismatic Worlds(능력받은 복음주의자들: 복음주의와 카리스마틱 세계에서 가장 좋은 것을 함께 취함)*. Boise, ID: Ampelon Publishing, 1995 and 2009.

(* 리치 나단은 대학시절에 CCC 등 신앙 운동에 가입해서 활동했다. 후에 법과대학 교수가 되어 가르쳤으나, 그는 교수직을 접고 오하이오주 콜럼버스에서 빈야드교회를 개척, 10,000명 출석하는 메가 처치로 성장시켰다. 성령이 직접 역사하시고 선교하신 사도행전은 100% 복음적이요, 100% 은사와 능력이 충만한 교회였다. 빈야드교회를 20/21세기의 현대문화와 사상으로 이해, 적용하고 새 시대, 새 일로 역사하시는 하나님의 지혜를 따라 2000년 전 예수님과 사도들이 전하셨던 신약성서 교회를 회복시키려는 교회라고 할 수 있다. – 역자 주).

인용 도서

Authentic Worship in a Changing Culture(변하는 문화에서 확실한 예배). Grand Rapids: CRC Publications, 1997.

Barclay, Robert. *An Apology for the True Chirstian Divinity*(참된 크리스천 신성을 위한 사과), 1678.

Bergler, Thomas E. "'I Found My Thrill': The Youth for Christ Movement and American Congregational singing(나는 나의 스릴을 발견했다: 그리스도를 위한 청년운동과 미국의 회중 찬양), 1940-1970." In *Wonderful Words of Life: Hymns in American Protestant History & Theology*(놀라운 생명의 말씀: 미국 개신교 역사와 신학에서의 찬송에서), ed., by Richard J. Mouw and Mark A. Noll, 123-49. Grand Rapids: Eerdmans, 2004.

_____. *The Juvenilization of American Christianity*(미국 기독교를 젊게 하기), Grand Rapids: Eerdmans, 2012.

Black, Kathy. *Worship across Cultures: A Handbook*(워십이 문화를 교차한다: 핸드 북. Nashville: Abingdon Press, 1998.

Bloy, Myron B., Jr., ed. *Multi-Media Worship: A Model and Nine Viewpoints*(멀티 미디어 워십: 하나의 모델과 9가지 견해). New York: The Seabury Press, 1969.

Briggs, Kenneth A. "More Churches Quietly Forging Independent Paths"(더 많은 교회들이 조용히 독립교회로 나아간다). *New York Times*, May 10, 1981, 26.

Bugnini, Annibale. *The Reform of the Liturgy*(예배 의식의 개혁). 1948-1975. Translated by Mathew J. O'Connell. Collegeville, MN: Liturgical Press, 1990.

Bulter, Jon, Grant Wacker, and Randall Balmer. *Religion in American Life: A Short History*(미

국인의 삶에서의 종교: 간략한 역사). 2nd ed. Oxford and New York: Oxford University Press, 2011.

Di Sabatino, David. Frisbee: *The Life and Death of a Hippie Preacher(프레스비: 한 히피 전도자의 삶과 죽음)*. DVD. Garden Grove, CA: Jester Media, 2006.

_____. The Jesus People Movement: *An Annotated Bibliography and General Resources(예수 사람들 운동: 주석이 달린 관계 서적 목록과 종합적 자료)*. Lake Forest, IL: Jester Media, 2004.

_____. "The Unforgettable Fire: Pentecostals and the role of Experience in Worship"(잊을 수 없는 불: 오순절주의자들과 워십에서의 체험의 역할). *Worship Leader* 9, no. 6 (November/December 2000): 20–23.

Enroth, Ronald M., Edward E. Ericson, Jr., and C. Breckinridge Peters. *The Jesus People(예수 사람들)*. Grand Rapids: Eerdmans, 1972.

Fromm, Charles E. "Textual Communities and New Song in the Multimedia Age: The Routinization of Charisma in the Jesus Movement."(멀티미디어 시대의 성경 본문에 의거한 공동체와 새 노래: Jesus Movement에서의 은사의 일상화) Ph.D. diss., Fuller Theological Seminary, 2006.

Hamilton, Michael. "The Triumph of the Praise Songs: How Guitars Beat Out the Organ in the Worship Wars"(찬양 송의 승리: 워십 전쟁에서 어떻게 기타가 오르간을 물리쳤나). *Christianity Today* 43, no. 8 (July 12, 1999): 29–35.

Hatch, Nathan. *The Democratization of American Christianity(미국 기독교의 민주화)*. New Heaven: Yale Universjty Press, 1989.

Hunter, Geoge G. *Church for the Unchurched(불신자를 위한 교회)* Nashville: Abingdon Press, 1966.

Ingalls, Monique Marie. Transnational Connections, Musical Meaning, and the 1990s 'British Invasion' of North American Evangelical Worship Music(초국가적 연결, 음악의 의미와 북미 복음주의 워십 뮤직에 1990년대의 영국의 침략) In *the Oxford Handbook of Music and World*

Christianities(음악과 세계 기독교 핸드북에서), edited by Suzel Ana Reily and Jonathan Dueck, 425-48. Oxford and New York: Oxford University Press, 2016.

Jackson, Bill. *The Quest for the Radical Middle: A History of the Vineyard*(급진적 중간을 추구함: 빈야드의 역사). Cape Town: Vineyard International Publishing, 1999.

_____. "A Short History of the Association of Vineyard Churches."(빈야드교회 연합회의 간략한 역사). In *Church, Identity and Change: Theology and Denomnational Structures in Unsettled Times*(교회, 정체성과 변화에서: 불안정한 시대의 신학과 교단의 구조에서), edited by David A. Roozen and James R. Nieman, Grand Rapids: Eerdmans, 2005.

Johnson, Todd. "Disconnected Rituals: The Origins of the Seeker Service Movement"(끊어진 의식들: 구도자 예배운동의 기원). In *The Conviction of Things Not Seen: Worship and Ministry in the 21st Century*(보이지 않는 것에 대한 증거: 21세기 워십과 사역에서), edited by Todd E. Johnson, Grand Rapids: Brazos, 2002.

John Wimber Collection.(존 윔버 소장물) Accessed September 8, 2008. and August 24, 2016. (http://www.regent.edu/lib/special-collections/wimber-collection.cfm.)

Koenig, Sarah. "This is My Daily Bread: Toward a Sacramental Theology of Evangelical Praise and Worship."(이것이 나의 일용할 양식이다: 복음주의 찬양과 워십의 성례 신학을 향하여). Worship 82, no. 2 (March 2008): 141-61.

Lim, Swee Hong, and Lester Ruth. *Lovin' on Jesus: A Concise History of Contemporary Worship*(예수님을 사랑하기: 컨템포러리 워십의 간추린 역사). Nashville: Abingdon Press, Forthcoming, 2017(본 번역서가 출판될 때 이미 출판되었음 - 역자 주).

Long, Thomas G. *Beyond the Worship Wars: Building Vital and Faithful Worship*(워십 전쟁을 넘어: 생기 넘치는 신실한 예배를 확립하기). Bethesda, MD: The Alban Institute, 2001.

Miller, Donald E. *Reinventing American Protestantism: Christianity in the New Millennium*(미국 개신교를 재창조하기: 새 천년 시대의 기독교). Berkeley and Los Angeles: University of California Press, 1997.

Park, Andy. *The Worship Journey: A Quest of Heart, Mind and Strength(워십 여행: 마음, 생각과 능력을 추구함)*. Woodinville, WA: Augustus Ink Books, 2010.

_____. *To Know You More: Cultivating the Heart of the Worship Leader(당신을 더 알기 위하여: 워십 리더의 심성을 계발하기)*. Downers Grove, IL: InterVarsity Press, 2002.

Patterson, Ben. "Cause for Concern"(우려의 원인) In Tim Stafford, "Testing the Wine from John Wimber's Vineyard"(존 윔버네 포도원에서 나온 포도주 맛보기)에서. *Christianity Today* 30, no. 11(August 8, 1986), 20.

Pecklers, Keith F. *Liturgy: The Illustrated History(예전: 삽화를 넣은 역사)*. (Mahwah, NJ: Paulist Press, 2012)

Plantinga, Cornelius, Jr., and Sue A. Rozeboom. *Discerning the Spirits(영들을 분별하기): A Guide to Thinking about Christian Worship Today(오늘날 크리스천 워십을 생각하기 위한 가이드)*. Grand Rapids: Eerdmans, 2003.

Redman, Robb. *The Great Worship Awakening: Singing a New Song in the Postmodern Church(워십 대각성: 포스트모던 교회에서 새 노래로 찬양하기)*. San Francisco: Jossey-Bass, 2002.

Ross, Mealanie. "Joseph's Britches Revisited: Reflections on Method in Liturgical Theology"(요셉의 바지를 다시 찾아간다: 예전 신학 방법에 대한 고찰). *Worship* 80, no. 6 (November 2006): 528-50.

Ruth, Lester. "Lex Agendi, Lex Orandi: Toward an Understanding of Seeker Service as a New Kind of Liturgy"(예배가 신학을 낳는다: 새로운 종류의 예배로서 구도자 예배를 이해하기 위하여). *Worship* 70, no. 5, September 1996): 365-405.

Senn, Frank C. *Christian Liturgy: Catholic and Evangelical(크리스천 예배 의식: 카톨릭과 복음주의)*. Minneapolis: Fortress Press, 1997.

Smedes, Lewis B., ed. *Ministry and Miraculous: A Case Study at Fuller Theological Seminary(목회와 기적적인 일: 풀러신학교의 케이스 스터디)*. Pasadena, CA: Fuller Theological

Seminary, 1987.

Smith, Chuck and Tal Brooke, *Harvest*(추수). Costa Mesa, CA: The Word for Today, 1987.

Spinks, Bryan D. *The Worship Mall: Contemporary Responses to Contemporary Culture*(워십 상점가: 컨템포러리 문화에 대한 컨템포러리 반응). New York: Church Publishing, Inc., 2011.

Stafford, Tim. "Testing the Wine from John Wimber's Vineyard"(존 윔버네 포도원에서 나온 포도주 맛보기). *Christianity Today* 30. no. 11 (August 8, 1986), 17-22.

Steven, James. "The Spirit in Contemporary Charismatic Worship"(컨템포러리 카리스마틱 워십에서 성령). In *The Spirit in Worship – Worship in the Spirit*(워십 안의 성령 – 성령안에서의 워십에서), edited by Teresa Berger and Bryan D. Spinks, 245-59. Collegeville, MN: Liturgical Press, 2009.

Townend, Stuart. "The Musician in Revival"(부흥에서의 음악인). *Worship Together: A resource Magazine for Worship Leaders, Pastors, and Musicians* 10 (1994): 4-6.

Vineyard Roots Explained(빈야드 뿌리를 말한다). DVD. Yorba Linda: Vineyard Resources Center, 2012.

Wacker, Grant. *Heaven Below: Early Pentecostals and American Culture*(하늘이 이 땅에: 초기 오순절주의자들과 미국 문화). Cambridge: Harvard University Press, 2001.

Wagner, C. P. "Vineyard Christian Fellowship"(빈야드 크리스천 휄로우쉽). In *The New International Dictionary of Pentecostal and Charismatic Movements*, edited by Stanley M. Burgess et al. Grand Rapids: Zondervan, 2002.

Ward, Pete. *Selling Worship: How What we Sing Has Changed the Church*(워십을 판매하기: 우리가 부르는 찬양이 어떻게 교회를 변화시켰는가?). Bletchley: Partnoster Press, 2005.

What God Hath Wrought: Chuck Smith(하나님이 행하신 것: 척 스미스)*"the Father of the Jesus Movement"*(예수 운동의 아버지) DVD produced by Jurgen and Stscey Peretzki. Wedt Hills, CA: Screen Savers Entertainment, 2012.

(* 갈보리 채플의 척 스미스 목사가 로니 프리스비를 앞세워 젊은이들을 전도하고 그들을 돌본 것은 사실이다. 그가 처음부터 Jesus People Movement를 시작한 것도 아니다. 그 운동은 1960년대에 캘리포니아주 북부에서 히피들을 중심으로 시작해서 전국, 전 세계로 퍼졌다. 오늘날까지 다양한 영역에 큰 영향을 미치고 있다. – 역자 주)

White, James F. *Protestant Worship: Traditions in Transition*(개신교 예배: 과도기에 있는 전통들). Louisville: Westminster/John Knox Press, 1989.

_____. *Roman Catholic Worship: Trent to Today*(로마 카톨릭 예배: 트랜트에서 오늘까지). New York: Paulist Press, 1995

Williams, Don. "Historical Theological Perspective and Reflection on John Wimber and the Vineyard"(존 윔버와 빈야드에 대한 역사적 – 신학적 전망과 회고) Accessed July 4, 2008, January 16, 2013 and August 30, 2016. (http://www.regent.edu/lib/special-collections/wimber-collection.cfm.)

_____. "Theological Perspective and Reflection on the Vineyard Chirstian Fellowship."(빈야드 크리스천 휄로우쉽에 대한 신학적 전망과 회고). In *Church, Identity, and Change: Theology and Denomiational Structures in Unsettled Times*, edited by David A. Roozen and James R. Nieman, Grand Rapids: Eerdmans, 2005.

Wimber, Carol. "The Flame of God's Presence"(하나님 임재의 불꽃). In *The Way In Is the Way On(그분이 들어와 계속 머무신다.* 에서). Atlanta: Ampelon Publishing, 2006. (* "빈야드교회 처음부터 예수님이 오셔서 계속 머무시며 역사하셨다"라는 의미 – 역자 주).

Wimber, John. "Don't Lose Your First Love"(너의 첫사랑을 잃지 마라). In *The Ministry and Teachings of John Wimber* series(존 윔버의 사역과 가르침 시리즈에서), CD #310. Doin' the Stuff(그 일을 행하기). Vineyard Music Group, 2004.

_____. "Essence of Worship"(워십의 본질). In *The Ministry and Teaching of John Wimber* series, CD #311. Doin' the Stuff(그 일을 행하기). Vineyard Music Group, 2004.

_____. "The Life-Changing Power of Worship"(삶을 변화시키는 워십의 능력). In *All About Worship: insight and Perspective on Worship*(워십에 대한 모든 것에서: 워십에 관한 통찰과 전망), edited by Julie Bogart, Anaheim, CA: Vineyard Music Group, 1988.

_____. "Loving God"(하나님을 사랑하기). In *The Ministry and Teachings of John Wimber* series(존 윔버의 사역과 가르침 시리즈에서), CD #303. Doin' the Stuff(그 일을 행하기). Vineyard Music Group, 2004.

_____. "*The Way In Is the Way On*"(그분이 들어와 계속 머무신다): *John Wimber's Teachings and Writtings on Life in Christ*(그리스도 안에서의 삶에 관한 존 윔버의 가르침과 글). Atlanta: Ampelon Publishing, 2006.

_____. "Why Do We Worship?"(왜 우리가 경배드리는가?). In *The Ministry and Teachings of John Wimber* series(존 윔버의 사역과 가르침 시리즈에서), CD #9892. Doin' the Stuff(그 일을 행하기). Vineyard Music Group, 2004.

_____. "Worship: Intimacy with God"[워십: 하나님과의 인티머시(친밀함)]. In *Thoughts on Worship*(워십에 관한 고찰에서), edited by John Wimber. Anaheim, CA: Vineyard Music Group, 1996.

_____. "Zip to 3,000 in 5 Years."(5년간 0에서 3,000명으로 성장). *Christian Life* 44, no. 6 (October, 1982): 19-23.

Witvliet John D. "The Blessing and Bane of the North America Mega-Church: Implications for Twenty - First Century Congregational Song"(북미 메가 처치의 축복과 해독: 21세기 회중 찬양에 관련된 사항들), *Jahrbuch Fur Liturgick and Hymnologie*, 1988, 196-213

Work, Telford, "Pentecostal and Charismatic Worship."(오순절주의와 은사주의의 워십) In *the Oxford History of Christian Worship*(옥스포드 크리스천 워십 역사에서), edited by Geoffrey Wainwright and Karen B. Westerfield Tucker, 574-85. New York: Oxford University Press, 2006.

색인(Index)

갈보리 채플 24, 25, 26, 29, 30, 32, 36, 37, 42, 49, 50, 52, 59, 60, 65, 88, 93, 94, 109, 132, 144, 158, 168

캐논고등학교 25, 67, 68, 79, 90, 96, 97, 98, 111

카리스마틱(은사주의의) 28, 33, 37, 39, 52, 59, 61, 91, 95, 100, 112, 144, 163, 166, 168

교회 성장 22, 23, 33

컨템포러리 워십 17, 18, 19, 20, 23, 24, 26, 33, 107, 109, 158, 160, 161, 163, 164, 165, 166, 178

프렌즈(퀘이커, 형제교회) 24, 51, 52

로니 프리스비(Lonnie Frisbee) 30, 51, 59, 60, 76

풀러신학교 19, 22, 25, 29, 30, 32, 33, 50, 59, 65, 92, 93, 98, 151

켄 걸릭슨 25, 38, 49

치유 19, 20, 23, 24, 30, 33, 39, 54, 55, 56, 57, 58, 59, 60, 62, 63, 64, 73, 75, 82, 83, 95, 97, 98, 101, 102, 103, 134, 148, 151, 164

성령 17, 19, 23, 26, 28, 30, 32, 33, 39, 41, 42, 47, 48, 50, 52, 53, 54, 57, 58, 59, 60, 61, 62, 63, 64, 65, 66, 84, 85, 88, 89, 90, 94, 95, 96, 97, 99, 100, 101, 102, 103, 104, 112, 114, 115, 123, 124, 127, 128, 132, 134, 135, 136, 138, 139, 143, 145, 149, 155, 156, 157, 160, 163, 164

인티머시 35, 38, 39, 48, 53, 55, 61, 64, 65, 88, 89, 91, 94, 96, 103, 141, 146, 147, 148, 165

지저스 피플(예수 사람들) 23, 32, 37, 42

하나님 나라 24, 52, 62, 63, 63

능력 전도(Power evangelism) 41, 60

예언 23, 57, 62, 64, 85, 95, 125, 126, 143, 148

표적과 기사 24, 30, 41, 64, 151, 164

척 스미스(Chuck Smith) 23, 26, 32, 36, 59, 93, 132

방언, 방언 말함 9, 23, 28, 33, 59, 60, 62, 64, 95, 102, 112, 124, 125, 126, 127, 138, 166

신령한 은사 23, 26, 33, 39, 42, 48, 57, 58, 59, 125, 127

성령의 은사 26, 50, 59, 97, 112, 128

칼 터틀(Carl Tuttle) 17, 24, 29, 31, 38, 51, 56, 69, 75, 85, 87, 90, 91, 111, 137, 146

피터 와그너(Peter Wagner) 29, 59

캐롤 윔버(Carol Wimber) 24, 28, 38, 55, 58, 82, 84, 90, 92, 94, 102, 171

지식의 말씀 62, 65, 97

킨십 그룹 42, 58, 86, 127, 146

마라나타!뮤직 24, 29, 93, 109, 147

메가 처치 23, 33, 34, 164

거너 페인(Gunner Payne) 50

워십/경배의 단계(Phases of worship) 57

역자 후기

명문 듀크대학 신학부 예배학 교수인 레스터 룻은 20세기 말과 21세기 초 미국에서 발생하고 성장, 확산된 컨템포러리 워십과 뮤직에 조예가 깊은 학자이다. 그가 컨템포러리 워십의 대표적 교회인 빈야드교회의 초기 발전 상황에 주목하고 연구해서 저술한 본서는 현대교회사에 큰 가치를 갖고 있다. 이제 빈야드 스타일의 컨템포러리 워십과 음악은 전 세계 모든 교단 교회로 확산되었고 새로운 전통으로 확고히 자리매김하고 있다. 21세기에 주신 하나님의 큰 축복이다. 그는 빈야드교회를 가리켜 "경건주의에 뿌리를 두고, 새로운 기독교 역사를 창조했고, 계속 창조하고 있다"고 말했다. 남가주 USC의 도날드 밀러 교수는 빈야드를 가리켜 "미국 개신교회를 재창조하는 뉴패러다임 교회"라고 했고, 런던의 HTB교회의 샌디 밀러 목사는 "존 윔버는 제2의 웨슬리"라고 말했다.

독자 제현께선 전 세계 교회에 영향을 미친 빈야드교회의 초창기 생생한 이야기를 접하고 있다. 빈야드교회의 컨템포러리 워십과 뮤직이 왜 확고한 새로운 전통으로 자리 잡게 되었을까? 이는 빈야드가 역사적 개신교 신학과 성령의 능력과의 교차점에 서 있어, 양쪽의 best를 수용했고, 건전한 교회 전통과 현대문화의 다이나믹한 교차점에 존재하며 문화를 흡수하고 변화시키고 새로운 전통으로 승화시켰기 때문이다. 교회는 언제나 생동하는 문화와 만나 새로운 모습으로 나타났다. 이는 하나님의 섭리이다. 전문가들은 빈야드의 세계적 공헌에 대하여 다음과 같이 구체적으로 말한다.

1. 컨템포러리 워십 운동의 확산-세계화
2. 'Block Worship' Movement, 'Worship Set' Movement, 워십의 5단계 개발.
3. 'Intimacy Worship'의 확산(경배 신학의 발전)
4. 수 많은 Worship leaders, Worship team, Song writers, 음향 및 조명전문가 양산 – 이들의 기능, 역할의 증대와 가치, 그리고 신학화.
   * 제2의 컨템포러리 찬양의 황금시대를 열다. 빈야드교회에서만도 연간 1,500곡 이상 출시, 전 세계적으로 연간 약 4,000곡 출시.
   * 제1의 찬양의 황금시대는 – 18세기 영국의 왓츠와 웨슬리가 주도했다. 기록에 의하면 웨슬리는 약 7,000편의 찬양시를 썼다.
5. Signs, Wonders and Church Growth Movement(신약성서, 초대교회의 재현 운동)
6. Church Growth Movement
7. Church Plant Movement
8. Spiritual Gifts and Power Ministry 확산(전교인 사역자화 운동 – 이는 만인제사장설의 실현이다)
9. World Revival Movement(세계 부흥 운동) 촉발

* 영국 런던의 HTB 교회 부흥   * The Call 집회
   * Toronto Blessing 집회(700만 참석) – 12년간 주 5일 연속 집회
   * 브라운스빌 순복음교회 집회(500만 참석)   * IHOP 24시간 찬양과 기도운동
   * 프라미스 키퍼스 운동(남성만 2000만 명 참석)
   * 영국의 New Wine, Soul Survivor 운동(Team Hughes와 Math Redman이 주관하는 워십 컨퍼런스에 해마다 3-4000명 참석)

10. New Apostolic Movement(피터 와그너가 윔버를 통해 은혜받은 후 전개)
11. Inner Healing Movement(찰스 크래프트가 윔버를 통해 은혜받은 후 전개)
12. Independent Charismatic Church Network 운동 – 세계화
    윔버의 kids들이 전개하는 운동 – IHOP, Redding교회(CA), Harvest Rock교회, Chuck Pierce의 세계적 네트워크 전도운동 등)
13. Apostolic-Prophetic Movement[교회의 기초가 되는(엡 2:20)- 사도 예언자 운동]
14. 하나님나라 운동의 확산
    (하나님나라, 'already-but not yet'에 "Kingdom now"를 추가한다. 이는 오늘도 우리에게 말씀과 성령의 능력으로 임재하는 하나님나라의 나타남을 신학화, 사역화한 것이다 – 마 12:28, 고전 2:4-5, 4:20).
15. 새로운 스타일의 성경공부 – Alpha Course
    윔버를 통해 은혜받고 치유받은 영국 성공회 변호사 Nicky Gumbel(현재 HTB 담임목사)에 의해 개편된 12주 과정의 불신자, 초신자 성경공부 교재다. 2017년 현재, 167개 국에서 112개 언어로 번역되어 세계 거의 모든 교단에서 사용한다(천주교, 동방교회까지). 2,700만 명이 1차 코스를 수료했고, 미국에서만도 1년에 5,000여 교회가 새로 알파코스를 실시한다. 범교단적 세계 최대 성경공부 교재가 되었다. 아마도 2022년현재 족히 4,000만 명은 넘을 것이다.
16. 새로운 스타일의 Cell모임, 구역모임 등 – 지도자가 일방적으로 가르치고 끝내는 모임이 아니라, 토의하고, 사역하며 성령 안에서 영적 교제를 나눈다.
17. Healing Movement(치유 운동) – 치유 5단계 개발
    치유는 다양한 방법으로 일어난다. 윔버의 치유 5단계는 오순절 신학자들도 인정해서 그들의 사전에 등재되어있다.
18. Convergence 운동(역사적 다양한 교회운동의 연합)-한 말씀, 한 성령과 같은 찬양을 통하여.
    성령으로 신,구교가 하나되고(1960년대 말), 지금은 새로운 문화까지 흡수하여 워십과 찬양을 통하여 교회 밖 문화권의 새 시대 젊은이들까지 포용, 더 거대한 '하나'를 이루는 교회운동의 집합체를 형성하고 있다.
19. 구제 운동 – 남가주의 많은 교회로 확산되었다.
    역사적으로 초대교회로부터 오늘날까지 개교회 중심으로 많이 실시해왔다. 대표적 구제 운동으로 감리교에서 나온 구세군 운동이 있다. 빈야드는 '가난한 사람들을 돌보라'는 주님의 말씀에

순종해서 오늘날까지 매주 실시하고 있다. 윔버의 부인 캐롤도 매주 참여한다. 40여 년이 넘었다.

20. 컨템포러리 워십 사역에 관한 다양한 도서의 전성시대 주도

대표적으로 빈야드 워십 리더들, 영국의 Tim Hughes와 Matt Redman 등의 다양한 저서들.

21. 새로운 복음주의 영성의 확산

이는 하나님나라의 말씀과 능력으로 형성되는 Kingdom-minded 영성이다. 자연스러우나 초자연적 (naturally supernatural) 영성이며 사역이다.

3개월이면 빈야드교회를 다 배우겠다고 마음먹고 미국에 온 영국 성공회 신부 John and Eleanor Mumford 부부는 빈야드교회에서 6개월을 머물며 배우고, 그래도 미흡해서 1년을 더 머물고, 급기야 2년 동안 머물며 배웠다. 그리고 런던으로 돌아가 자기 집 거실에서 교회를 개척했고, 그 이후 교회를 100여 개나 개척하여 자립시켰다. 존 윔버와 빈야드 사역을 연구하고 쓴 석, 박사 학위 논문만도 20여 편이 넘는다. 앞으로 더 많은 학술적 논문이 써질 것이다. 본서의 저자인 레스터 룻은 빈야드교회의 연구를 위해 130여 권의 도서를 읽으라고 권한다. 현대에 들어와 이렇게 학술적 연구의 대상이 된 교회가 없다. 절대 간단하지 않다. 그만큼 신학적, 교회사적, 종교 사회학적, 문화 철학적 가치가 있기 때문이다. 컨템포러리 워십 뮤직에 관한 학술적 소논문(article)만도 23,140여 편에 이른다. 엄청나다. 미국에선 많은 대학과 신학교에서 석, 박사 학위 과정을 두고 이를 전문적으로 가르친다. 우리 하나님은 새 시대에 새 일을 기뻐 행하신다. 한국 교회는 그동안 큰 성장을 이루었으나, 일부에선 신학적, 목회적 비지성적인(anti-intellectual) 몽매주의(obscurantism)에 빠져 과거 지향성에 집착하는 양상을 띤다. 개혁자 루터의 가르침도 150여 년이 지나 명목론(nominalism)에 빠지게 되어 "죽은 정통"(dead orthodoxy)이라는 비난을 받고, 그들 가운데서 경건주의(Pietism)가 일어나 그 후 새로운 큰 부흥의 물결을 일으키지 않았는가?

윔버를 만나고 자기의 이야기를 겸손히 경청하는 윔버를 가리켜, 런던의 웨스트민스터 채플 담임목사인 켄달(R. K. Kendall)은 "높이 존경받는 하나님의 종"이라고 말했다(The Anointing, p.188). 일찍이 청교도 신학의 대표적인 학자인 제임스 패커 (J. Packer)는 말했다. "존 윔버는 우리 시대의 탁월한 크리스천 리더들 중의 하나다. 그는 역사적 개혁교회의 합리적 자료와 오늘날 신약성서 속의 기적을 재현하려는 오순절/카리스마틱 신학을 독특한 방법으로 융합했고, 이미 그가 상상할 수 없을 정도로 세계 교회에 널리 퍼진 그의 위대한 은사는 계속되고 있으며, 오늘도 기대감 속에 여전히 남아 있다"(VOV. winter 1988, p.28).

역자가 캐롤 윔버를 만났을 때 그녀는 말했다. "우리는 처음에 단순히 지치고, 마땅히 출석할 교회가 없는 6~7명의 중년의 크리스천들이 가정에 모여서 찬송 드리며, 기도하고, 위로하시는 주님을 의지했을 뿐이지, 무슨 일을 한다거나 무슨 운동을 일으킨다는 생각을 전혀 하지 못했습니다. 오늘날 우

리들의 찬양과 워십 스타일이 전 세계에 퍼질 줄을 상상조차 하지 못했습니다." 그러나 그때부터 성령은 그들 중에 임재하셨고 계속 머무시면서 역사하시고 인도하셨다. 그래서 그런 내용을 담아 웜버는 "The Way In is The Way On"이라는 책을 썼다.

'성경으로 돌아가자'는 말을 자주 듣는다. 따라서 인간이 만든 교리의 교회가 아닌 예수님과 사도들이 사역했던 신약성서의 교회를 재현 하는 것은 21세기 전도자의 사명이라고 믿는다. 오늘날 전 세계 교회에서 컨템포러리 워십 스타일로 컨템포러리 뮤직과 찬양으로 예배드리고 있다. 1994년 빈야드 워십 스타일이 한국교회에 소개된 이래 전국 대도시나 작은 시골교회에서도 기타, 키보드와 드럼으로 예배드리는 빈야드 찬양을 부르는 교회들을 볼 수 있다. 일찍이 이렇게 같은 스타일로 예배드리며, 같은 찬양을 한 목소리로 부른 적이 세계 교회사에 없었다. 새로운 현상이요, 놀라운 축복이다. <u>역자는 이 속에서 2000년 전에 '저희도 다 하나가 되기'를 간절히 기도하셨던 우리 주님의 소원(요 17:21)이 성취되고 있는 것을 보며 감사드린다</u>. 우리 모두 21세기 전도자로서 주님의 이 위대하신 종말론적 사건에 참여하는 것은 우리 모두의 특권이요 의무요, 축복이다.

끝으로 이 귀한 책을 저술한 레스터 룻, 앤디 팍, 신디 레트마이어에게 감사하고, 또한 이제부터 빈야드교회의 진수가 조금씩 한국 교회에 소개되고 있는 것에도 감사드린다. 이 자료를 번역, 출판하도록 도우신 위대하신 우리 하나님의 섭리에 모든 영광을 드린다.

2022년 2월 5일
미국 로스앤젤레스에서
조병철 목사(PCUSA)